지금이라도 중국을 공부하라 2

지금이라도
중국을
공부하라 2

초판 1쇄 발행 2017년 9월 29일

지은이   류재윤
펴낸이   김형근
펴낸곳   서울셀렉션㈜
편 집   진선희, 박미소
디자인   박미정

등 록   2003년 1월 28일(제1-3169호)
주 소   서울시 종로구 삼청로 6 출판문화회관 지하 1층 (우110-190)
편집부   전화 02-734-9567 팩스 02-734-9562
영업부   전화 02-734-9565 팩스 02-734-9563
홈페이지 www.seoulselection.com

ISBN   978-89-97639-79-3
          978-89-97639-71-7 (세트)

지금이라도 중국을 공부하라 2

삼성 최고의 중국 전문가가 말하는
중국인의 마음을 얻는 법

류재윤 지음

서울셀렉션

* 본문에 인용한 중국어 간체자는 별도의 음독을 표기하지 않고, 뜻풀이로 대신하였습니다.

중국을 아는 첫걸음,
'이해와 존중'이 아니라 '존중과 이해'

중국은 좀처럼 이해하기 어렵다

어떤 게임이든 규칙을 모르거나 규칙이 복잡하면 잘하기 어렵다. 중국도 규칙을 모르는 게임처럼 이해하기 어렵다. 하지만 게임의 규칙을 열심히 외우고, 실전을 통해 더 배우고 몸에 배게 하면, 그만큼 이길 확률이 높아진다. 남보다 조금 더 노력해서 공부하면, 모두가 어려워하는 그 게임이 재미있어지는 날이 온다.

나는 중국 또는 중국인과의 어울림에 적응하려는 후배들에게 "존중이 먼저고, 이해는 그다음이다"라고 조언한다. 상대방을 존중할 수 없는데 어떻게 이해할 수 있겠는가? 중국인들의 행동 양식과 사유방식을 먼저 존중해야 한다. 존중이 선행된다면 자연스럽게 많은 것을 이해할 수 있을 것이다.

그 복잡한 이차함수 근의 공식을 이해하고 나서 문제에 응용하는 천재가 몇이나 될까? 대부분 우리는 공식을 암기하고 난 후에 이해하고 문제 풀이에 적용한다. 최소한 나는 그랬다. 먼저 외우고, 공식을 유도하고 써먹다 보니, 어느 순간부터 공식을 사용하기가 편해졌다.

나에게는 중국 문화를 이해하는 학자로서의 권위는 없지만, 여러 해 동안 중국에서 생활하며 중국인과 어울린 경험이 있다. 어떤 문제가 닥쳐도 수학 문제 풀 듯이 하나하나 단서를 풀어 가면 될 것이라는 경험에서 우러난 자신감이 있다. 어려운 문제를 만나게 되면 "실력 있는 수학" 선생님에게 묻듯이, 문제를 풀 실마리를 알려줄 만한 "친구(인맥)"도 있다. 언제부턴가 중국인과 관계 맺는 것이 쉽지 않지만 생각보다 어렵지만은 않다고 느꼈다.

겸손하게 중국을 공부하자

"나는 중국을 모른다." 바로 1년여 전에 겁 없이 첫 책을 내면서 솔직하게 고백한 말이다. 어떤 친구들은 "중국을 잘 아는 당신이 중국을 모른다고 하니, 우리도 앞으로 중국 안다는 말 하지 말라는 경고 아니냐"라며 뼈 있는 농담을 하기도 했고, 또 어떤 친구들은 "도대체 중국을 모른다고 외치는 진짜 속내가 뭐냐"라고 묻기도 했다.

겸손이었을까? 아니면 정말로 선무당에 가까운 일부 중국 전문가들에게 경고하려는 것이었을까? 막상 그 질문을 받고 생각해 보니 둘 다였던 것 같다.

적어도 중국을 이해하려고 노력했던 그 시간만큼은 누구와 비교해도 뒤지지 않는다는 어설픈 자신감도 솔직히 있었지만, 그렇다고 해서 "내가 중국을 잘 안다"라고 말하기는 겁이 났다.

그래서 어쩔 수 없이 "나는 중국을 모른다"라고 첫 번째 책의 말문을 열었다.

두 번째 책의 말문은 어떻게 열어야 하나 고민했는데, 역시 그보다 더 나은 답은 없었다. '지금이라도 중국을 공부하자'라는 메시지가 무색하게, 여전히 우리의 중국 공부 수준은 걸음마 단계이다. 언제 시험이 닥칠지 모르는데 공부하지 않는 것도 문제지만, 시험을 망치고도 공부하지 않는 것은 더 큰 문제다.

중국의 중요성에 대해 조금 투박하게 말한다면, 중국을 아는 것은 세계의 절반을 아는 것이다. 세계 곳곳에 퍼져 있는 중국계 출신 이민자들의 비중이 엄청날 뿐 아니라 중국의 위력이 공시적이면서 통시적이기 때문이다. 세계정세에 따라 어느 순간 잠시 숨을 고르며 쉬어갈 수는 있겠지만, 수십 년 후 중국의 영향력이 커지면 커졌지 줄어들지는 않을 것이라는 데에는 누구나 동의할 것이다.

이해가 선행되지 않은 평가는 오해를 낳는 법이다. 우리가 알고 있는 중국은 이해하지 않고 섣불리 평가한 껍데기, 또는 그림자에 불과할 수 있다. 그리고 대부분 다분히 부정적이다. 그것은 옳지 않을 뿐 아니라 우리에게도 불리하다. 중국을 이해하는 것이 우선이다.

첫 번째 책이 참고서라면 이 책은 문제집이다. 20년 넘게 중국에서 필자가 맞닥뜨렸던 수많은 문제들, 그리고 그때마다 묻고 부딪치며 찾아낸 해법을 가급적 많이 소개하려고 했다. 여러 유형의 문제를 참고하는 것은 중국을 이해하는 데 확실히 도움이 될 것이다. 중국에 대한 공부는 이제 교양과목이 아니라 필수과목이 되었다. 선택의 여지가 없다. 더 늦기 전에 중국을 공부하자.

작년 여름, 박사학위 막바지에 마음고생이 심했다. 그때 아들의 한 마디가 큰 힘이 되었다.

"학위 못 따면 어때요. 끝까지 했다는 게 이미 멋진 거지요."

힘들 때마다 그 말을 떠올렸고, 덕분에 포기하지 않고 끝까지 해낼 수 있었다.

중국 배우기에 어디 학위가 있겠는가. 하지만, 그저 열심히 하면 중국에서의 행복한 어울림이라는 멋진 열매를 얻지 않을까?

마지막으로, 어려운 상황에서도 출판을 도와주신 출판사 관계자 여러분과 지켜봐 주시고 격려해 주신 모든 분에게 감사 말씀을 전한다. 특히 언제나 내 편이 되어준 아내와 아들 현종, 딸 지연, 자료 수집을 도와준 조카 승진이에게도 고맙다. 무엇보다도 담대함을 주시고, 환경을 통해 재능을 주신 하나님께 감사드린다.

2016년 2월

류재윤

목차

2장

미엔쯔 面子 상대에 대한 존중은 실리가 되어 돌아온다

3장

상징 象徵 숨겨진 정서와 문화를 읽어내자

| 1장 |

꽌시 关系
중국의 모든 것은
인간관계로 통한다

꽌시, 반드시 제대로 알아야 한다

千里送鵝毛礼轻情意重

천 리 먼 곳에서 하찮은 거위 털을 보내다
선물은 값나가지 않지만 성의는 깊다

고든 레딩Gordon Redding 하버드대 케네디스쿨 교수는 『스피릿 오브 차이니즈 캐피털리즘Spirit of Chinese Capitalism』에서 중국 사업가들의 돈을 대하는 세 가지 관점을 소개했다.

첫째, '금전은 기업의 성장을 실현하는 도구'라는 관점인데, 이는 어느 문화권이든 상관없이 기업가들의 일반적인 생각이다. 둘째는 '절약과 절제로 다음 세대를 위한 돈을 모은다'는 관점이다. 이때 중요한 것은 다음 세대가 불특정다수가 아니라 내 가족을 말하며, 넓게 잡아도 혈연같이 제한된 집단을 의미한다는 점이다. 마지막은 '부가 사회적으로 존중을 받을 수 있는 중요한 척도'라는 관점이다. 이는 뒤에서 소개할 중국 사회 특유의 미엔쯔面子, 체면 문화와 관계 있다.

이 세 가지 관점을 연결해 풀어 보면, 중국인들은 돈을 벌어서 스스로 좋게 사는 것뿐만 아니라 그들의 후손까지 그들 덕에 풍족하게 살기를 바란다. 중국인 부자들이 기부나 사회 환원에 인색한 것은 이런 전통적 관점이 한 가지 원인이라 할 수 있다.

우리나라도 서양 국가에 비하면 기부 문화가 높은 수준은 아니지만, 중국은 우리와 비교해도 기부 문화 수준이 낮은 편이다. 단적인 예로 중국의 GDP는 세계 2위로 우리나라의 거의 열 배이지만 총기부 금액은 우리와 비슷한 수준이다. 중국은 이를 두고 단순히 외국의 기준이나 경제 규모로만 비교할 수 없다고 항변하기도 하지만 아무리 좋게 봐도 변명에 불과하다는 지적을 면하기 어렵다.

그런데 이런 중국인들이 통 크게 돈을 쓰는 대상이 있다. 바로 자신에게 필요한 사람들이다. 일면 불합리하게 보이는 이런 현상을, 일부에서는 폭발적으로 경제가 성장하는 과도기에 발생하는 불균형이나 부패의 단면으로 보기도 한다. 그러나 이는 단면만 봐서 그렇다.

꽌시는 사는 게 아니라 함께 만드는 것

중국은 '아는 이들의 사회'다. 흔히 "아는 이와의 관계를 통해서라면 안 되는 것이 없다"라는 말이 있을 정도다. 언제부터 중국이 그런 사회가 됐는지 정확히 집어낼 수는 없지만, 현재 중국 사회를 이해하기 위해서는 서양과 다르고 우리와도 다른 꽌시关系 문화를 직시해야 한다.

한국인들이 나에게 묻는 공통된 질문 중 하나가 "중국에서는 친구 사귀기가 어렵다는데, 어떻게 사귀면 되나요?"이다. 이 질문의 속내는 '어떻게 중국에서 꽌시를 만드냐'일 것이다. 그런데 여기서 꽌시의 의미를 한국인들은 으레 금전이든 인맥이든 청탁이든 다양한 형태의 선물을 통해 맺어지는 부도덕한 관계쯤으로 생각하는 경향이 있다. 그런 면도 있기는 하지만 중국인의 관점에서 꽌시는 그렇게 부정적인 것만은 아니다. 우리 식으로만 판단하지는 말자.

꽌시를 이해하려면 중국인이 생각하는 선물의 개념부터 알아야 한다. 선물과 꽌시의 상관관계는 비단 비즈니스 사회에서만 있는 것이 아니다. '礼尚往来 예는 주고받는 것이다'라는 중국인의 관념은 다양한 관계에 뿌리 깊게 자리 잡고 있다. 여기에서 예는 단순히 물질적인 예물(선물) 외에 비물질적인 예의까지 포함한 개념이다.

중국인들은 오랜 시간을 두고 선물 교환을 통해 친구를 사귄다. 흔히 한국인들은 처음 본 사이인데도 "의기투합해 친구가 됐다"라는 표현을 자랑스럽게 쓰곤 한다. 중국인들도 겉으로는 이런 표현을 좋아하지만 실제로는 상대가 나의 친구가 될 수 있는지 오랜 시간을 두고 관찰한다.

서로가 친구라는 확인은 주로 예의와 선물을 주고받으며 이뤄진다. 중국인의 인간관계의 핵심은 '체면'이다. '상대방에 대한 나의 배려'와 '나에 대한 상대방의 배려'가 체면의 뿌리다. '스스로 좋아하지 않는 일은 남에게도 행하지 말라'는 공자의 말씀처럼 말이다.

쉬운 말로 하면, 꽌시를 맺을 때 주고받는 선물에는 세 가지 의무가 있다. 선물을 주어야 하는 의무, 선물을 받아야 하는 의무, 받은 후에 갚아야 할 의무가 그것이다.

선물에는 돈이나 보석 같은 물질적인 것도 있지만, 교환할 만한 모든 것이 선물이 된다. 나의 시간을 내줄 수도 있고, 육체적인 노동을 제공할 수도 있으며, 좋은 정보나 가르침을 줄 수도 있다. 그리고 이를 주고받을 때는 앞서 말한 의무를 반드시 지켜야 한다.

서로의 인맥을 소개해 주는 것도 물질적인 것 이상의 선물이 된다. 사소해 보이지만 연하장 한 장, 안부 전화 한 통, 내가 어려울 때 먼 길 마다하지 않고 찾아와 주는 위로까지도 선물이다.

왜 이처럼 선물에 집착하는 걸까? 중국인들은 서로 주고받는 선물을 일종의 예로 여긴다. 상대방과 내가 서로 존중하고 서로의 체면을 세워주는 교환 행위, 즉 선물을 통해 예가 발현된다고 생각하는 것이다. 따라서 꽌시가 제대로 성립되기 위해서는 선물이 '어떤 것이냐'보다는 선물을 '어떻게 주고받느냐'가 관건이다.

둥가교횐^{等價交換}이란 말이 있다. 주고받는 것의 가치가 일치할 때, 즉 제값을 주고 물건을 산다면 이는 등가교환이 된다. 그야말로 비즈니스 거래인 셈이다. 그런데 중국에서 선물 교환은 비등가교환^{非等價交換}이다. 계산이 딱 떨어지지 않는다. 나도 더 주고, 상대방도 더 준다. 그래서 나는 더 받은 부분에 대해서 또 주고, 받은 이는 그에 대해서 또 더 준다. 이렇게 서로 '더' 주면서 관계를 맺고 지속하고 확대한다. 등가교환은 마침표가 있지만, 비등가교환은 늘 쉼표다.

뇌물과 선물의 한 끗 차이

우리는 중국인들의 선물 문화를 흔히 뇌물과 연결하는데, 그들도 그렇게 생각할까? 결코 아니다. 불법적인 청탁을 하고 어마어마한 대가를 주는 뇌물 교환은 중국뿐 아니라 세계 어디에나 있다.

이런 교환은 금속성의 차가움이 느껴진다. 그러나 중국인들이 이상적으로 여기는 교환은 '가는 정, 오는 정'이 있는 봄볕의 따스함에 비유할 수 있다. 차가움은 깔끔하기는 하지만, 때론 사용하는 사람마저도 다치게 한다. 따뜻한 인정은 관용의 부드러움이 있지만, 법적 잣대로 보자면 그 경계가 모호한 경우가 있다. 뭐든 장단점이 있다는 말이다.

기독교에서는 인류 비극의 시작을 아담과 하와가 에덴동산에서 선악과를 따먹은 사건으로 본다. 선악을 판단하는 기준은 하나님의 영역인데, 이 판단 기준을 불완전한 인간이 갖게 되면서부터 비극이 시작되었다는 의미일 것이다. 어차피 인간이 완전한 것이 아니라면, 한쪽이 무조건 틀리고 다른 한쪽이 항상 맞을 리 없다. 불완전함을 인식하고, 옳은 것을 추구하면 될 일이다. 海纳百川 有容乃大 ^{바다는 모든 하천을 받아들인다. 포용해야 커지는 것이다}.

중국에서의 선물도 마찬가지다. 선물에는 인류의 보편적 정서가 내재되어 있다. 앞서 언급한 주어야 할 의무, 받아야 할 의무, 그리고 갚아야 할 의무다.

이 의무의 핵심은 정성이다. 확대하자면 성의가 되고 진심이 되며 결국은 사랑까지 이어진다. 사랑을 화폐로만 주고받으려는 일부가 잘못된 것이지, 화폐를 주고받는 행위 자체가 틀린 것은 절대 아니라고 생각하는 것이 선물에 대한 중국인들의 기본 개념이다. 중국인들이 선물을 주고받을 때 하는 말이 있다.

"小意思 ^{작은 성의입니다}."

받을 때는 대부분 한두 번 거절한다.

"心领了 마음으로 이미 받았습니다."

마음을 이제 알았으니, 물질은 중요한 게 아니라는 사양의 표현이다.

하지만 어려울 때 주고받는 선물은 감사하다. 雪中送炭. 추울 때 연탄을 보내는 일은 사람을 살리는 일이기에 아름다운 미덕이다. 千里送鹅毛 礼轻情意重 천 리 먼 곳에서부터 하찮은 거위 털을 선물로 보낸다. 선물은 값나가지 않지만 성의는 깊다.

중국인들이 선물을 주고받을 때 떠올리는 말이다.

어느 나라, 어느 사회에나 부도덕한 '갑'들이 있고, 설익은 벼락부자들이 있다. 선물이 뇌물이냐 아니면 지나친 형식주의냐 하는 것은 누구보다도 당사자인 쌍방이 잘 알고 있을 것이다. 나부터 잘하면 된다. 다만 문화를 이해하려 하고 진심을 담아 선물한다면 외형의 크고 작음은 문제가 되지 않을 것이라 확신한다. 중국에서 내가 경험한 바로는 그랬다.

원심력과 구심력, 꽌시의 상반된 작동 원리

중국은 일반적으로 집단 의사결정 체제를 존중한다. 그러나 '숲上 不说 숲后乱说 회의 석상에서는 아무 말 하지 않고, 회의가 끝나고 나서는 함부로 말한다' 또는 '心 照不宣 속으로는 다 알고 있지만, 공개적으로는 말하지 않는다'이라는 말을 떠올린다면, 중국인들의 집단 의사결정 체제는 의미가 없을 수도 있다.

언젠가 "중국 사람들은 회의 석상에서도 자신들의 의견을 잘 표현한다. 우리나라 사람들이 회의에서 윗사람만 발언하고 다른 사람들은 받아 적기만하는 것과는 완전히 다르다. 이것이 중국의 경쟁력이다"라고 말하는 '중국 전문가'를 만난 적이 있다. 나는 다른 견해를 가지고 있다. 자신의 의견을 분명히 밝히는 중국인들의 모습은 아주 특수한 조건 속에서 작동한 경우다. 바로 미엔쯔 문화와 관계가 있다.

회의나 토론에 참석한 중국인들이 침묵하지 않고 자신의 주장을 굽히지 않았다면, 그것은 자신 또는 자신이 속한 집단에 큰 해를 끼칠 수 있는 상황이었을 것이다. 더 큰 미엔쯔, 즉 자신의 미엔쯔 또는 자신이 속한 집단의 미엔쯔를 보호하기 위해 상대방의 미엔쯔를 고려하지 않고 면전에서 의견을 반박한 것이다.

중국인들은 상대방을 고려해서 공개적인 자리에서는 함부로 반대

의견을 내지 않는다. 그런 중국인들이 때로 난상토론을 벌이는 모습은 얼핏 보면 모순인 것 같지만, 그 안을 들여다보면 역시 꽌시, 미엔 쯔, 실리가 깔려 있음을 알 수 있다.

토론 중에 상대방의 얼굴(체면)을 상하게 하지 않고도 자신이나 자신이 속한 집단의 이익을 지킬 수 있다면 중국인들은 당연히 침묵한다. 중국에 진출한 우리나라 회사들이 수많은 회의를 하면서도 최적의 전략이나 방안을 도출해내지 못하는 이유도 중국인들의 이런 처세술 때문이다. 아무리 회사에 큰 이득을 가져오거나 해를 끼치는 방향으로 토론이 진행되어도 공개적인 자리에서는 좀처럼 이를 지적하는 중국 직원들이 없다.

중국인의 꽌시는 파문처럼 번지는데 여기에는 두 가지 원리가 작용한다. 하나는 밖으로 확장하는 원심력이고, 다른 하나는 안으로 들어갈수록 결속이 강해지는 구심력이다. 상대방의 체면을 고려해 회의 석상에서 말을 아끼기도 하지만, 개인과 자신이 속한 '소집단' 또는 '우리'를 위해 과감하게 말한다. 원심력이 작용하는 것이다. 여기서 중요한 것은 소집단이 반드시 자신이 계약을 통해 소속되어 있는 회사나 조직을 의미하지 않는다는 것이다. 극단적으로 말한다면, 월급 주는 내 회사를 위해서 행동하기보다는 회사 내외의 나의 친구(파벌)의 이익을 항상 우선시한다.

미팅이나 회의뿐 아니라 중국인들과의 일상적 접촉에서도 한국인들은 답답해할 때가 많다. 당시는 아무 말 안 하고 동의하는 듯하다가도 헤어진 이후에 도무지 움직임이 없는 것을 보면 속이 터진다.

우리는 중국인들이 동의했다고 여겼지만, 중국인들은 공식 석상에서 굳이 속내를 드러내지 않았을 뿐임을 알아야 한다.

때로는 비상식적인 주장과 요구를 하는 중국인들을 만나기도 한다. 억지도 이런 억지는 없다는 생각에 협상이고 뭐고 '내가 왜 이런 사람들하고 말을 섞어야 하나? 도대체 하자는 건가, 말자는 건가?' 하며 속을 끓일 때가 있다. 자신 또는 자신이 속한 소집단을 위해 강경하게 행동하는 경우인데, 우리에게는 억지처럼 보이는 것이다. 우리 생각 이상으로 자기 소집단의 미엔쯔와 꽌시를 중요시하므로 기껏해야 아주 먼 꽌시에 불과한 이방인들에게는 얼토당토않은 억지를 부릴 수 있다. 꽌시의 구심력이 작동하는 것이다.

어느 쪽이 중국인의 얼굴일까? 둘 다 중국인의 얼굴이다. 다르게 화장하고 있을 뿐이다. 원심력과 구심력을 동시에 가진 중국인의 민얼굴을 읽어야 한다.

중국인의 집단 의사결정 체제는 종종 친구들과의 사사로운 모임에서도 작동된다. 어려운 문제를 가지고 혼자 끙끙대는 경우는 별로 없다. 조용히 찾아가 자문하기도 하지만, 여러 명을 불러 내 식사자리를 만들면서라도 다른 사람들의 의견을 듣는다. 큰일뿐 아니라 일상에서도 그런 경향이 많다. 고가도 아닌 충분히 구매할 여력이 있는 중저가의 TV를 살 때도, 그야말로 여기저기 제품을 비교하고 주위 사람들에게 문의한 후에야 비로소 구매를 결정한다.

君子報讐 十年不晚 군자의 복수는 10년이 걸려도 늦지 않다. 주위를 둘러보지 않고 내 입장만 고려한 결정은 간혹 뜻하지 않게 상대방을 불편하게 만

드는 경우가 있다. 중국인들은 이를 매우 경계한다. 생각은 철저하고 때로는 모나게 해도[方], 행동은 모가 나면 절대 안 된다[圆]. 나도 모르게 상대방의 체면을 상하게 할 수도 있다는 조심성이야말로 중국인들이 바르다고 생각하는 생활 방식이다.

꽌시를 다른 시각으로 바라보기

官
有
官
道　賊
有
賊
途

관리에겐 관리의 방법이 있고
도둑에겐 도둑의 방법이 있다

최근 중국에서는 선물이 부정부패의 수단으로 지목되어 공직사회에서 정풍(整風) 바람이 불고 있다. 하지만 친구 사이에 선물을 주고받는 것 자체가 문제라며 "주지도 받지도 말자"라고 말하는 이는 단언컨대 없다.

한 번은 중국인 친구로부터 이런 이야기를 들은 적이 있다. 중국 공무원 입장에서 보면 꽌시나 뇌물을 통해 뭔가를 얻어내려는 회사들은 크게 세 부류가 있다고 한다. 하나는 개인기업, 두 번째는 외국 기업이고, 세 번째는 중국의 국유기업 또는 국영기업이다.

중국 관료들은 개인기업과의 접촉을 늘 조심스러워 했다고 한다. 개인기업 대부분은 뭔가 목적이 있어서 정부 관계자에게 접근한 것이고 만약 문제가 생기면 바로 부정부패에 연루되기 때문이다. 반면 외국기업과의 거래는 비교적 안전하다고 여겼다. 그러다가 언젠가 미국 L사와의 은밀한 거래가 공개된 이후에는 분위기가 급변했다.

최근에는 국유기업 또는 국영기업과의 교환만이 그나마 안전하다고 여기고 있지만 이마저도 기준이 엄격해져 어떤 경우라도 부정부패와 연결되면 바로 문제 삼고 있다.

그렇다고 중국에서 선물이라는 매개체를 통해 이뤄지는 교환 관계가 완전히 사라질까?

흔히 하는 말이 있다. 不是有罪就查 而是查就有罪 죄가 있어서 조사하는 게 아니라 조사하면 죄가 있다. 털어서 먼지 안 나오는 사람 없다는 뜻이다.

꽌시는 사라지지 않는다

중국에서 정풍 바람이 불고 있지만, 재미있는 사실은 법치주의가 확립되었다고 자랑하는 서양의 주요 기업들이 중국의 유력인사들과 특별한 인연을 맺고자 여전히 암암리에 다양한 선물을 주고 있다고 추측된다는 것이다.

화폐만이 선물은 아니다. 여러 가지 편의를 봐 주거나 감정적으로 지원하는 것도 선물이다. 앞으로 이것이 또 다른 문제로 비화할 수도 있겠지만, 외국인인 우리가 주목할 것은 중국에서는 다양한 형태의 교환을 무조건 부정부패와 연결 짓거나 비정상이라며 선을 긋지는 않는다는 점이다.

현실이 이런데 우리만 꽌시를 나쁜 것으로 단정지으면 중국에서 영원히 이방인이 될 수밖에 없다. 일부 왜곡된 꽌시 문화를 두둔하자는 것이 아니다. 중국의 꽌시를 우리 기준으로만 바라보지 말자는 것이다.

언젠가 대학생들을 상대로 강의하면서 꽌시를 언급했다. 강연을 주선한 교수님은 "젊은 친구들이 꽌시에 대해 오해하지 않도록 잘 설명해 달라"라고 부탁하셨다. 그래서 강의 때 이렇게 비유한 기억이 난다.

"여러분 중에 지방에서 유학 온 사람들도 있을 겁니다. 부모님께서 학교 가거든 공부만 하지 말고 '좋은 꽌시' 많이 만들어라, 인생에서 '좋은 꽌시' 한 명만 만들어도 그 인생은 성공한 거다, 아무개가 착하고 '집안 꽌시'도 좋으니 앞으로 도움을 많이 주고받아라, 아무개가 '꽌시 관리'를 잘하니 그 애한테 많이 배우라고 얘기하지는 않을 겁니다.

여기서의 '좋은 꽌시'를 '좋은 친구'로 바꾸면 듣기가 편합니다. '꽌시 관리를 잘하는 친구'는 '대인관계가 좋은 친구'라고 바꿔 보면 역시 듣기가 편합니다. 그 친구 집안은 어려워 보여도 부모님께서 바르게 키우셨더라, 그런 친구와 잘 사귀라고 말씀하시겠지요. 중국어의 꽌시라는 표현도 그렇게 이해해 보면 어떨까요?"

꽌시의 부정적인 면을 고려하면 다소 과장처럼 들릴 수도 있겠지만, 꽌시 하면 일단 몸서리부터 치지는 말자. 우리 관점으로는 도덕적으로 틀릴 수 있는 것들도 중국에서는 허용될 수 있다. 중국의 규칙이 그렇다면 최소한 중국인을 상대하는 사람은 유연하게 생각할 필요가 있다. 상대의 역사와 환경과 문화를 고려하지 않고 무조건 "당신들이 틀렸으니 고쳐라"라고 할 수 있을까?

불완전한 규칙은 개선하면 된다. 그러나 개선할 것이냐 아니면 그냥 그대로 둘 것이냐 역시 규칙을 만든 이들, 오랫동안 그 규칙을 인정하고 수용하고 그 안에서 살아왔던 이들의 문제이지 이방인들이 결정할 몫은 아니다.

중국에서 사업하는 사람들이라면 선물 교환의 규칙에 적응할 것이냐 아니면 자신들의 기업 문화를 적용할 것이냐를 선택해야 할 순간이 언젠가는 온다. 결정의 결과는 그 기업이 지는 것이다. 개인도 마찬가지다. 중국에서 생활하는 사람들은 이런 문화는 틀렸다고 선을 긋고 단절한 채로 살든지, 아니면 존중하고 이해하며 적응해야 할지를 선택해야 한다.

다시 말하지만 꽌시로 움직이는 사회가 옳다는 것은 아니다. 현지 문화에 맹목적으로 동화되는 것도 정답이 아니다. 현지화는 기업의 목표가 아니라 목표를 성취하기 위한 과정이나 수단이라는 간단한 논리를 기억하자.

그러나 무조건 우리식이 옳다고 밀어붙이는 것도 정답은 아니다. "나는 중국에서 살고 있지만, 중국인들 정말 싫어!" 하며 살면 당연히 중국 생활이 행복할 리 없다. 정체성이 어떻다는 것을 떠나 중국의 것이 무조건 옳다고 주장하는 것 역시 설득력이 없다. 그 사이 어딘가에 있는 최적을 찾아야 한다.

이는 당연히 쉽지 않을 것이다. 중국에서 살아야 할 처지에 있는 이방인과 기업에는 어쩌면 지극히 고통스러운 과정일 수도 있다. 사실 이것은 중국에서 살지 않지만, 중국과 관계를 맺고 살아가야 하는 이들에게도 해당하는 말이기도 하다.

배척할 것인가, 이해할 것인가

서로 다른 문화가 접촉하는 과정에서 발생하는 어려움에 대해서는 학자들 사이에도 의견이 사뭇 다르다. 서양의 몇몇 학자가 다른 문명 간에는 필연적인 충돌이 생긴다고 예견할 때, 중국 문화인류학의 비조鼻祖로 불리는 페이샤오퉁費孝通 베이징대 교수는 "서로 자신들의 문화에 자부심을 느끼는 동시에 상대방의 문화도 존중하면 온 세상이 크게 하나가 될 수 있다各美其美 美人之美 美美與共 天下大同"고 역설했다. 이른바 '메이메이위꿍美美与共'인데, 서양 학자들과 달리 중국의 학자는 조화를 이룰 수 있다고 주장한 것이다.

페이샤오퉁 교수의 관점은 '같은 것을 추구하되 다른 것도 인정하라求同存异'며 조화를 중시하는和为贵 중국의 전형적 사고방식을 담고 있다. 서양의 사고가 양 끝이 서로 멀어져만 가는 선線이라면 중국의 사고는 서로 물고 물리는 원圜이다.

중국 문화를 이해하려 하지도 않으면서 중국에 관해 가르치려는 일부 한국인들에게 우선 중국식으로 다른 것들에 대한 포용력을 배워 보라고 권하고 싶다. 그 첫걸음은 '다름'과 '틀림'은 같지 않다는 인식일 것이다.

중국에 공부하러 온 학생들을 만나다 보면 "이런 불합리한 일을 겪었는데, 말이 됩니까? 난 중국이 정말 싫어요!" 하는 이야기를 종종 듣는다. 그들에게는 물론 공부가 우선이겠지만, 틈틈이 주위 중국 친구들을 존중하는 마음으로 먼저 친절을 베푼다거나 선의를 보여 주었다면 아마 '공부'와 '친구'라는 두 마리 토끼를 다 잡았을 텐데 하는 안타까움이 들곤 한다.

중국인을 사귀는 것 역시 '중국 공부'라고 생각할 필요가 있다. 그렇게 함께 보낸 시간이 쌓이고 나면 어려운 일이 생겼을 때 중국 친구로부터 뜻밖의 헌신적인 도움을 받는 경험을 하게 될 것이다.

官有官道 賊有賊途 관리에겐 관리의 방법이 있고, 도둑에겐 도둑의 방법이 있다. 이 말을 이렇게 해석하면 어떨까? 어디에든 누구에게든 신분이나 환경에 상관없이 나름의 원칙이 있다. 어떻게 해석할 것이냐는 각자의 몫이다.

친구, 중국식으로 이해하자

중국인들은 '一人得道 鸡犬升天 ^{한 사람이 잘되면 그 집에서 키우는 개나 닭도 잘 나간다}'는 생각을 가지고 있다. 반드시 내가 먼저 성공해야 할 필요가 없다. 내 친구가 성공한다면 나 역시 그 열매를 함께 나눌 수 있다는 의미다.

중국인들은 사업을 새로 구상하거나 동업자를 구할 때 신뢰할 수 있는 친구를 먼저 찾는다. 좋은 사업이 있다면 친구를 찾아서 함께 하려고 한다. 친구에게 돈을 빌리거나 빌려 주는 일이 우리에 비해 훨씬 잦고 쉽다. 내가 옆에서 본 느낌으로는, 때로 너무 쉽게 돈을 빌려 달라고 말하기도 하고, 또 빌려 주는 사람도 "친구니까"라며 쉽게 빌려 준다.

빌려간 사람은 돈을 갚아 나가는 동안에 미안해 하거나 저자세를 보이지 않는다. 빌려 준 이도 못 받을까 봐 별로 초조해 하는 것 같지도 않다. 지금 못 받아도 언젠가 받겠지 하는 생각, 또는 나도 언제든 친구에게 이렇게 빌릴 수 있겠지 하는 믿음이 있는 게 아닌가 싶다.

흔히 말하는 계약과 중국인들이 생각하는 약속은 이런 차이가 있다고 한다. 즉 계약에는 기간이 정해져 있고, 그 계약이 포함하는 자원과 이를 어겼을 때에 대한 내용이 명기된다. 하지만 중국인에게 있어 친구 사이의 약속에는 기간이 없다. 비록 위약 시에는 철저히 응징할지 모르지만, 일단 위약에 대한 보상 조항이 없다. 계약을 통해 교환하는 자원에 대해서 명기하기보다는 그저 서로 이런 유익이 있겠지 하고 믿을 뿐이다. 중국사람들은 이를 '마음의 잣대^{心中的秤}로 각자가 어림잡을 뿐'이라고 이야기한다.

중국인 친구를 사귀기는 쉽지 않지만, 한번 사귀면 그만큼 깊고 오래 사귀는 것은 바로 신뢰를 중시하기 때문이다. 모르는 사람을 잘 믿지 않기 때문에 사귀기가 어려운 것이고, 일단 검증을 통과한 친구는 귀하게 여긴다. 疑人勿用 用人勿疑 의심되면 쓰지 않고, 일단 쓰면 의심하지 않는다.

반면 이런 말도 있다. 害人之心不可有 防人之心不可无 남을 해하는 마음은 가지면 안 되지만, 그렇다고 남을 조심하는 생각이 없으면 안 된다. 이런 말도 있고 저런 말도 있으니 해석을 붙이기 나름일 수도 있다. 결국 중요한 것은 신뢰라는 것을 중시하되 신뢰의 범위를 이해하는 것이다. 중국인들의 신뢰는 모르는 이들과의 신뢰가 아니라 최소한 아는 사람끼리의 신뢰라는 점을 명심하자.

꽌시의 시작은 부르면 나가서 만나는 것

今
朝
有
酒
今
朝
醉　明
日
愁
来
明
日
当

오늘 술이 있으면 오늘 취하고,
내일의 고민은 내일 하자

'오늘 술이 있으면 오늘 취하고, 내일의 고민은 내일 하자'로 번역되는 이 문장을 해석하면 '걱정 근심 접어 두고 오늘은 놀아 보자'라는 뜻이다. 이를 두고 서로 어울려 먹고 마시기를 즐기는 중국인의 현세적이고 낙천적인 특성만 강조한 것으로 여긴다면 착각이다. 표면 아래 감춰진 뜻은 이보다 복잡하다.

나는 이 문장을 반대로 해석하곤 한다. 중국인은 당장의 목표가 아니라 장기적인 관점에서 사람을 사귄다. 따라서 내일 중요한 일이 있다고 해서 오늘 잠깐 얼굴조차 보여주지 못하는 사람이라면 '우리가 이 정도 꽌시밖에 안 되는구나'라고 받아들일 수 있다. 중국인들에게 나의 친구, 나의 꽌시란 오늘 벗이 부른다면 만사를 제쳐두고 달려올 수 있는 사람이 아닐까?

중국인은 대인관계를 장기적 안목에서 바라본다. 쉽게 사귀기 어렵지만 한번 맺어진 인연은 오래간다. 외국인이 이런 중국인의 관계망에 들어가서 관계를 만드는 것은 어떻게 보면 불가능한 일에 가깝지만, 기회가 전혀 없는 것은 아니다. 중국인의 사소해 보이는 초대, 작은 모임이 꽌시를 만드는 중요한 기회가 되기도 한다.

이런 기회를 포착하기 위해서는 중국인들이 '모임'에 대해 어떻게 생각하는지 정확하게 인식할 필요가 있다. 제대로 알고 나면 중국에서 사람 사귀는 것도 어렵지만은 않다. 이들의 모임 문화를 우리와 비교해 보면 이해가 쉽다.

수시로 모임을 즐기는 중국인의 문화

우선, 중국인들은 우리와 비교해 모임이 일상적이다. 没事吃饭, 有事办事 일이 없으면 밥을 먹고, 일이 있으면 일을 한다. 꽌시로 맺어진 친구끼리는 일이 있으면 당연히 만나지만, 일이 없어도 자주 만난다.

이런 특징을 보여주는 사례 하나가 중국 지도층과 부유층들의 클럽하우스个人会所 문화다. 내 지인 중에 중국에서 사업을 하는 방 사장(가명)은 몇 년 전 베이징의 4층 건물을 사들여 클럽하우스로 만들었다.

외관상 이 건물의 1층은 차와 와인을 파는 가게다. 베이징의 중심에 있어서 교통은 매우 편하지만, 큰길에서는 보이지 않기 때문에 모르는 사람들이 지나가다가 우연히 들어올 수 있는 곳이 아니다. 장사하려고 마련한 곳이 아님을 한눈에 알 수 있다.

하지만 주변에 공원이 있어서 클럽하우스로는 제격이다. 2층에는 방 사장의 취미인 사진 작업실이 있고, 3층과 4층에는 마작이나 카드놀이를 하거나 쉴 수 있는 방이 마련되어 있다.

방 사장은 나와 같은 친구들에게 차와 와인을 무료로 제공하는

데, 특별한 일이 없을 때도 이 클럽하우스에 가면 낮이든 밤이든 항상 방 사장의 친구들을 만날 수 있다. 일종의 무료 멤버십 클럽하우스인 셈이다. 언제든지 가서 잠깐이고 종일이고 있다 보면 이런저런 친구들을 만나 세상 돌아가는 얘기도 들을 수 있고, 회사가 처한 매우 어려운 문제에 대한 실질적 해답도 얻어낼 수 있다. 이런 클럽하우스는 중국 어디에나 있다. 개인적인 클럽하우스만 있는 것이 아니라 각 지방 정부들도 베이징에 판사처办事处라는 이름으로 이런 식의 클럽하우스를 운영하고 있다.

그러나 중국에는 이런 고급 모임이나 특별한 장소만 있는 것이 아니라 우리로 치면 일종의 '번개 모임'도 잦은 편이다. 지방에 있는 친구들이 베이징에 오면 곧바로 "누가 왔다"라는 연락이 돌게 되고 특별한 사정이 없는 한 지인들이 모인다.

이 밖에도 모임의 이유는 다양하다. 명절이나 기념일이면 "베이징에 있는데 한번 봐야지" 하며 만난다. 누가 무료하면 "오랫동안 못 봤네" 하며 또 연락을 돌린다. 심지어 "어디가 좋다는데 같이 가자"라며 여행단을 모으기도 하고 "춤을 배우려고 하는데 같이 하자"라며 취미 모임도 만든다. 이런 모임의 총무나 간사 역을 담당하는 중국인들은 우리 시각으로 보면 '이 친구는 직업이 없나?'라는 생각이 들 정도로 적극적으로 활동한다.

우리나라에서라면 이렇게 느닷없는 '소집'에 바로 응하기가 쉽지 않다. 시간 여유도 없고, 비용 면에서도 부담을 느낄 만하다. 하지만 중국인들은 번개 모임이든 특별 모임이든, 모임 자체가 일상화되어 있다.

중국인들의 모임은 우리와 비교해 규모가 크다. 모임이 잦은 데다 한번 모이면 '내 친구의 친구'를 부르기 때문에 판이 커진다. 이런 모임에서는 다양한 방면의 사람을 만날 수 있기 때문에 꽌시를 넓힐 기회가 많다.

친구가 한 명 더 있으면 길이 하나 더 생긴다

한 가지 기억할 점이 있다. 중국인들은 처음 만난 자리에서도 "이제 우리는 형제(친구)다"라고 말하는 경우가 적지 않다. 물론 첫 만남이 평생의 인연이 될 수도 있지만, 대부분 이런 말은 예의상 하는 경우가 많다. 이런 환대를 우리 이방인을 속이려고 일부러 그런다고 오해하지 말자. 중국인들이 이방인을 대하는 첫 번째 태도는 '예의로 모신다以礼相待'이다. 이 친절을 진심으로 여기기보다는 중국식 에티켓이라고 보는 것이 맞다.

내가 만난 중국인이 나의 꽌시가 되려면 한국인이 일반적으로 생각하는 것보다 더 많은 시간과 노력이 필요하다. 대신 한번 맺어진 인연은 그 유효기간도 오래 가니, 투자라는 측면에서도 나쁘지 않은 것이 중국에서 사람 사귀기라 하겠다. 아직 중국에서 중국인 친구가 없어서 불편하다면 이런 특징들을 곱씹어 보자.

안타깝게도 머리로는 알고 있으면서도 이를 적극적으로 실천하는 한국인은 많지 않다. 잘 모르는 중국인 친구는 물론이고, 잘 아는 친구로부터 연락이 왔을 때도 바로 나가는 경우가 별로 없다. 선약이 있을 수도 있고, 피곤해 쉬고 싶을 수도 있고, 특별한 의미가 없는 만남이라는 판단에 다음으로 미룰 수도 있다. 언어도 불편하고 문화도 다르니 말이 잘 통하는 한국인 친구들끼리의 만남보다 우선순위가 밀리기도 한다.

내가 늘 하는 말이 있다. 안 만날 이유는 수십 가지가 되지만, 만나려는 의지가 있다면 한 가지 이유만으로도 충분하다. 바로 친구를 사귀는 것이다. 때로는 매우 통속적으로 말하기도 했다.

"보험 든다고 생각하자!"

사고가 날 확률이 얼마나 될지는 몰라도 우리는 보험을 든다. 아무 일이 없을 때는 쓸데없이 돈 쓰는 것 같지만, 사고가 생기면 고마운 게 보험이다.

중국인들의 모임에 참석하면 당연히 불편하다. 말도 잘 통하지 않고, 음식도 입에 맞지 않을 수 있다. 술도 엄청나게 마셔야 할지 모른다. 거꾸로 술을 좋아해서 많은 술을 즐길 수 있겠다고 생각했는데, 새벽까지 이어지는 술자리에서 술은 거의 마시지 않는 경우도 있다. 그럼에도 중국에서 나를 도와줄 친구를 사귀고 싶다면 호출에 무조건 응하라는 얘기다.

나는 지난 20년 동안 중국에서 지내면서 그들이 나를 갑자기 불렀을 때 내가 외지에 있지만 않다면 무조건 만나는 것을 원칙으로 삼았다. 갑자기 불러도 나갔으니, 그들도 반드시 나를 만나 줄 것이라는 믿음이 있다. 중국에서 꽌시는 교환 법칙이 적용되기 때문이다. 礼尚往来 예의는 주고받는 것이다. '받았는데 돌려주지 않는 것은 예의가 아니다来而不往 非礼也'라는 도리를 잘 알고 있는 이들이 바로 중국인이다.

중국에서는 큰일을 하려면 세 가지 환경이 필요하다고 이야기한다. 바로 '天时地利人和 하늘의 때와 지리적 이점과 사람과의 어울림'가 그것이다. 그런데 여기에도 우선순위가 있다. 天时不如地利, 地利不如人和 천시는 지리보다 못하고, 지리는 인화보다 못하다. 결국, 사람과의 사귐이 가장 중요하다는 얘기다. 그래서 '多一个朋友 多一条路 친구가 한 명 더 많아지면 길이 하나 더 많아진다'는 말이 있을 정도다.

상대방이 그다지 중요하지 않은 사람이어도 일단 만나 두면 좋다. 중국말에 '烧冷灶 차가운 부뚜막을 데운다'란 말이 있다. 이미 뜨거운 부뚜막에는 장작을 넣어 봐야 생색 나지 않는다. 높은 자리에 올라가기 전부터 서로 도와야 효과가 배가 되는 법이다. 하물며 내가 춥고 배고플 때 도와준 인연은 큰 은혜로 기억될 것이 인지상정 아닐까?

雪中送炭 눈 오는 추운 날에 땔감을 보내 주다. 어려운 살림에 날씨마저 추운데, 이럴 때 보내 준 땔감은 비록 값비싸지는 않지만 고마울 수밖에 없지 않겠는가?

모임에 초대받았다면 무조건 가라

중국에서 무엇보다 중요하다는 꽌시를 만들고 싶다면 사람 만나는 것만큼은 반드시 챙겨야 한다. 일단 무조건 만나자. 얼굴이라도 비치고, 5분을 앉았다 나오더라도 부르면 나가서 만나자. 바쁘다는 핑계를 대지 말고, 그 분위기가 힘들어도 나가서 만나는 것이 좋다. 일이 많으면 잠깐 앉았다가 일어나도 괜찮다. 중국 친구들은 당신의 상황을 이해해 주고 오히려 이방인인 당신의 노력에 감동할 것이다.

平时不烧香 临时抱佛脚 평소에는 불공을 드리지 않다가 일이 닥쳐서야 부처님의 발을 잡는다. 중국인들은 이런 행태를 아주 싫어한다. 최소한 부탁할 일이 생길 것 같으면 본론을 꺼내기 전에 미리 일이 없어도 만나 두는 것이 처세의 기본이다. 상대 또한 이렇게 일없이 만나거나 만나 준 사람의 부탁은 쉽게 거절하지 못한다.

말도 아직 서툴고, 문화적 차이도 있고, 자리 자체에서 오는 불편함도 크기 때문에 만나는 걸 꺼리게 된다. 힘들어도 사람을 만나려고 노력하자. 처음엔 어렵지만 경험이 쌓이면 자연스러워진다. 자주 하다 보면 일상적이 되고 习以为常, 습관이 되면 자연스러워진다 习惯成自然.

一回生二回熟 처음 만남은 어색하지만 두 번째는 익숙하다. 처음은 어렵지만 자주 하다 보면 익숙해진다는 의미겠다.

窍门四两拨千斤 비결을 알면 네 냥으로도 천 근을 들 수 있다. 요령만 알면 수천 배의 효과를 볼 수 있다는 속담도 있다.

정말 어쩔 수 없이 제시간에 모임에 나가지 못한다면 어떻게 행동하는 것이 현명할까? 우선 늦을 수밖에 없는 사연을 잘 설명하고 늦게라도 얼굴을 비치는 것이 좋다. 중국인들의 모임은 우리에 비해 아주 늦게 끝나는 경우가 많다. 초저녁에 시작한 모임이 다음 날까지 이어지는 경우도 있다. 또한 중간에 자리를 뜨거나 새로운 사람이 합석하는 것이 우리에 비해 무척 자연스럽다.

우리가 "오늘 밤에는 중요한 선약이 있어 오늘은 정말 안 되겠다"라고 말하면 중국인 친구들은 '얼굴이라도 잠깐 보여 줄 수 없을 만큼 중요한 일인가 보구나'라고 처음에는 이해하고 넘어가 줄지도 모른다. 그런데 이런 상황이 반복되면 '내가 이 친구와 이 정도 관계밖에 안 되는구나'라는 오해를 사게 된다.

이방인의 눈에는 보이지 않는 중국의 복잡한 규칙 때문에 처음엔 제대로 게임을 하기가 거의 불가능하다. 게임의 규칙을 알아야 한다. 그러나 규칙을 알기가 현실적으로 어렵다면, 게임을 아는 이를 사귀는 것이 요령이다. 한 번의 작은 만남이 큰 문으로 들어가는 열쇠가 될 수 있다.

그러니 인연을 만들고 싶다면 중국 친구, 아니 별로 친하지 않은 중국인이라도 그가 나를 부를 때 이것저것 따지지 말고 초대에 응하자.

정말 중요한 이야기라면 독대하는 게 낫다

没事吃饭, 有事办事 ^{일이 없으면 밥을 먹고, 일이 있으면 일을 한다}. 우리의 눈으로
보자면 특별한 일이 있어서 모였는데, 중국인들은 밥이나 먹고 술
이나 마시며 시간만 낭비하는 것으로 보일 때가 있다. 이는 중국인
의 직설적이지 않은 화법 때문이다. 목적이 있어 만나자고 전화할 때
도 그것을 정확히 밝히는 경우가 별로 없다. 물어도 대답해 주지 않
는다. 미리 모임의 성격을 파악하려고 하기보다는 일단 만나는 것
이 좋다.

先做朋友 后做生意 ^{먼저 친구가 되고, 후에 사업을 한다}. 앉자마자 본론을 얘기
하고 싶어 하는, 그야말로 단기 효율을 중시하는 우리와 달리 중국
인들은 모임 내내 본론을 안 꺼내기도 한다. 그러니 일없이 "그냥 만
나자"라고 하는 말을 액면 그대로 이해하면 안 된다.

대륙의 기질이라고 봐야 할지, 고도의 협상 전략이라고 해야 할지
모르겠지만 급한 용건이 있어도 중국인들은 먼저 용건을 말하지 않
는다. 일 이야기에 앞서 감정 교환이 되어야 한다. 交浅言不深 <sup>교분이 깊
지 않으면, 깊이 있는 말을 하지 않는다</sup>. 감정이 통해야 본심을 얘기한다.

재삼 강조하지만, 중국인들은 마음을 털어놓을 때도 여러 가지 상

황과 체면을 고려한다. 공개된 장소보다는 매우 개인적인 자리에서
독대하는 편이 좋다. "나는 중국말이 안 되어서 곤란하다"라고 생
각할 수도 있다. 그럼에도 계속 강조하는 이유는 정말 중요하기 때
문이다.

안타깝게도 한국 사람들이 중국 사람들을 상대할 때 같은 실수
를 반복하는 모습을 너무도 자주 목격해 왔다. 그렇게 된 결과만 알
고 그렇게 된 이유를 모르기 때문에只知其然 不知其所以然 이런 일이 벌어진
다. 표면적인 결과만 보지 말고 그 과정을 들여다보자. 중국의 문화
를, 즉 중국인들의 사유 방식을 들여다봐야 근본 문제를 해결할 수
있다. 그래야 실수를 반복하지 않는다.

중국에서 불필요한 인맥이란 없다

无
针
不
引
线

无
水
不
渡
船

바늘이 없으면 실을 꿸 수 없고,
물이 없으면 배를 띄울 수 없다

진짜 중국통이 되려는 사람들은 '별 볼 일 없을 것 같은 만남'에도 부지런해야 한다.

나는 성격상 사람을 많이 만나는 체질이 아니고 지금도 사람 만나는 걸 즐기는 편은 못 된다. 하지만 근 20년을 중국에서 주재원으로 살아가며 터득한 한 가지는 중국에서 성공하고 싶다면 최소한 사람 만나기를 피하면 안 된다는 것이다.

중국은 꽌시 때문에 안 되는 일도 되고, 되는 일도 안 된다. 별생각 없이 만난 사람이 정말 중요한 꽌시가 되기도 하고, 무심코 만남을 거절했던 사람이 불과 수년 만에 중요한 자리에 올라가기도 하는 곳이 중국이다.

성공한 중국 전문가들은 대부분 마당발이다. 부지런하게 만나서 쌓은 인맥이 결국 대체 불가능한 경쟁력이 되어 안 될 일도 되게 만든다.

그 사람은 원래 사람 사귀기를 좋아해서 가능했다고 생각했는데, 이들의 무용담을 듣다 보면 그동안 들인 노력을 몰라본 것이 미안할 정도다. 나도 뜻밖의 만남이 중요한 꽌시로 힘을 발휘한 경우가 많다.

사소한 인연이 가져온 큰 성과

오래전 내가 몸담고 있던 기업의 계열사가 중국에서 대형 프로젝트를 추진할 때다. 그 회사는 처음부터 여러 조건을 고려해 지방의 A시에 투자할 계획이었다. 그런데 오랜 시간 A시 지방정부와 합의점을 찾지 못해 협상이 결렬될 위험에 처했다. 그러던 차에 협상 경력이 많았던 내가 그 협상에 파견 형식으로 투입됐다.

이런 상황에 익숙했던 나는 협상 전략을 준비했다. 첫 대면은 어떤 모습으로 보일 것인가, 비둘기파가 될 것인가 아니면 매파가 될 것인가, 중국인과의 협상에 노련한 척할 것인가, 그냥 중국을 좋아하는 협상가 정도로 보일 것인가. 그것도 아니면 이번 협상에 못마땅한 관계자로 포장할 것인가? 중국에서 협상은 때에 따라 다양한 가면을 써야 하는 경우가 많다. 나는 협상의 주도권을 쥐어야 한다는 판단으로 강한 인상을 주기로 했다. 그에 맞춰 면담 장소의 선정부터 발언 내용, 특히 첫 발언의 타이밍과 내용까지 모든 세부사항을 준비했다.

A시의 서기를 비롯한 최고위층과 처음 대면하는 자리에서 나는 중국식으로 "货比三家 물건을 사기 전에 세 곳을 비교한다"라는 표현을 썼다. 우리가 굳이 A시에 목맬 이유가 없다는 뜻을 넌지시 비쳤다. A시 외에 B시도 투자처로 검토하고 있으며, B시는 A시와 달리 매우 적극적으로 투자 유치를 희망하고 있음을 강조했다. 어찌 보면 상대방에겐 지금까지의 협상을 뒤집는 선언이자, 불쾌할 수도 있는 방법이었

을 것이다. 하지만 꼬일 대로 꼬인 협상을 단번에 해결하기 위해서는 이 방법이 최선이라 생각했다.

사실 "세 곳을 함께 비교하겠다"라는 말에 대해 중국 사람들은 우리만큼 불쾌하게 생각하지 않는다. 오히려 여러 곳을 비교하지 않고 당신들하고만 일하겠다는 한국식 의리는 중국인들이 보기엔 어쩌면 순진한 생각일 수도 있다.

다행히 협상 실무책임자로 나선 A시 국장은 기분 나빠하기보다 적극적으로 협상에 임해왔다. 덕분에 소모적인 줄다리기 없이 빠른 속도로 투자 협상이 마무리되었다. 서로의 패를 가늠하던 협상이 모두의 성공을 위한 협의로 바뀐 것이다. 이후로는 프로젝트 진행 중에 다른 문제가 생겨도 서로 터놓고 해결 방법을 모색할 수 있었다. 서로 양보할 카드와 지킬 카드를 알려 주었고, 각자의 내부 설득을 위한 정보도 공유할 수 있었다.

나는 아직도 다른 중국 지방정부에서 찾아보기 어려운 A시의 협상 태도와 속도에 감사하고 있다. 중국에서는 협상이 오래 진행되다 보면 별별 일이 다 생긴다. 이런 뜻밖의 상황이 생기면 우리는 당황해서 현지 담당자들을 쥐 잡듯 하지만, 중국인들은 '夜长梦多 밤이 길면 꿈이 많아진다' 즉 시간이 길어지면 별의별 일이 생긴다며 원래 그런 거로 여긴다.

그렇게 수개월이 지나 협상이 마무리될 무렵, 첫 대면 자리에 함께했던 담당자로부터 이런 얘기를 들었다.

"그때 류 상무님의 갑작스런 출현에 저희는 매우 걱정했습니다. 모르시지요?"

금시초문이었다. 그의 말에 의하면, 내가 다른 지역 역시 투자 후
보지로 적극 검토하겠다는 폭탄선언을 하자 A시 관계자들은 당황
스럽고 불쾌하게 여겼다고 한다. 근 일 년 이상 진행됐던 협상 과정
에 난데없는 인물이 등장해 폭탄을 던졌으니 A시로선 당황하지 않
을 수 없었다는 것이다.

그래서 그들은 나의 배경과 성격은 물론이고, 현재 A시와 경쟁 중
으로 알려진 B시와 내가 특별히 꽌시로 엮여 있는지까지 상세히 조
사했다고 한다. 당시 나는 회사의 예전 프로젝트를 통해 B시에 알
고 지내던 인사가 많았다. 그 프로젝트 역시 수년에 걸쳐 진행되었
기 때문에 그때 알게 된 인사들과 뗄 수 없을 정도로 깊은 사이인 경
우도 많았다.

"둘 중 하나라고 생각했습니다. 투자처를 B시로 결정하기 위해 협
상 대표가 바뀐 것이거나, 류 상무님이 워낙 이런 프로젝트의 전문
가이므로 교착상태에 빠진 협상을 풀기 위해 투입됐을 거라고요. 그
런데 첫 대면 이후 우리 서기님을 비롯한 협상팀은 그야말로 '멘붕'에
빠졌습니다. 류 상무님이 모든 면에서 워낙 강하게 그쪽 입장만 주
장했으니까요. 그래서 면담 이후에 '이 사람이 도대체 어떤 사람이
냐? 얘기가 통하는 사람이냐? 이 사람 때문에 협상은 이미 끝난 거
아니냐'라는 분위기였죠."

그런데 그쪽에서 "류 상무는 중국도 모르면서 일방적으로 자기 입
장만 내세우는 오만한 사람이 아니라 협상할 만한 파트너"라고 말

한 사람이 있었다고 한다. 바로 나와 말이 통했던 A시 국장이었다.

나중에야 알았지만 그 국장과 나는 구면이었다. 너무 오래전 만남이라 협상장에서 그를 만났을 때 나는 낯이 익다고만 생각했지 정확히 기억하지는 못했다. 설령 기억했다고 해도, 내가 그를 처음 만났을 때 초급 간부에 불과했던 사람이 벌써 이렇게 높은 위치에 올라갈 줄은 생각도 못 했을 테니, 아마 그냥 닮은 사람 정도로 여겼을 것이다.

그 국장 또한 내색하지 않았지만 사실 나를 기억하고 있었을 뿐만 아니라 매우 좋은 인상을 받고 있었다고 한다. 그래서 오래전 나와 만났을 때 어땠는지, 내가 누구와 친분이 있고 어떻게 일해 왔는지를 윗선에 보고했다고 한다. 그 덕분에 A시 관계자들은 나의 깐깐한 태도 때문에 첫 대면에서 가졌던 거부감을 빠른 시간에 지울 수 있었고, A시와 나는 상호 신뢰의 바탕 위에서 매우 빠른 속도로 일을 진행할 수 있었다.

无针不引线, 无水不渡船 바늘이 없으면 실을 꿸 수 없고, 물이 없으면 배를 띄울 수 없다. 중간에 국장이 없었더라면 그 지역과 우리가 단단한 믿음을 가지고 일하기는 어려웠을 것이다. 중국에서의 협상은 보고서상의 숫자보다 상호신뢰가 더욱 중요한데, 거기까지 가는 데 상당한 시간이 소요된다. 만약 그가 없었더라면 서로 '밀고 당기기' 하는 데 시간을 다 소비했을지도 모른다.

당시 국장은 A시에서 상당히 신뢰받던 인물이었으므로 그가 믿는 나 역시 믿을 만한 이로 여겨졌을 것이다. '친구의 친구도 역시 친구다'라는 공식이 적용되었던 것이다.

개인 간의 신뢰가 우선이다

중국인들에게는 무엇보다 신뢰가 중요했고, 그 신뢰 형성은 내가 오래전에 우연히 '만나 준' 초급 간부가 나중에 중요한 담당자가 되어 중간에 다리를 놓아 준 덕분에 가능했다.

그 국장이 A시 초급 간부였던 시절, 나는 비록 직급은 대리였지만 이미 회사의 여러 대형 프로젝트에 핵심 실무자로 참여하고 있었다. 투자 유치를 희망하는 중국 지방정부의 담당자들은 이런저런 경로를 통해 나를 만나려고 했다. 나를 만나러 멀고 먼 지방에서 베이징까지 찾아온 사람 중에는 때로 지방의 최고위층도 적지 않았다.

고작 대리 한 명 만나겠다고 최고위층이 베이징까지 찾아온다는 것은 우리에겐 이해하기 어려운 행동이다. 하지만 체면을 무엇보다 중시하는 중국인들도 필요하면 이렇게 실리적으로 움직인다. 실리를 위한 겸손은 체면과는 다른 문제이기 때문이다. 유방을 도와 한나라의 초석을 다진 한신이 불량배들의 가랑이 사이를 지나는 모욕을 감내한 것도, 중국 최고의 고문古文이라 할 수 있는 『사기』의 저자 사마천이 수치스러운 궁형宮刑을 감내한 것도 같은 맥락이다.

어쨌든 나는 지방정부에서 찾아와 만나자는 요청이 있으면 거의 예외를 두지 않고 만났다. 먼 길을 오신 손님이니 시간이 되면 식사

대접도 했지만, 도저히 시간을 뺄 수 없으면 다만 30분이라도 만났고, 느닷없이 만나자는 연락에도 낮이든 밤이든 짧은 시간이라도 반드시 그들을 만났다. 아니, '만나 주자'라는 생각으로 억지로라도 시간을 냈다. 대기업의 투자 유치를 모색해 보겠다고 상관에게 보고하고 멀리 베이징까지 출장왔는데, 아무도 못 만나고 돌아가면 그들의 처지가 난처해지지 않을까 하는 마음도 있었다.

A시 국장도 당시 입사한 지 얼마 안 되었을 때 상관을 모시고 한국 회사들을 방문하려고 무작정 베이징에 왔다고 한다. 느닷없이 찾아왔으니 당연히 한국 대기업 담당자들은 아무도 만나 주려 하지 않았다고 한다.

우리 회사 역시 당분간 A시에 투자할 계획이 없었고, 사전에 협의가 안 된 자리에 굳이 나갈 필요가 없었다. 하지만 나는 "많은 시간을 내드리기는 어렵지만, 그래도 괜찮으시면 차라도 한 잔 대접하겠다"라고 이야기했다. 사무실로 찾아온 그와 그의 상관에게 그 지역의 투자 환경 자료를 건네받고 정말로 차 한 잔만 대접했다. 이후 그는 몇 년 동안 일 년에 한두 번씩 이런 식으로 나를 찾아왔고, 나는 별 의미를 두진 않았지만 한 번도 거절하지 않고 잠깐씩이라도 만났다.

사실 내가 이렇게 가리지 않고 중국 관리들을 만난 것은 대단한 뜻이 있었기 때문이 아니다. 먼 앞날을 내다보고 인맥을 만들겠다는 예지력도 당연히 없었다. 이런 사람들을 만나는 것이 내 주요 업무도 당연히 아니었다. 당시 나는 다른 주재원들보다 직급이 낮았고, 회사에는 지방 관리를 상대하는 부서가 따로 있었다. 그러나 그 담당 부서에서는 이렇게 무턱대고 찾아오는 지방 관리들을 다 만나기가 어려웠던 반면, 나는 최대한 만나 주기 위해 노력했을 뿐이다. 어찌 보면, 과거에 무턱대고 중국 정부의 문을 두드렸을 때 문전박대받았던 시절이 떠올라서 애틋한 마음으로 만나 주었던 것 같기도 하다.

사실 한국 주재원 입장에서는 불쑥 전화해서 귀사의 투자를 유치하고 싶으니 시간을 내달라는 요청에 응대하기가 쉬운 일은 아니다. 그 면담 요청이 고위층에게서 온 것이라면 더욱 그렇다. 그쪽에서 "이번에 우리 고위층 인사가 직접 가서 뵙고 싶어 하신다"라며 성의 있는 면담을 요청하면 우리로서는 오히려 부담스럽기 그지없다. 잘못 만났다가는 "네가 직접 만날 급이 안 되는데, 왜 만났냐"고 야단맞을 수도 있다. 그렇다고 본사에서 '급에 맞는 사람'이 나와 주는 경우도 거의 없다. 우리나라 회사의 입장에서 보면 중국 지방정부의 면담 요청이 충분한 예약 시간과 적절한 목적을 갖추지 못한 경우가 많기 때문이다.

만나든 못 만나든 이래저래 고단한 일이다. 그래서 주재원으로서는 이런 요청이 아예 안 들어오는 게 제일 좋은 것이고, 만약 요청이 들어오면 모르는 척하는 게 상책이다. 어쨌든 대부분의 한국 주재원은 갑작스러운 면담 요청을 거절하게 된다.

나는 좀 달랐던 것 같다. 내 인품이 훌륭해서가 아니다. '將心比心 내 마음에 비쳐서 상대방의 마음을 이해한다' 또는 '換位思考 위치를 바꾸어서 사유한다'라는 말이 생각났을 뿐이다. 나는 대리 직급으로 중국에 왔다. 말단 대리

명함을 들고 중앙정부의 과장, 국장, 심지어 차관까지 만나야 했다.

아무런 인맥도 없는 내가 "나는 ○○사의 누구입니다"라고 연락하면 제대로 통화라도 한 번 하기가 어려웠다. 그때 내가 한국에 있는 동료들에게 푸념하며 하던 말이 있다.

"야, 나는 중국 사람들한테 '그 사람 자리에 없다'라는 말을 온전하게 듣는 게 소원이다. 전화하면 '없' 자밖에 안 들린다."

받자마자 끊어버렸다는 얘기다. 그런 현실을 이해해 주는 상사도 있었지만 "아니, 우리 회사가 투자하는 건 그쪽에서도 좋은 일인데, 그거 하나 설명 못해?"라고 다그치는 상사도 있었다.

물론 만나기로 약속하고서 바람맞은 적도 한두 번이 아니다. 같은 사람한테 세 번을 연거푸 바람맞은 기억도 있다. 그때마다 "언제 만나기로 약속했는데, 그분이 갑자기 약속을 취소했습니다"라고 보고했다가 면담 후의 멋진 보고서를 기대했을 본사로부터 졸지에 거짓말쟁이가 되어 혼난 기억도 난다. 그런 설움을 겪어 봐서인지, 나는 찾아오는 사람들을 가능하면 만나 주고 싶었다.

교환의 법칙을 기억하자

앞서 소개한 우리식 대응 방식이 우리로서는 틀린 것이 아니지만, 중국인들이 보기에 맞는 것도 아니다. 중국 사람들은 전화할 때 꼭 "나는 어디의 누구다" 내지는 "어디의 누구 소개로 연락을 드린다"

라며 말문을 연다. 한국 사람들도 비슷하지만, 그 속에 담긴 의도는 전혀 다르다. 즉 '어디'의 누구, '누구'의 소개라는 말 속에는 '어디'와 '누구'의 체면이 걸려 있다.

중국인이 체면에 대해 느끼는 무게감은 한국과는 비교가 되지 않는다. 입장을 바꾸어 보면, 투자 유치 담당자로서 베이징까지 왔는데 실질적인 성과는 둘째 치고, 누구 하나 만나지도 못한 채 돌아간다면 어떻게 윗사람들에게 얼굴을 들 수 있겠는가? 알다시피 중국은 넓고, 베이징까지 출장 오는 것이 쉬운 일도 아닌데 말이다.

지금은 중국 사람들도 한국 사람들과의 접촉이 많아지면서 자신들과 다른 한국 문화에 대해 꽤 이해도가 높아졌다. 그러나 바뀌지 않는 것도 있다. 여전히 우리의 대수롭지 않은 거절을 중국 사람들은 매우 대수롭다고 여긴다. 잠깐의 시간조차 내지 않는 우리를 오만하다고 여길 수 있다. '어디'에서 왔다고 밝혔는데, '누구'의 소개라고 얘기했는데 만나 주지 않다니? 자신들이 온 '어디'와 소개해 준 '누구'의 체면을 크게 손상했다고 여길 수 있다.

礼尚往来 예의는 주고받는 것이다. 중국 사람들의 예의는 선물만 주고받는 게 아니다. 나쁜 감정도 반드시 돌려주려고 한다. 그러니 중국 사람들이 나를 '친구'라 여겨서 찾아온다면 부디 적당한 핑계를 대고 피하거나 다른 사람에게 미루지 말고 진심으로 만나주자. 나에게는 사소해 보이는 만남의 결과가 나중에 어떤 모습으로 되돌아올지는 아무도 모른다.

꽌시는 보험이다

중국인 택시기사에게 바가지를 썼다든가, 시장에서 산 물건이 '짝퉁'이었다던가 하는 어찌 보면 사소하게 당한 사기는 새로운 환경에 적응하는 과정에서 겪는 일이라고 위로할 수밖에 없다. 20년 넘게 중국에서 살아온 나도 이런 작은, 그러나 잦은 속임수를 여전히 겪고 있다.

그런데 피해가 심각한 사기는 중간에 나쁜 한국인이나 중국인이 끼어 있을 때 일어난다. 양쪽 문화에 어울리는 그럴듯한 논리나 상황을 만들어 속이는 것이다. 이런 브로커가 "지금까지 여기 입주한 모든 한국 사람도 다 이런 식으로 계약했어요. 이 정도면 법적으로 안전해요"라고 한 말만 믿고 점포를 열었다가 투자금을 몽땅 날린 경우를 본 적이 있다. 대형 상가에 입주한 모든 점포가 하루아침에 쫓겨났다. 건물주로부터 건물 전체를 임대한 이가 재임대를 한 후에, 임대료를 챙겨 도망가 버린 것이다.

이런 예는 비일비재하다. 회사들도 매일반이다. 관행이라는 말만 믿고 일을 진행했는데 사고가 난다. 하소연할 데도 없다. 쉬쉬하며 조용히 처리하기도 하고, 애꿎게 사고가 발생할 당시의 담당자가 책임지는 예도 있다. 이른바 '폭탄 돌리기'다. 부임해서 얼마 지나지 않아 이미 오래전부터 '대형사고의 불씨'가 있었음을 발견한다. 그렇다고 이제 와서 문제 삼기에는 조직 생리상 어렵다. 그저 내 임기 내에 문제가 안 터지기를 바랄 뿐이다. 어차피 터질 폭탄인데 운 없는 사람이 담당할 때 터질 것이라는 일종의 운명론이다.

예방을 못 했거나 폭탄을 미리 해체하지 못한 것을 운명에 맡겨서야 되겠는가? 폭탄의 위치를 알고 성격을 알 수 있다면 당연히 해결 방법을 찾을 수 있지 않을까? 부족하지만, 그래도 사기당하지 않는 법에 대해 조언을 구한다면 나의 대답은 이렇다.

"친구를 사귀어라!"

중국에서는 꽌시를 갖고 있어야 한다. 친구가 있으면 이런 황당한 사기를 미리 방지할 가능성이 커진다. 이미 발생한 사고라도 도움을 받을 수 있다.

나는 꽌시에 대해 부정적으로 말하는 사람들 또는 이제 더는 꽌시가 필요 없다는 사람들을 볼 때마다 '저분들은 어떤 사람들일까?'라는 생각을 한다. 답답하다. 평소에 사용할 일이 없었다는 이유로 꽌시가 필요 없다고 하는 것이다. 그럴 만한 일을 겪어보지 않았거나, 본인이 중국에서 직접 일을 해보지 않았기 때문일 것이다. 이런 이들은 분명 높은 자리에 있으면서 현지 중국인이나 다른 한국인 직원을 부리기만 했을 것이다.

누군가 "도대체 꽌시는 무엇이냐? 한마디로 정의하라"면, 나는 "꽌시는 보험이다"라고 대답할 것이다. 평소에는 쓸데없는 지출 같지만, 언젠가 일이 닥칠 때를 대비한다면 없어서는 안 되는 보험 말이다.

개천을 건널 때 누구는 빠지고 누구는 잘 건너는 것의 차이는 무엇인가? 징검다리의 위치를 아는지 여부이다. 징검다리가 어디 있는지 알면 물에 빠지지 않고 건널 수 있다. 우리는 중국에서 이 징검다리 위치를 모른다. 그럼 어떻게 해야 할까? 중국인 친구, 즉 나의 꽌시가 이를 알려 줄 것이다.

지도나 내비게이션에 나와 있지 않은 징검다리(규정에 나와 있지 않은 방법)를 사용하는 게 왠지 정상적이지 않은 것 같아서 꺼림칙하다고? 아니면 남들이 대부분 그러듯이 철교가 놓일 때까지, 즉 중국의 환경이 이른바 '글로벌 표준'에 맞을 때까지 건너기를 미룰 것인가?

그러나 그때가 되면 일본이나 서구의 기업과 비교해서 우리에게 경쟁력이 있을까? 미안한 이야기지만 서구 기업들은 차치하고라도, 한 번 겪어본 중국인 또는 중국 기업들은 한국과 일본의 기업 중에 일본 기업을 선호하는 경우가 뜻밖에 많다. 단순히 기술력 때문이 아니라, 비즈니스 문화 때문에 그렇다.

아니면 중국은 어렵다고 손사래 치며 다른 나라로 갈 것인가? 중국이라는 강을 건너기가 어려운 것은 맞다. 하지만 유럽이나 동남아로 가는 것보다 효율 측면에서 더 좋을 수 있다. 유럽이나 동남아 나라의 경우는 국가마다 새로운 언어를 연마해야 하고 새로운 문화와 규정을 익혀야 한다. 반면 중국은 지방마다 차이는 있지만 큰 그림은 같다. 무슨 얘기냐 하면, 중국의 한 지역에서 성공한 모델이 있다면 이것을 그대로 중국 내 다른 지방으로, 또는 다른 사업 영역으로 확장하면 된다는 말이다. 중국이 다른 나라에 비해 수십 배의 시장 규모를 갖고 있음을 고려한다면, 딱 한 번 공을 들여서 수십 배의 성과를 내는 게 가능하다면 이것이야말로 효율적이지 않을까?

꼭 묻고 싶은 말이 하나 더 있다. 내가 징검다리를 이용하는게 꺼림직하다고 해서 징검다리로 건너는 다른 사람들을 나쁘다고 할 수 있을까? 철교가 있었다면 그 사람들도 당연히 철교를 이용했을 것이다. 하지만 철교가 없을 때는 징검다리로라도 강을 건너는 융통성이 필요하다. 그래서 친구, 즉 꽌시가 하나 더 있으면 방법이 하나 더 있다多一个朋友 多一条路고 하는 것이다.

'권력의 재생산', 꽌시의 중요한 속성

有朋自远方来 不亦乐乎

친구가 멀리서 찾아오면 어찌 기쁘지 않겠는가

『논어』의 「학이^{學而}」 편에 나오는 이 말은 오랫동안 보지 못했던 친구를 만난 반가움을 표현한 것으로 지금도 중국인들이 자주 쓴다. 하지만 이런 뜻만 있는 것은 아니다. 친구에 대한 현대 중국인들의 해석은 달라질 수 있다. 중국인들은 쉽사리 진심을 내주지 않지만, 한편으로는 가능하면 많은 사람과 잘 지내려는 습성이 있기 때문이다. 이러한 꽌시의 확장성을 고려해 볼 때 '친구^{親舊}'란 오래 알고 지낸 사람뿐 아니라 어쩌다 한두 번 만난 사람, 친구의 친구까지 포함한다고 이해하자.

이런 관점에서 본다면, 손으로 꼽을 수 있는 친구뿐 아니라 나를 친구라 여기며 찾아온다면 누구라도 기쁘게 만나 주어야 한다. 개인적 친분과 업무상 관계를 구분하지 말고 나를 찾아온 사람은 일단 친구로 대하는 노력을 해보기를 권한다.

어느 사회나 계층이 존재한다. 사람들은 이 계층 어딘가에 속해 있는데 대부분은 상위 계층으로 올라가기 위해 노력한다. 우리가 상식적으로 알기에는, 바람직한지는 모르겠지만, 지구상 거의 대부분의 나라가 피라미드 모양의 계층 구조를 가지고 있다고 한다. 형편이 어려운 다수의 사람들이 맨 아랫단에 위치하고, 위로 갈수록 좁아지는 형태다.

　그런데 특이하게도 중국은 이 계층 구조가 호리병 같다고 한다. 위와 아래는 피라미드처럼 삼각형이지만, 중간에 좁은 목neck이 있다. 일반적인 피라미드 구조에서처럼 노력을 통해 자기 분야에서 성취를 이루면서 자연스럽게 위로 상승하는 구조가 아니다. 아래층에서 위층으로 가려면 중간의 좁은 목을 통과해야 한다. 점진적으로 올라갈 수 있는 것이 아니라 반드시 치러야 하는 통과의례이다. 마치 병목 현상을 일으키는 좁은 도로를 통과해야 하는 것처럼 말이다.

호리병 계층구조를 뚫고 올라가려면

　그런데 이 병목 지점을 통과하려면 자신이 해 온 객관적 노력만으로는 부족하다. 줄 서서 기다리다 보면 언젠간 내 차례가 되어 지나갈 수 있는 구조가 아니다. 어느 정도의 상승은 몰라도 그 이상 오르려면 반드시 다른 통행증이 있어야 한다. 이 병목을 지나는 요령은 먼저 와서 인내심을 가지고 기다리는 것이 아니라 통행증을 교통경찰에게 보여 주는 것이다.

　이때 필요한 것이 꽌시다. 능력 있는 친구, 능력 있는 인맥, 배경이 있어야 한다. '배경(背景)'이란 한자를 풀어보면 뒤를 봐주는, 내가 의지할 수 있는 환경이란 뜻이다. 그래서 중국 사람들은 배경을 내가 의지하는 산, 즉 카오샨靠山이라고도 한다. 중국인들이 유유상

종^{物以类聚}할 수밖에 없는 이유다.

중국인들이 농담처럼 말하는 '富易妻, 贵易知 _{부유해지면 부인이 바뀌고, 신분}_{이 상승하면 만나는 친구들이 바뀐다}'의 贵易知는 바로 '귀해지면 친구들이 달라진다'라는 의미다. 형편이 나아질수록 더 많은 사람과 교제할 여유가 생기는 것은 어찌 보면 자연스러운 현상이지만, 중국인은 친구 사귀기를 위해 더 많은 노력을 기울인다.

꽌시를 맺기 위한 중국인들의 노력을 나쁜 목적을 위한 의도적인 행위로 보면 절대 오해다. 중국인들의 꽌시 맺기를 우리나라 사람들의 친구 사귀기 또는 이웃과 잘 어울리기 정도로 보자. 친구를 사귀고 이웃과 화목하게 지내기 위해 시간과 노력이 필요하고, 이들과 서로 도움을 받을 날이 있을 거라고 기대할 수도 있다. 이렇게 좋은 의도를 가지고 주위와 사귀는 행위를 비난할 수는 없다. 언젠가 도움을 주고받았다고 해서 "부정한 청탁을 하기 위해 의도적으로 관계를 만들었다"고 비난해서는 안 된다.

꽌시는 얼핏 만들기 어려워 보이지만 우리 같은 이방인들에게도 불가능한 일은 아니다. 많이 만나다 보면 확률이 커진다. 중국에서 인맥을 만들었다면 그야말로 대단한 스펙을 갖게 되었다고 할 수 있을 것이다. 인맥이란 표현에 알레르기가 있다면 '친구' 또는 '아는 사람'이라고 이해해도 좋다.

누구라도 존중하는 것이 인맥을 만드는 길이다

중국에 비해 글로벌화 되었다고 여기는 우리나라는 사업상의 성공, 승진, 또는 신분상승의 속도가 과거에 비해 느리다. 반면 급속하게 성장하는 중국은 상대적으로 기회도 많고 변화도 빠르다.

언론에 소개되는 중국 갑부를 예로 들 필요 없다. 10년 전에 시장에서 조그만 광주리 하나 놓고 장사하다가 지금은 건물 몇 채를 지닌 사람도 주위에 있다. 얼마 전까지만 해도 중간관리자였던 중국인이 단 시간에 대기업 고위층이 된 모습도 심심치 않게 보게 된다. 아니, 대기업일 필요도 없고 중앙의 높은 직급일 필요도 없다. 중국은 어느 곳, 어느 위치에서도 언제든지 기회가 있다.

불과 몇 년 전만 해도 낮은 직급에 불과해서 눈길 한 번 줄 필요를 느끼지 못했던 관리나 회사 간부들이 지금은 정부나 금융권, 기업에서 권한을 행사할 수 있는 위치에 있기도 하다. 조직 내에서의 승진이 빠르기도 하고, 회사나 조직 자체의 성장이 빠르기도 하다. 고위층의 인정을 받아 갑자기 실세로 둔갑하는 경우도 종종 있다. 여전히 연공서열에 매여 순차적으로 승진하고 어느 정도의 위치가 되기까지 시간이 필요한 우리 사회와는 정말 다르다.

말단에 있던 사람이 어느 날 갑자기 대단한 권한을 지닌 채 나타나게 되면 '그때 내가 뭐 서운하게 해 준 건 없었던가?' 하며 가슴을 쓸어 내리거나 '내가 좀 더 잘 챙겨줄걸' 하는 생각이 들기도 한다. 얼마 전에 식사자리에서 만난 중국 친구에게 이런 말을 들었다.

"예전에 네가 자주 만났던 그 교수, 요즘에도 만나냐? 지금 중국의 모 대학교 총장이 되었다!"

기가 막혔다. 오래 전 그룹 관계사 일을 잠깐 도와주다 보니 관계를 맺었던 분이다. 해당 회사의 담당자가 주재원으로 나온 이후 연락하지 못했는데, 지금은 중국에서 최고로 손꼽히는 대학교의 총장이 되셨다고 한다.

烧冷灶 부뚜막이 차가울 때 데운다. 부뚜막이 뜨거울 때는 장작을 더 넣어봐야 생색이 나지 않는다. 없을 때 잘 해주자. 중국인들은 누가 언제 갑자기 실력자가 될지 모른다.

중국 사람들도 어떤 의도를 가지고 찾아오는 뻔한 사람들은 당연히 거리를 둔다. 의리 없이 단지 이익만을 추구하려는 사람들은 그야말로 "不够朋友 친굿감이 아냐!"라며 좋아하지 않는다. 讲义气在一起, 不讲义气不在一起 의리를 지키면 함께하고, 의리를 지키지 않으면 함께하지 않는다. 우리가 중국에서 일하는 이유 자체가 뭔가 목적이 있는 것인데, 그러면 어떻게 해야 하는가? 상대방도 그것을 당연히 알고 있다. 다만 뻔하게 의도를 드러내면 너무 속물스럽다. 친구 깜냥이 안 되는 것이다.

친굿감이 될 수 있음을 보여주는 가장 쉬운 방법은, 내 경험으로는 부지런히 만나는 것이다. 先做朋友, 后做生意 먼저 친구가 되고, 후에 사업을 한다. '아는 사람'이 아니면 속내를 드러내지 않고, 알고 나서야 사업을 진행하는 중국 문화의 특성상 상대방에게 최소한 '아는 사이' 또는 '알고 싶은, 사귈 만한 사람'이라는 인상을 심어줘야 하지 않을까?

중국인들이 생각하는 '용건'의 개념

여느 지역에서나 마찬가지겠지만, 중국에서도 비즈니스를 하다 보면 다양한 사람을 만나게 된다. 그런데 중국에서의 만남은 우리의 상식과는 양상이 사뭇 다르다. 우리는 아는 사이라도 사전예고 없이 불쑥 연락해서 만나자고 하면 결례다. 하지만 중국인은 이를 오히려 친밀감의 표현으로 해석하기도 한다. 그래서 중국인에게서 느닷없이 만나자는 연락이 온다면 일단 상대방이 나를 친밀하게 생각하고 있다고 여겨도 크게 잘못된 생각이 아니다. 실제로 나는 지금도 아무 예고 없이, 이유도 밝히지 않고 무조건 만나자는 친구의 전화를 자주 받는다. 이런 경우 잠시라도 나가서 얼굴이라도 비치고 오자는 게 나의 지론이다.

상대방이 나를 친구로 생각하는 만큼 나도 그를 친한 사이로 여기는 관계라면 이런 난데없는 연락은 크게 문제가 될 게 없다. 그런데 가끔 잘 모르거나 일면식도 없는 사람이 난데없이 연락하거나 찾아오는 경우, 무척 당혹스럽다.

예를 들면 오래전에 만나 기억이 가물가물한 사람인데도 마치 죽마고우처럼 친한 척을 하며 무조건 만나자는 경우가 있다. 나는 만난 적도 없는 지방 관리가 사전 약속도 없이 베이징에 와서는 당장 만나자고 해서 곤란했던 적이 한두 번이 아니었다. 한두 번 스치듯 만나서 명함만 교환했던 사람이 막무가내로 시간을 내달라고 하기도 한다. 심지어 기억도 안 나는데, 내가 자신의 친구라며 만나자고도 한다. 그래도 이런 경우는 양반이다.

전혀 만난 적도, 누구의 소개도 없고 특별한 용건도 없어 보이는데 마치 우리가 무척 친한 관계인 것처럼 연락해 오는 이들도 있다. 대부분 '나와 관련된 일'을 상의해야 한다고 명분을 붙인다. 나와 관계된 일이라니 일단 만나면 되지 않겠나 생각하지만, 선뜻 만나러 나가기가 쉽지 않다.

우선 나와 관련된 일이 무엇이냐가 불분명할 때가 있다. 한국인에게 나와 관련된 일이라 하면 최소한 회사 업무와 관련된 일 정도라 여길 것이다. 그런데 중국인들이 생각하는 '관계된 일'의 범위는 정말 엄청 넓다. 회사와 관련된 직원, 제품, 서비스, 회사 전반에 대한 사항은 물론이고. 약간 과장하면 대한민국의 모든 일을 '나와 관련된 일'이라고 한다. 왜 그럴까? 중국 사람들은 '친구의 친구의 친구'도 나의 친구라는 확장된 인간관계를 기본으로 한다. 그러므로 나와 관련된 일의 범주는 우리가 생각하는 것보다 훨씬 넓을 수 있다.

만나자는 요청에 선뜻 응하지 못하는 두 번째 이유는 우리의 마음 자세다. 중국에 처음 가면 얼마간은 사람 만날 일이 없지만, 어느 정도 적응이 됐다 싶으면 갑자기 만나자는 사람들의 홍수에 휩쓸리게 된다. 처음에는 이국땅에서 나를 만나자는 사람이 많으니 반갑다.

그런데 조금만 지나면 만나자고 연락하는 사람들 때문에 피곤해지기 시작한다. 따지고 보면 만나자는 이유도 상당수 내 일과 직접 연관이 없다는 걸 발견하게 된다.

만나자는 중국 사람과 그다지 잘 아는 사이가 아닌데도 너무 친한 척을 해서 의도가 의심스러운 경우도 겪게 된다. 막상 바쁜 일정을 어렵게 빼서 나가보면 밥이나 먹자거나 술이나 한잔 마시자고 한다. 심지어 업무시간에 말이다. 점점 피곤해지게 된다.

이쯤 되면 한국에서 으레 그러하듯 업무에 지장을 받을까 걱정되어 슬슬 자리를 가리게 된다. '영양가'가 있는지를 판단하게 되고, 그에 따라 선택적으로 만나려고 한다. 도대체 중국인들은 공과 사도 구분 못 하고 예의범절도 없다고 생각될 만하다. 그러나 과연 그렇기만 할까?

긴 안목으로 사람을 사귀는 중국식 셈법

还不清　欠不完

빌리고 갚는 데에는 마침이 없다

중국인은 셈이 빨라서 장사를 잘한다는 속설이 있다. 일부 맞는 면이 있지만, 그 속뜻은 제대로 읽어야 한다. 중국인들의 셈법은 우리와 다르니 우리식으로 해석해선 안 된다. 엄밀히 말해 중국인은 셈을 '빠르게' 하는 것이 아니라 '잘' 한다고 해야 할 것이다.

우리식으로 따지면 중국인의 셈법은 빠르지 않다. 오히려 느리다는 표현이 맞을지 모른다. 멀리 보고 오래가기 때문이다. 한번 거래를 트면 단발성으로 끝나지 않고 장기간을 내다본다. 때론 성과가 나지 않아도 오래 기다리기도 한다. 그렇다고 마냥 손을 놓고 있냐고 하면 그것도 아니다. 나름 그들만의 셈을 하고 있다.

이런 셈을 반영하는 표현이 있다. 그다지 널리 쓰이는 말은 아니지만 기억해 두자. 还不清, 欠不完 갚을 능력이 있어도 갚지 않고, 빌릴 필요가 없어도 빌린다. 또는 확실하게 갚지도 않고, 빌리는 행위가 멈추지도 않는다고 해석할 수도 있다.

한국인들의 셈은 '빨리빨리'에 초점이 맞춰져 있다. 오늘 사람을 만나면 내일부터 그 결과를 생각한다. 행동이 빠르고 결과에 대한 피드백도 빨라서 급변하는 정세에 빠르게 대응할 수 있다. 하지만 단점도 분명하다. 장기적으로 봤을 때 일어날 수 있는 리스크나 도움이 될 만한 인맥 관리에 소홀하다. 역설적으로 내일 판가름날 일이 있으면, 그제야 "앗, 뜨거워!" 하면서 오늘에서야 급한 불은 끄고 보자 식으로 해결하려 든다. 일반화의 오류일 수도 있지만 내가 중국에서 일할 때 대부분의 한국 기업은 이런 정서가 지배적이었다.

부탁하는 순간부터 교환의 법칙을 잊지 말자

한국인과 중국인이 함께 사업을 할 때는 이런 차이 때문에 오해가 생기기 쉽다. 중국인이 보기에 한국인은 정말 성미가 급하고, 성과에 대한 보답도 빨리 잊어버린다.

중국인의 도움을 받아서 일이 잘 해결되어도 금세 그 도움은 잊고 언제 그랬느냐는 듯이 모른 척하기도 한다. 심지어 '당신한테 부탁하기 전에 원래 나도 나름대로 진행하던 게 있었는데, 그래서 된 거야!'라며 도움받은 것을 부인하는 사람들도 있다. 중국인의 입장에서 보자면 중국식 교환의 원칙을 무시한 처사다.

우리나라 사람들은 사소한 부탁에 대해서 상대적으로 말로 때우는 경향이 있다. 사람을 소개해 달라고 할 때도 우리는 약간의 부담만 있어도 거절하고, 소개해 줄 때도 간단히 전화 정도로만 이야기하는 경우가 많다.

하지만 중국 사람들은 이런 부탁을 받으면 전화로 소개하고 연락처만 주는 경우는 별로 없다. 웬만하면 만남을 주선하고 그 자리에도 직접 나와서 첫 대면의 어색함을 풀어줄 뿐만 아니라 자신과의 친분을 드러내며, 우리가 보기에는 마치 '나를 보듯 도와 달라'라고 생각할 정도로 배려한다. 한편 중국에서 '활약'하는 사기꾼들도 당연히 이렇게 한다. 그러므로, 중국인들의 이런 적극적인 모습이나 능력을 보고 한국식으로 판단해 버리기 때문에 사기꾼들에게 쉽게 속는 경우가 태반이다.

어쨌든 이렇게 소개받고 나면 중국 사람들은 반드시 인사한다. 그런데 중국과 사업하려고 온 우리나라 사람들은 이렇게 소개받고 나면 고맙다는 말로만 끝나는 경우가 많다. 물론 바쁜 일정 때문에 충분히 시간을 내서 답례를 표하지 못하는 것도 이유이겠지만 이런 상황이 반복되는 것이 문제다. 우리는 그렇게 해도 큰 결례가 되지 않고 사정을 봐주기도 하지만, 그건 우리식 사고일 뿐이다. 중국 사람들은 중국식으로 행동하므로 우리의 행동 역시 중국식 기준으로 이해할 가능성이 큼을 기억하자.

饮水思源 우물의 물을 마실 때 그 우물을 파 준 고마운 사람을 기억하자. 중국에서는 길게 내다보고 오래 관계를 맺는 교환의 셈법이 있다. 서로 신세를 지고, 이에 감사드리고, 감사를 받았으니 또 인사하고, 다시 사업을 진행하고, 계속 이렇게 유지하고 확장해 간다. 서로 도움을 주고받고 감사해 하며 공유하는 것이야말로 중국인들이 이상적으로 생각하는 교환 법칙인 셈이다.

꽌시에도 교환의 법칙이 적용된다

사람 간 교류도 마찬가지다. 중국에서 친구와의 감정은 오랜 시간 동안 숙성된 것이기에 그 맛도 깊고 오래간다. 그러나 그 숙성 기간에는 눈에 보이거나 보이지 않는 교환이 정말 다양하게 오고 간다. 인간관계에도 교환을 따져야 한다니 너무 속물적이지 않나 생각할 수 있다. 이런 중국식 교환에 중국인들도 항상 긍정적이지만은 않은 듯하다. 그래서 이런 속어도 있다. 天上不会掉馅饼 하늘에서 떡이 거저 떨어질 리 없다. 天下没有免费午餐 하늘 아래 공짜 점심은 없다. 둘 다 세상에는 공짜가 없다는 얘기다.

끝없이 주고받고를 반복하는 교환의 문화가 장려할 만한 것인지, 아니면 이제는 순수하고 소박한 마음의 답례 이외의 교환은 철저히 사라져야 할 문화로 볼 것인지를 판단하기는 어렵다. 어디까지가 형식이고 어디까지가 마음의 표현인지는 살아가는 시대와 각 나라의 문화에 따라 다를 수 있기 때문이다. 나는 이를 판단할 능력은 없지만, 최소한 한국에서는 한국식으로 중국에서는 중국식으로 하는 것이 그나마 자연스럽지 않을까 생각한다.

중국에서 흔히 하는 말이 있다.

"서양식 사고에서는 교환할 수 있는 재화로 금전, 선물, 지위, 감정, 정보, 서비스 등 여섯 가지를 얘기한다. 중국에는 여기에 하나가 더 있다. 바로 꽌시다."

꽌시는 금전과 같은 것이다. 사람 간의 교류와 소개를 해 주고 받는 것은 마치 금전을 주고받는 것과 같은 행위이므로 매우 신중하게, 특히 '교환 법칙'을 반드시 지켜야 한다.

중국 사람들의 셈법은 우리와 다르다. 다른 것은 다른 것일 뿐 틀린 것이 아니라고 믿는다. 판단하지 말고 우선 이해하자는 말이다. 멀리 내다보고 길게 생각한다는 점에서 우리보다 계산법에 여유가 있지만, 철저히 이익을 따지는 면에서 우리보다 더 현실적인 것이 중국, 중국인이다.

**한국인들이 실수하기 쉬운
중국식 인맥 관리**

态度不好

태도가 나쁘다

중국에는 우리식의 상명하복(上命下服) 문화는 없다. 윗사람에게 권한이 있더라도 아랫사람에게 막무가내로 일을 강요하는 경우는 드물다. 물론 '바다오霸道'라고 해서 이런 식의 상사들이 전혀 없지는 않지만, 어쨌든 상하좌우 관계하는 모든 이들과 원만하게 물 흐르듯이 일을 처리하는 것을 미덕으로 여긴다.

하물며 부탁하는 쪽에서 아쉬운 소리를 해야 할 때는 처음부터 끝까지 겸손한 자세를 가져야 한다. '态度不好 태도가 나쁘다'는 평판을 얻게 되면 될 일도 되지 않는다. 돌다리도 두들겨 건너는 심정으로 살피고 또 살펴야 한다.

어느 중국 관리의 하소연

나는 주재원치고 골프를 늦게 배운 편이다. 10여 년 전만 해도 중국에서는 골프 문화가 널리 퍼지지 않아 골프를 안 쳐도 사람 사귀는 데 크게 문제되지 않았다. 그래서 골프를 배우는 데 별로 욕심을 내지 않았다. 그런데 어느 날 골프에 한참 취미를 붙이던 중국인 고위관리에게 연락이 왔다.

"류 소장, 그쪽 회사 사람들은 정말 너무 한다. 부탁할 때는 하루가 멀다고 골프 치자고 하더니 일 끝나니까 두 달째 전화 한 통 없다. 골프 때문에 하는 얘기가 아니다. 정말 웃긴다!"

이대로 됐다가는 뒷감당이 안 될 듯싶어 다음 주말에 그 관리와 골프 약속을 잡았다. 문제는 내 골프 실력이었다. 필드에 서 본 것은 고사하고 골프연습장에서 몇 번 공을 쳐 본 게 전부인 나로서는 그 관리의 상대역이 불가능했다. 결국, 나보다 골프 실력이 좀 나은 아내까지 동행해서 관리의 섭섭한 마음을 풀어줬다.

제대로 치지 못하면서도 열심히 분위기를 맞추려는 모습, 골프를 못 치면서도 주말에 시간을 내 기분을 풀어주려 한 내 태도를 좋게 보았는지 그날 이후 나는 그의 좋은 골프 친구가 됐다. 덕분에 그를 통해 이제까지 알지 못했던 여러 분야의 사람들과 연을 맺을 수 있었다. 나로선 오히려 득이 된 사건이었고 덤으로 골프 실력까지 늘었다.

나는 이 관리의 불만을 회사에 공식적으로 알리지는 않았다. 내가 있던 회사 특유의 조직문화 때문이다. "저쪽에서 불쾌해한다"고 보고했다가 윗선으로부터 쓸데없는 오지랖이라고 핀잔을 들으면 그나마 다행이고 "(그 관리한테) 잘 대해 주었는데 왜 문제 삼느냐, 절대 문제없을 것이다, 네가 이런 식으로 보고하는 의도가 도대체 뭐냐"라는 질책을 받을 수도 있다. 심지어는 "그 사람하고 친해졌는데 네가 왜 그런 얘기를 하느냐? 그 인간이 뒤에서 그런 얘기를 하면 나쁜 놈"이라고 하는 경우도 있다. 평소에 관리도 안 하면서, 불리한 말이 나오면 해결하려 하기보다는 무조건 덮으려고만 한다. 이런 태도는 '본사형 전문가'의 전형적인 행태로, 조직 경쟁력 차원에서 없어져야 할 문화다.

그런 행태는 중국 법인이 아닌 우리나라 본사 조직 내에서도 볼 수 있다. 하지만 본사라면 쉬쉬하더라도 보는 눈이 많아서인지 진실을 알고 있는 경우가 많다. 중국이 한국과 다를 수 있는 이유는 중국에 주재원으로 나왔을 때 자기 이익만 챙기겠다 마음먹고 진실을 덮거나 왜곡하려 들면 쉽게 그 목적을 달성할 수 있기 때문이다.

이상하게도 중국에 주재원으로 나오면 옳지 않은 일일수록 너무 자주, 너무 단단하게 자기들끼리 뭉치는 것을 종종 본다. 그런 경우가 어디 있느냐고 반박한다면, 바로 나 자신이 겪었던 예를 적나라하게 들고 싶은 마음이 굴뚝같지만, 참고 생략한다. 다만 이런 행태가 정말 많다는 것은 꼭 지적하고 싶다.

미안한 얘기지만, 내가 겪은 바로는 고집스러운 진짜 중국 전문가끼리는 서로 그다지 뭉치지 않는다. 대부분 본사형 전문가들끼리 뭉치는 경우가 많다. 중국을 모르는 사람들끼리 서로 정보를 교환하고 의지하는 게 당연한 것 아니냐는 생각을 할 수도 있다. 약자끼리는 원래 그런 거라고 말한다면 한마디 더하고 싶다. 진짜 중국 전문가보다는 본사형 전문가들이 오히려 조직 내에서는 강자가 되고, 진짜 전문가들이 오히려 절대 약자가 되는 경우를 종종 본다. 아니, 솔직히 너무 자주 보인다.

물론 중국을 잘 모르는 사람들도, 그리고 스스로 중국을 잘 안다고 생각하는 사람들도 서로 정보를 교환하고 소통하는 일은 반드시

해야 한다. 나는 지금 중국에 온 지 얼마 안 되고 잘 몰라서 서로 모여 상의하는 모습을 말하는 것이 아님을 이해해 주기 바란다. 잘 모른다는 사실을 본인들도 알고 있으면서 일부러 은폐하고 왜곡하는 행태를 지적하는 것이다. 이들은 기간의 길고 짧음에 상관없이, 중국 공부는 게을리하면서 끼리끼리 뭉치려는 경향이 있다. 그리고 서로 중국 전문가라고 치켜세우면서 본사마저 기만한다. 중국말로 '自欺欺人 스스로도 속이고 남도 속인다' 하는 행위다.

이런 '본사형 전문가'들이 범람하고 인정받는 조직을 적지 않게 볼 수 있다. 이것이야말로 중국에 대한 제대로 된 정보가 축적되지 않고, 판단력이 답보하는 원인이라고 감히 말하고 싶다.

나는 원래 현지화를 주제로 학위논문을 쓰려고 했다. 결국 최종 주제는 중국 내 한국 기업들에서 일어나는 조직원들의 충성에 관한 것이었다. 조직 내에서 왜 정보 왜곡이 일어나고, 왜 그토록 오래전에 중국에 진출했음에도 제대로 된 정보 축적이 왜 이루어지지 않는지를 살펴보았다. 언젠가 이에 관한 다양한 사례를 가지고 여러분들과 책이나 강연을 통해서 구체적으로 대화를 나눌 수 있기를 소망한다. 이 책에서는 이런 정보 비대칭 또는 본사형 전문가의 폐해에 대한 내 생각이 근거가 없지 않다는 것만 이해해 주시기를 당부한다.

우리만 모르는 한국식 일 처리에 대한 불만

안타까운 것은 이런 행태가 내가 몸담고 있던 회사의 문제만은 아니라는 점이다. 중국에 진출한 우리 기업의 상당수가 인맥관리를 단기적이고 도구적인 관점에서 생각한다. 일을 추진할 때는 간이나 쓸개도 내놓을 것처럼 이야기하다가 막상 일이 해결되면 언제 봤냐는 듯이 인사를 안 하는 경우도 있다. 화장실 들어갈 때와 나올 때가 다르다는 속담이 꼭 들어맞는다.

여러 번 강조하지만, 중국 사람들은 관계를 길게 보고 맺는다. 만약 누군가에게 부탁했다면 일의 성공 여부를 떠나 꼭 인사해야 한다. 뇌물을 주라는 이야기가 아니다. 잘되면 잘되는 대로 감사의 식사자리, 안 되면 안 되는 대로 그래도 고맙다는 식사자리를 갖는 것이 예의다. 일이 없더라도 연락하고 안부를 묻는 것이 좋다. 수고스럽더라도 한번 꽌시로 얽혔다면 장기적인 관점에서 관리해야 한다는 것을 잊지 말아야 한다.

퇴직하고 지인의 부탁으로 중국에 진출한 어떤 중소기업을 도와준 적이 있다. 그 회사는 중국에서 여러 번 투자 사기를 당했다고 한다. 중국인뿐 아니라 한국인에게도 사기를 당해 곤란한 상황이었다. 중국에 진출하려면 영업 관련 허가를 받아야 하는데, 꽌시가 튼튼하다는 사람을 고용해 큰 비용과 정성을 들였는데도 좀체 허가가 떨어지지 않는다는 것이다.

알아보니 '模棱两可 이도 저도 아니다. 이도 저도 다 된다' 또는 '可左可右 좌로 치우쳐도 되고 우로 치우쳐도 된다'의 경우이어서 문제 삼지 않으면 굳이 문제가 되지 않을 일이었다. 다만 대리인으로 내세운 사람의 일 처리가 신통치 않아 보였다. 그는 자신이 꽌시가 있으니 허가받을 수 있다고 호언장담

했지만, 애초부터 있지도 않은 꽌시를 미끼로 수고비를 챙긴 것 같았다. 사실 이런 사례는 경우와 규모가 다를 뿐 중국에 진출한 한국 기업들이 항상 겪는 문제다.

나는 우선 알고 있던 인맥을 동원해 영업 허가권을 쥔 관리에게 그 중소기업의 사정을 설명하고 이해를 구했다. 해당 관리를 식사 자리에 초청해 내 친구들과 여러 차례 식사했다. 술도 마셨다. 불법적인 부탁을 하는 것이 아니라 한국 기업이 현지에서 불공평한 대우를 받는 것을 바로잡는 일이었지만 그냥 말로만 하지 않았다. 중국 사람들에게 이런 종류의 부탁할 때는 뇌물이나 선물을 주지 않더라도 비공식적인 자리를 만들어 이야기를 꺼내는 것이 좋다. 비공식적인 만남을 통해 함께 식사하거나 차를 마시는 것은 일종의 예의다. 정당한 요구라도 공식적인 면담으로만 처리되는 일은 없다고 보는 것이 차라리 맞다.

상대방이 내 고충을 들어주었다면 거기에 대한 얼굴(체면)을 세워주어야 하고 이것은 중국에서 상당히 중요한 일이다. 쉽게 말해 어떤 일을 하던 그 일의 전후에는 반드시 판쥐[饭局], 식사자리를 해야 한다는 뜻이다. 그래야 최소한의 마무리가 되는 셈이다.

성심껏 뛰어다닌 결과 드디어 당국에서 허가를 받을 수 있었다. 그런데 허가가 떨어진 다음 날 만난 그 기업의 한국인 사장은 이렇게 말했다.

"그동안 수고하셨습니다. 하지만 이 일은 결국 내가 직접 나서 해결한 겁니다. 수고하신 것은 알지만 실질적으로 하신 일이 없으므로 아무런 비용을 드릴 수가 없네요. 이번에 나도 중국에 대해 많이 배웠습니다."

안면을 바꾼 것이다. 당초에 일이 잘되면 사람들을 만나면서 사용한 비용도 반드시 처리해 주겠다며 재촉할 때와는 완전 딴판이었다. 나는 어이가 없어 말을 잇지 못했다. 이 사람이 자주 사기를 당하다 보니 나 역시 있지도 않은 꽌시를 내세우면서 자신에게 사기를 쳤다고 생각하는 모양이었다. 그냥 자리를 뜰 수도 있었지만, 그 사장이 말끝에 붙인 "이번에 나도 중국에 대해 많이 배웠다"라는 말이 맘에 걸렸다. 그래서 "비용 처리를 안 해주셔도 좋다. 하지만 일이 어떻게 진행되었는지는 사장님께서 아셔야 도움이 될 것 같다"라며 전후 사정을 설명하려는데, 그 사장은 필요 없다는 듯이 자리를 떴다. 모욕감이 들 정도였다.

이렇게 부탁을 받고 열심히 해 주고 나서 인사는커녕 사기꾼으로 몰리고 모욕감을 느끼는 경우도 비일비재하다. 아직도 우리나라에는 중국에 대한 편견과 왜곡된 불신이 어느 정도 있다. 다른 한편으로는 중국에 있는 우리나라 사람끼리도 조심스러움이 도를 지나쳐 심각하게 불신하는 경우가 적지 않아 속이 상할 때가 많다.

내 친구의 체면이 곧 내 체면이다

한참 후에 중간에서 도와준 중국 지인들에게 이 이야기를 했더니 다들 흥분해서 "要修理她 그 여자를 손봐주겠다"를 연발했다. 그때 그 한국 사장이 여자분이었다.

"왜 체면까지 상해가면서 이런 일에 나서요? 앞으로 이런 일은 부탁도 받지 말아요. 한국 사람들은 이래서 안 된다니까. 중국을 너무 몰라요. 잘되게 하는 것은 어려운지 몰라도 안 되게 하는 건 일도 아니야. 내가 당신을 대신해 그 회사를 손봐줘야겠네!"

식사자리에서 하소연이라도 할 생각으로 꺼낸 말이었는데, 당장에라도 그 회사를 문 닫게 할 듯한 언사를 쏟아냈다. 혹시나 정말 문제라도 일으킬 것 같아 중국 관리를 말리느라고 오히려 고생만 했던 기억이 난다.

중국 친구의 흥분된 반응은 다음과 같은 사고의 흐름으로 이해하면 된다. '딱한 사정을 듣고 도와준 것인데, 내 친구의 얼굴을 무시한 것은 자신들의 얼굴을 무시한 것과 같다. 그냥 넘어갈 수 없다.'

내가 겪은 일과 달리 꽌시가 있다는 사람으로부터 도움을 받지 못한 경우도 있을 것이다. 그러나 정말 도움을 받았는지 못 받았는지는 쉽게 판단하기 어렵다. 큰 강물이 조용하게 흐르듯 주변 여건을 자연스럽게 만들어 가며 있는 듯 없는 듯 도와주는 것이 중국의 방식이기 때문이다. 자칫 이상한 소문이라도 도는 것을 매우 경계하므로 최대한 소음과 마찰을 피해가며 일을 처리하는 것이다. 당연한 일도 우리처럼 빨리빨리 진행되지 않는 이유 중 하나다. 그러다 보니 우리나라 사람들은 도움을 받고도 그 도움 때문에 일이 성사된 것을 모르는 경우가 비일비재하다.

실제로 대부분의 경우 중국 사람들은 아무리 권한이 있어도 아랫

사람을 압박해 일을 처리하지 않는다. 시간이 걸리더라도 상하좌우 모두에게 문제가 생기지 않게 처리하려고 한다. 최소한 누구의 이익도 체면도 상하지 않게 하는 방법을 찾는다. 그만큼 신중하다.

뒤집어 말하면, 만약 누군가의 도움으로 일이 일사천리로 진행이 되었다면 오히려 조심해야 할지도 모른다. 정당하지 않은 방법으로 도움받았거나 정당한 방법이라 하더라도 조화를 중시하는 중국 사회에서 이를 무시하고 일을 진행한 것일 수도 있다. 그렇다면 누군가 이를 기억하고 있거나 심지어는 물증이나 기록을 남겨두었다가 나중에 문제로 삼기도 한다. 중국말로는 隱患숨은 근심이라고 한다. 나름 의역하면 나중에 발생할지도 모르는 화근, 언젠가 사용하기 위해 숨겨둔 말썽거리라고 할 수 있겠다. 그러니 조심하고 너무 강력하게 추진하지 말자. 부작용이 따를 수 있다. 埋在伏笔감추어 놓은 붓을 묻어 두다. 이는 중국 사람들의 일상이다. 나와 경쟁했던 중국인 상대방이 승부가 끝난 후에 가만히 있다고 해서 끝난 것이라고 여기면 안 된다. 뒷마무리를 잘해야 하는 이유다.

중국인들은 단기적으로 승산이 없다고 완전히 접어두지는 않는다. 바둑에서 말하는 '뒷맛'을 반드시 남겨둔다. 또 다른 상대방의 입장에서 보면, 중국인들은 나와 이익이 상충하는 이들의 뒷맛을 남기는 행위를 매우 경계한다. 매사에 신중한 이유다.

공로는 없어도 수고는 했다

다시 한번 정리해 보자. 중국 사회는 표면으로 드러난 것보다 이방인의 눈에는 잘 보이지 않는 복잡한 관계가 지배하는 사회다. 우리식의 상명하복 문화가 없다. 중국인과 '인치^{人治}'냐 '법치^{法治}'냐의 논쟁을 하는 것은 매우 피곤한 일이다. 인정사회^{人情社会}의 특징이 있다고 말하면 쌍방이 편할 것이다.

수차례 만나서 잘 설명하고 서로 나중에 문제가 생기지 않도록 소위 정지(整地)작업을 해야 한다. 누구도 피해를 보지 않도록 일 처리를 하려고 애써야 하며 상대의 체면을 세워 주어야 한다. 欠人情 ^{다른} ^{이에게 인정을 빚진다}. 아무리 정당한 일이라도 남에게 부탁을 한다는 것은 빚을 지는 것이다. 부탁하는 순간 빚을 진 거라고 생각해야 옳다.

억울한 일에 대해 나의 정당함을 정당한 방법으로 설명해서 해결되었다 치자. 누가 봐도 당연한 나의 권리를 정당하게 찾았다고 치자. 그렇다 하더라도, 설명을 들어주고 정당하게 처리한 중국인이 설명을 듣기 위해 시간을 냈다는 사실에서 이미 빚을 진 거다. 빚은 꼭 돈을 의미하는 것이 아니다. 인정과 부탁은 중국인들에게는 돌려줘야 할 빚이다.

여기에 다시 꽌시의 교환 법칙이 발동한다. 부탁했기 때문에, 아는 사이이므로 도와줘야 하고, 일이 해결되면 반드시 갚아야 할 의무가 발생하는 것이다. 没有功劳但有苦劳 ^{공로는 없다 해도 수고는 했다}. 결과가 나빠도 일단 부탁한 이상 최소한 '欠人情'을 한 것이므로, 무조건 인사를 해야 한다.

来而不往非礼也 받았는데 주지 않은 것은 예의가 아니다. 내가 시간을 내주고 내 친구들한테 부탁했는데 결과가 나쁘다고 해서 당신의 도움은 보탬이 안 되었다고 하는 것은 매우 심각하게 체면을 깎는 행위다. 여기서 말하는 인사를 물질로만 생각하지 말자. 다만 만나지 못할 경우, 반드시 적당한 사람을 찾아서, 그 사람을 통해 반드시 감사함을 전해야 한다.

큰 이권이나 금전이 오가는 거래가 아니고 누가 봐도 사소한 수고라면 가끔은 인사치레 없이 넘어가도 되는 경우도 있다. 하지만 중국인들은 눈에 보이는 이득이나 결과가 없더라도 서로 간의 예의가 중요하다. 미엔쯔 문화, 즉 체면 관리面子工程를 고려해야 한다. '내가 당신의 윗선을 아는데 그를 통해 부탁한 것이니 당연히 해줘야지, 그냥 전화 한 번 해주는 거잖아!'라며 당신의 수고는 대수롭지 않았다는 인상을 준다면 자존심 강한 중국 사람들은 절대 도와주지 않을뿐더러 오히려 도와달라는 말을 안 꺼내느니만 못한 결과를 초래할 것이다.

이래도 되고 저래도 되는可左可右 주관적인 판단이 작용하는 일에는 더욱 그렇다. 나의 체면을 생각해 딱한 사정을 봐주는 상황인데 부탁하는 쪽의 행동이 마치 위에 앉아 아랫사람 대하듯이居高临下 건방져 보이면 안 된다. 이렇게 되면 '태도가 나쁘다态度不好'는 평을 받게 되고 결국 될 일도 안 된다. 중국에서는 그 결과가 훨씬 심각하다.

중국인에게 부탁할 때의 유의사항

겸손해야 한다

누구에게라도 괘씸죄에 걸려서는 안 된다. 괘씸죄가 무서운 이유는 내가 어떤 죄목의 괘씸죄에 걸렸는지 제대로 알 수 없다는 데 있다.

보이는 것만큼 본다

움직임이 안 보인다고 그들이 일을 안 하는 게 아니다. 중국인의 일하는 방식을 종종 물 위에 떠 있는 백조에 비교하곤 한다. 물 위에 떠서 유유자적하는 백조의 모습은 겉으로는 우아하기 짝이 없지만, 수면 아래 두 발은 부지런히 움직이고 있다.

한번 믿으면 끝까지 믿어야 한다

요지는 끝까지 믿으라는 것이 아니다. 오히려 믿기 전에 충분히 검증하라는 말이다. 믿기 전에 충분히 검증이 안 되면 아예 시작을 말아야 한다.

중국에서 인맥을 통해 일을 부탁할 때 도중에 다른 사람으로 바꾸면 안 된다. 또는 동시에 여러 사람이나 팀에게 부탁하는 것도 안 된다. 일단 한 사람 또는 한 팀에게 맡겼다면 그쪽에서 손을 들 때까지 믿어 줘야 한다. 할 능력이 없어 보이는데 스스로 포기하지 않고 시간만 끌고 있다면 잘 설득해 포기하게 해야 한다.

경험상 우리나라 사람들이나 기업들이 동시에 여러 곳에 부탁하는 실수를 저지르는 경우가 많다. 대기업들도 자신들의 인맥이 정말 능력이 있는지, 시간을 끌고 있는지조차 모를 경우가 많은데 그래서 평상시에 인맥을 검증해야 한다.

물질의 교환만으로 끝나지 않는다

서로를 인정하고 존중해야 한다. 물질로만 맺어진 꽌시를 꽌시라고 여기면 안 된다. 꽌시는 예의의 교환이다. 꽌시는 인정人情과 상대방에 대한 인정認定의 복합물이다. 물질만 교환하는 것은 오히려 상대방의 체면을 상하게 할 수 있다.

반드시 앞뒤가 같아야 한다

목적을 달성했다고 입을 닦는 행위得意忘形는 금물이다. 앙금이 있으면 언제라도 반드시 돌려주는有仇必報 중국 사람과의 인간관계에서는 더욱 명심해야 할 것이다. 한국 사람이 꽌시에 대해 나쁘게 생각하게 되는 데에는 중국과 한국을 조금 아는 나쁜 한국 사람 또는 나쁜 중국 사람 탓이 크다. 일부 나쁜 한국인과 일부 나쁜 중국인들은 이런 나쁜 꽌시의 사례에서 반드시 등장하는 주연급 조연이다.

잘못했음을 알게 되면 반드시 풀어야 한다

浪子回头金不换 방탕한 자의 돌이킴은 금으로도 못 바꾼다. 즉, 아무리 방탕한 자라도 그의 돌이킴을 귀중하게 여긴다. 잘못했으면 사과하면 된다. 사과가 받아들여지면 이전보다 친한 꽌시가 만들어질 수도 있다. 중요한 것은 이런 뉘우침이 상대방에게 진정으로 받아들여지게 해야 한다. 이렇듯 사과하는 자리에서도 꽌시를 이용하면 매우 유용하다.

경험상 사과할 일이 있으니 만나자고 하면 중국 사람들은 십중팔구 "언제 사과하고 받고 할 일이 있었냐?"라며 아무 일 없었다는 듯이 응하지 않을 것이다. 우리나라와 비슷할 수는 있지만, 중국은 그 정도가 심하다. 그래서 간혹 "그냥 말로만 사과해도 되는 게 아닐까?" 하는 생각이 들 정도다. 하지만, 반드시 '인사'를 하고 마무리해야 한다. 여러 차례 거절하는 것은, 서로의 체면을 고려한 예의라고 봐야 한다.

중국에서는 얽힌 것은 반드시 풀고 가야 한다. '无针不引线, 无水不渡船 바늘이 없으면 실을 꿰맬 수 없고, 물이 없으면 배를 띄울 수 없다.' 중간에 아는 인맥이 있어 자리를 만들어 준다면 이전의 매우 안 좋은 관계에 있던 이들과 뜻밖에도 새롭게 좋은 꽌시를 맺을 수 있을 것이다.

꽌시를 여는 열쇠는 겸손과 관심과 진심

春
江
水
暖
鴨
先
知

봄날에 강물이 따뜻해지면
그 강에 사는 오리가 가장 먼저 안다

흔히 교환을 돈이나 선물로만 생각하는데 교환은 물질로만 하는 것이 아니다. 상대방에 대한 존중과 겸손한 태도도 훌륭한 교환 수단이 된다. 깊은 친구는 오래 사귀어서 큰 도움을 주고받을 수도 있다. 어떤 친구는 창구에서 접수하는 짧은 시간에도 사귈 수 있다. 깊은 관계까지 갈 수는 없지만, 우리의 상황을 잘 설명할 수 있다면 그 자리에서 도움을 받을 수도 있다.

미국에서는 간단한 교통위반에도 융통성이 없다고 들었다. 그럴 만한 사정을 한참 이야기하면 다 듣고 나서 "사정은 충분히 알겠지만, 원칙이 그렇다"라면서 딱지를 뗀다. 중국은 융통성이 아직 많다. 이를 꼭 불법이라고 볼 필요가 있을까?

예를 들어 공공기관이나 학교 같은 곳에서 업무를 처리할 때 당신이 업무시간을 넘겨 도착했다고 가정해 보자. 업무를 볼 수 있을까? 중국에서는 될 수도 있고 안 될 수도 있다. 물론 우리나라도 사정에 따라 가능한 이야기다. 하지만 되고 안 되고의 조건이 다르다. 중국에서는 아직도 많은 경우 '아는 이'가 있으면 되고, 없으면 안 된다. '아는 이'는 기존의 나의 인맥이면 더 좋겠지만, 그렇지 않다면 당장에라도 사귀면 된다.

답은 언제나 현장에 있다

어느 면에서 보면 중국인들은 우리가 예전에 그랬듯이 아직 법보다는 인정에 비중을 두고 있다. 점심시간이나 휴식시간을 희생해서라도 도와준다. 함께 다니면서 같이 일을 처리해 주기도 한다.

앞에서도 밝혔지만, 중국은 객관적인 지표나 전망, 명문화된 규정이 완전히 자리 잡지 못했다고 생각하는 편이 좋다. 사실fact을 왜곡한 정보도 적지 않다. 고도성장의 과도기와 중국 특유의 문화가 겹쳐 일어난 이런 현상은 우리 바람처럼 앞으로도 쉽게 개선되지는 않을 것 같다.

규칙이 복잡하고 돌발상황이 생기는 경기를 할 때는 노련함이 중요하다. 노련함은 이론으로 얻어지는 게 아니라 경험으로 얻어지는 것이다. 중국에 처음 오는 학생이라면 모든 걸 배우자는 생각으로 직접 해 보자. 도움을 받아도 좋지만, 꼭 현장을 따라다니자.

중국에서 일하는 분이라면 시간이 없더라도, 최소한 한 번은 중간에 사람을 내세우지 말고 직접 해 보라 권하고 싶다. 바쁘다고 직원들 보고만 듣게 된다면 절대 중국에 대한 실력을 쌓지 못한다. 물색(物色)만 보지 말고, 물 안에 들어가라.

중국에서 아는 사람이 없다고 포기해선 안 된다. 아는 사람이 없으면 만들면 된다. 나는 관료든 거래처든 누구를 만날 때라도 웬만하면 직접 가서 만나려고 한다. 반드시 만나야 할 사람이 있다면 약속 없이 가서 무작정 기다리기도 했다. 만나지 못하더라도 '기다리고 있었음'을 알리고 돌아온다.

한번은 담당자를 만나기 위해 열흘 동안 퇴근 후에 그의 사무실로 출근한 적도 있다. 밤 10시 전후로 퇴근하는 그를 만나기 위해 퇴근 후 6시부터 내내 사무실 근처에서 기다렸다. 경험상 중국인들은 이런 일에 감동한다. 상대방이 정성을 다하고 겸손하게 행동하면 대부분 감동한다.

삼고초려三顧草廬라는 말이 괜히 나온 것이 아니다. 중국식 교환 법칙을 명심하고, 여기에 더해 겸손한 태도를 견지한다면, 꽌시 때문에 고생했던 과거는 사라지고 중국 인맥이 무궁무진한 전문가라는 평을 듣게 될지도 모른다.

중국에서는 누구나 반드시 '귀인'을 만난다

중국에서 사업을 시작하는 이들에게 내가 항상 하는 말이 있다.

"중국에 오면 반드시 '귀인'을 만날 겁니다. '한국 사람이라면 누구나 귀인을 만난다'라는 사실을 아는 게 중요합니다."

사람을 함부로 믿지 말라는 말을 돌려서 표현한 것이다. 그런데 대부분은 이런 얘기를 들으면서도 속으로는 '남들은 그랬는지 모르지만, 나는 달라. 내가 이번에 만난 사람은 진짜야'라며 귀담아듣지 않다가 낭패를 보는 사람들을 보게 된다. 나중에 후회해도 소용이 없다. 번거롭고 힘이 들더라도 직접 부딪쳐 귀인을 검증할 줄 알아야 한다. 아니면 간접적으로라도 검증해야 한다.

일반적으로 중국 파트너나 컨설턴트에게 지금 하고자 하는 프로젝트의 허가를 받기 위해 얼마 정도 걸리느냐고 물으면 답은 천자만별이다. 같은 일을 두고도 누구는 5일 걸린다고 하고, 누구는 두 달 걸린다고 한다. 전자는 서류상에 명기된 기간을 말하는 것이고, 후자는 경험상 빨리 되지 않기 때문에 넉넉히 대답한 것이다. 누구를 믿어야 할까? 아니면 그 중간에 답이 있는 것일까?

둘 다 맞을 수도 있지만, 둘 다 틀릴 수도 있다. 5일이 아니라 하루

만에 허가가 나올 수도 있고, 두 달은 고사하고 몇 달이고 이런저런 이유를 대며 무작정 기다리라는 말만 들을 수도 있다.

회사의 대형 프로젝트를 추진할 때였다. 이듬해 말까지는 프로젝트를 끝내야 했는데 내 계산으로는 1년 정도 걸릴 것으로 보였다. 그래서 의사결정권자에게 1년 전부터 준비를 하자고 했더니 "다 알아봤는데 승인 기간을 고려해 보니까 6개월 정도면 넉넉하게 됩니다. 굳이 1년이나 일찍 할 필요가 없어요" 하고 잘라 말했다. 그보다 더 걸릴 거라는 내 의견은 먹히지 않았다.

의사결정권자의 논리는 분명했다. 중국 정부가 공개한 자료를 다 검토해 봤고, 다른 나라의 선례도 충분히 검증했다는 것이다. 다른 나라에서도 이미 여러 번 프로젝트를 추진한 경험이 있으므로 6개월도 아주 넉넉하게 잡은 일정이라는 것이다. 그러나 나는 내심 불안했다.

"빨리하는 건 어렵지만, 늦추기는 정말 쉽습니다. 이미 결정한 프로젝트니 지금부터 하시지요. 속도가 빨라진다면 내가 책임지고 조절하겠습니다. 중국에서의 경험상 일을 당겨야 할 논리를 만들기는 어렵지만, 일을 늦출 이유는 수도 없이 많습니다."

이렇게 말했지만 역시 거절당했다. 내 예상이 빗나가기를 바랐지만 안타깝게도 반년을 예상했던 일은 두 해가 지나서야 해결이 났다. 이런 일이 비일비재한 곳이 중국이다.

| 2장 |

미엔쯔 面子
상대에 대한 존중은
실리가 되어 돌아온다

실리만큼 체면을 중시하는 중국인

打
肿
脸
充
胖
子

스스로 얼굴을 때려 붓게 해서라도 뚱뚱한 척한다

打肿脸充胖子 스스로 얼굴을 때려 붓게 해서라도 뚱뚱한 척한다. 이 말은 쓸데없이 허세 부린다는 뜻이다. 제대로 먹을 수 없을 만큼 가난한 사람도 남 앞에서 잘 먹고산다는 체면을 세우기 위해 자신의 얼굴을 때려서라도 뚱뚱해 보이려 한다는 표현이다. 우리나라의 '물 마시고 이 쑤신다'라는 말과 유사하다.

전통 중국 사회에서는 체면이 행위 및 가치에 관한 판단 기준, 즉 최상위 규범 자체였다. 본분(本分)을 지킨다는 의미에서 우리나라와 비교해도 중국의 미엔쯔 문화는 구체적이며 세밀하다. 미엔쯔, 즉 체면은 나와 상대방의 관계 속에서 구체화하는 것인데, 중국인과 꽌시를 맺을 때는 체면을 세워주느냐 마느냐가 관건인 경우가 많다.

간혹 중국에서 꽌시는 이젠 옛이야기라고 말하는 사람이 있다. 반대로 중국뿐 아니라 한국이나 미국에서도 나름의 꽌시가 중요하다며 중국 특유의 꽌시 문화도 크게 특별할 것 없다고 말하는 사람들도 있다. 나는 두 의견 모두에 공감하지 않는다.

네덜란드 학자 호프스테드G. Hofstede는 인간 정신 프로그램의 세 가지 특성을 인간성과 문화와 성격으로 보았다. 이 피라미드 구조에서 가장 하단을 차지하는 것이 인간성인데, 이는 인종이나 문화권과 상관없이 인간이라면 누구나 공통으로 가진 유전적 특성이다. 피라미드의 두 번째 단이 문화인데, 이것은 철저히 학습되는 것이다. 세 번째 단의 성격은 유전적이기도 하고 학습되기도 한다.

중국인들이 꽌시를 중시하는 것은 중국 문화 속에서 아주 오랫동안 학습됐고 지금도 매우 유효하기 때문이다. 내가 앞으로도 중국에서는 꽌시가 중요하다고 자신 있게 말하는 이유가 여기에 있다. 중국인들은 대부분이 꽌시를 중시한다. 다만 평균적으로 그렇다는 것이다.

내가 여기에서 설명하는 미엔쯔 문화도 모든 중국인에게 예외 없이 적용되는 정의(定義)를 말하는 것이 아니다. 평균 수명, 평균 수익, 평균 키처럼 개인차는 있을 수 있지만, 중국인이라면 대개 머릿속에 가지고 있는 평균적인 미엔쯔 문화를 설명하려는 것이니 오해가 없길 바란다.

평균은 정답을 찾기 위한 기준이 된다. 우리가 만나는 중국인들은 한 사람 한 사람 고유의 개성을 가지고 있고, 같은 상황이라도 다른 행동을 할 수 있지만, 대략 어떻게 행동하리라 예측할 수 있다면 분명 도움이 될 것이다.

체면 차리는 데에도 문법이 있다

중국의 미엔쯔 문화에는 문법이 있다. 예를 들어 선물을 줄 때도

'좋은 일은 복수여야 한다*好事成双*'고 해서 꼭 짝수로 선물한다. 술 접대를 할 때도 마찬가지여서 아무리 비싼 술이라도 한 병만 준비하면 뭔가 아쉽다.

음식을 시키면 반드시 남을 정도로 푸짐하게 시켜야 한다. 상하이를 비롯해 몇몇 지역은 이런 풍습이 없는 곳도 있지만, 우리와 비교하면 대부분 넉넉하게 음식을 주문한다.

이것 외에도 자리 배치, 명절 선물, 술 따르는 법까지 규격화된 '불문율'이 있는 곳이 중국 사회라고 봐도 문제가 없다. 예의범절이라면 만만치 않은 우리나라와 비교해도 상당하다. 물론 어른을 공경하는 문화는 우리나라에서 훨씬 잘 보존되어 있지만, 여기서 말하는 예의범절은 꽌시와 관련해 '아는 사람'에 대한, 또는 '아는 사람'을 만드는 과정에서의 예의범절이다.

우리 입장에서 보면 이런 미엔쯔 문화의 문법은 허례허식으로 여겨지기도 한다. 그래서 많은 한국 기업과 한국인이 중국인들과 종종 문화적으로 충돌한다. 미엔쯔 문화의 근간에 있는 심리를 이해하지 못하면 중국인들과 제대로 소통할 수 없다.

다음 도표를 보자. 중국인들의 미엔쯔 문화는 상대방과 내 체면을 모두를 중요하게 여기는 1사분면에 속한다. 나의 업무 파트너가 나보다 직급이 낮아도 그의 체면을 생각해서 최대한 부드럽게 명령을 내리거나, 질책할 때도 조심스럽게 한다. 개인의 인격을 존중해서 이렇게 행동하는 것일까? 체면을 존중하는 것은 인격을 존중하는 것이기도 하지만 그게 전부는 아니다.

중시	**2** 나의 체면은 무시, 상대의 체면은 중시	**1** 나와 상대의 체면을 둘 다 중시함
무시	**3** 나와 상대의 체면을 둘 다 무시함	**4** 나의 체면은 중시, 상대의 체면은무시
상대 / 나	무시	중시

风水轮流转 운수는 돌고 도는 것이다. 언제 인생역전이 될지 모르기 때문에 조심한다. 상대방이 별 볼 일 없어 보여서 무시했는데, 이후에 대단한 꽌시로 엮여 버리면서 신분이 달라지는 있는 때도 있다.

꽌시가 중요하게 여겨지는 것은 권력의 재생산 때문이다. 원래는 대단치 않았는데 상황이 바뀌다 보니 어느새 대단한 사람으로 성장한 경우도 많다. 真人不露相 진짜는 본래 모습을 드러내지 않는다. 겉보기에 어수룩해도 함부로 얕볼 수가 없다. 老虎吃鸡, 鸡吃虫子, 虫子吃棒子, 棒子打老虎 호랑이가 닭을 잡아먹고, 닭이 벌레를 먹고, 벌레가 몽둥이를 갉아먹고, 몽둥이는 호랑이를 때려 잡는다. 세상사의 서로 물고 물리며 돌고 도는 관계를 표현한 말이다.

중국인들은 자신의 체면도 중요하지만, 상대방의 체면을 상하게 하는 일을 극도로 경계한다. 따라서 중국인들과 협상할 때 상대방이 "체면 좀 세워 주세요"라고 말하는 것을 단순히 우리식으로 "좀 도와주세요"라는 상투적 말로 이해하면 큰코다칠 수도 있다. 반대로 도저히 협상의 물꼬가 트이지 않을 때 중국 파트너에게 한 번 꺼낼 수 있는 말이 "내 체면 한 번 세워 주세요"이기도 하다. 따지는 것은, 상하좌우가 아니라 바로 체면이다.

내 경험상 한국의 미엔쯔 문화는 앞의 도표에서 4사분면에 속하지 않을까 싶다. 최소한 중국인이 보기에, 기업 내에서, 또는 여러 상황 속에서 분명 그렇게 보일 수 있다. 상대방의 체면을 아예 무시하진 않지만 내 체면과 동일하다고 받아들이지도 않는다.

특히 상명하복을 중요한 가치로 여기는 한국 기업에서 아랫사람의 체면은 무시되는 경우가 많다. 이 때문에 중국에 진출한 한국 기업에서 중국인들이 적응하지 못하는 경우가 적지 않다. 우리나라 사람들과 일해 본 중국인들은 나에게 이런 하소연을 자주 한다.

"한국 회사에서 일하기 힘들다. 한국 회사는 직급이 하나만 낮아도 손자 취급하더라."

여기서 '손자'란 '뭘 하든 귀엽다'라는 의미가 아니라 군대에서 말하는 '아무렇게나 대해도 되는 까마득한 부하'를 뜻한다. 중국에 진출한 한국 기업들이 가장 놓치기 쉽지만, 그 악영향이 심각한 지점이 바로 여기다. 한국인 상사가 한국에서 하듯이 중국인 부하직원에게 공개적으로 야단치면 중국인들은 이를 심각한 체면의 손상으로 받아들인다.

한국인 중에서 중국의 시장, 음식점, 주차장에서 종업원들을 쉽게 대하다가 종종 시비가 붙는 경우를 목격한다. 심지어 호텔이나 은행 또는 백화점같이 최고의 서비스를 기대할 만한 곳에서 '갑' 노릇 하려다가 낭패를 당했다는 이야기를 들은 적도 있다. 이방인이라면 이런 부분에 조심할 필요가 있다.

중국인들은 상대방의 배경, 즉 꽌시를 모르는 상황에서는 사람을 함부로 대하지 않는다. 내가 갑이라도 체면 관리 때문에 이를 자제하는 경우가 많다. 잘못하면 뒤탈이 날 수도 있기 때문이다. 居高临下 윗자리에서 아랫사람을 대하다. 이런 느낌을 받은 중국인은 비록 겉으로는 당장 표현을 안 해도 오랫동안 나쁜 감정을 맘에 둔다.

개인적인 체면과 공적인 체면

체면을 관리한다는 표현은 '미엔쯔꿍청面子工程'이라고 한다. 얼굴을 뜻하는 한자어는 미엔面 외에 리안脸도 있다. 두 단어의 차이점은 리안은 얼굴 또는 뺨을 나타내는 데 비해 미엔은 얼굴 전체를 뜻한다. '체면을 잃다'를 중국식으로 표현하면 일반적으로 '没面子 얼굴이 없다' 또는 '丢脸 얼굴을 잃다'라고 쓴다.

이 두 표현은 같은 의미지만 미묘한 차이가 있다는 주장도 있다. 대외적 체면인 미엔쯔와 개인적 체면인 리안이 따로 있다는 해석이다. 짜이쉬에웨이翟學偉 교수는 리안으로 표현하는 체면(얼굴)은 개인이 자신의 사회에서 인정받기 위해 스스로 만든 것이고, 미엔쯔는

'다른 구성원들이 규정한 나'의 사회적 지위를 말한다고 했다.

그는 리안과 미엔쯔의 차이를 설명하기 위해 1994년 히로시마 아시안게임에서 일본으로 귀화해 금메달을 딴 중국 탁구의 여장女將 허즈리何智麗 사건을 예로 들었다. 1987년 뉴델리 세계탁구선수권대회에서 우리나라의 양영자 선수가 단식 결승에 진출했다. 양영자 선수는 4강전에 진출한 중국의 허즈리 선수와 관젠화 선수 중 승자와 맞붙을 예정이었다.

준결승에서 만난 두 중국인 선수 간의 객관적인 전력은 허즈리 선수가 앞섰지만, 양영자 선수와의 상대 전적에서는 관젠화 선수가 앞서고 있었다. 당시 중국 탁구 국가대표 감독은 중국의 승리를 위해 허즈리 선수에게 준결승에서 일부러 지라는 명령을 내린다. 그러나 허즈리 선수는 여기에 불복해 관젠화 선수를 이기고 결승전에 오르지만, 결승전에서 양영자 선수에게 지고 만다. 이 사건 이후 허즈리 선수는 국가대표팀에서 탈락하게 된다.

부당한 이유로 국가대표의 길이 막히자 허즈리 선수는 자신의 명예 회복을 위해 일본으로 귀화한다. 그리고 1994년 고야마 지로란 일본 이름으로 히로시마 아시안게임에 일본 대표로 참가, 당시 세계 랭킹 1위였던 덩야핑을 꺾고 일본에 금메달을 안겼다. 이후 중국 언론은 중국탁구협회의 부당한 처사는 제쳐두고 허즈리 선수를 매국노라고 비난하였다.

짜이쉬에웨이 교수는 이 사건을 두고 허즈리 선수가 개인적 체면인 리안은 쟁취했지만 사회적 체면인 미엔쯔는 잃어버렸다고 설명한다. 세계 정상이라는 실력을 보여줌으로써 개인적 체면을 세웠지만, 매국노라는 비난을 받을 정도로 사회적 체면을 잃었다는 것이다. 중국에서는 "심리 지위(사회적 지위)面子를 형성하는 것이 자신의 형상形象을 수립하는 것보다 중요하다. (중국 사회에서의) 사람의 가치는 서양에서 생각하는 것처럼 개인의 고유한 인격이 아니라 외부로부터 획득되는 것이다"라고 덧붙였다.

이런 설명은 일상에도 그대로 적용할 수 있다. '下台'라는 표현이 있다. 기본적으로 무대나 연단에서 내려온다, 퇴진한다는 뜻인데, 다른 의미도 있다. '곤경에서 벗어나다'라는 뜻이다. 주로 부정문에서 쓰이는 이 표현은 "그 친구 답답하게 되었네, 어떻게 빠져나갈 방법이 없어"라는 뜻으로 '下不了台 무대를 내려갈 수 없다' 또는 '没法下台 무대를 내려갈 방법이 없다'라고 한다. 또는 "너무 몰아세우지 마라, 그러면 그 사람 (어쩔 수 없어서) 포기 못할걸"이란 표현에서 '(어쩔 수 없어서) 포기 못하다'의 뜻으로 이 표현을 쓴다. 어떤 상황에 자주 쓰는 말인지 짐작이 될 것이다.

'무대를 잘 내려오게 해 주는 것'이 바로 곤경을 벗어나게 해 주는 것이다. 무대는 사회요, 주변 사람들과 함께 얽혀 있는 관계다. 내가 곤경에서 벗어난다는 얘기는 바로 무대에서 체면을 잃지 않고 멋지게 내려오는 것이다. 상대방을 의식하는 미엔쯔 문화를 보여주는 표현이라 하겠다.

공개적인 비난을 삼가라

우리말의 '얼굴'이나 영어의 'face'는 리안과 미엔쯔를 구분하지 않는다. 미엔쯔꿍청(체면 관리)을 중시하는 중국 문화의 특색이 결국 리안과 미엔쯔를 구분하게 하는 것이다. 인류학자 에드워드 홀[E. T. Hall]은 그의 저서『문화를 넘어[Beyond Culture]』에서 이렇게 말한다.

"민족마다 기억하는 것과 방법이 다르다. (중략) 결국 무엇을 보는가는 그들만의 가치관을 보여준다."

한국인들은 얼굴을 나타내는 표현이 하나인 데 반해 복수의 명사를 가진 중국인에게는 더욱 복잡한 심리 상태 및 이와 연관된 사회 행태가 나타나는 것이다. 공개적인 토론이나 회의에서 심하게 언쟁하고 나서도 사적인 자리로 돌아오면 공과 사를 구분해 서로 웃으며 대화하는 미국식 인간관계는 중국에서는 곤란하다. 아무리 심하게 혼이 났어도 바로 조직에서 흔히 있는 일로 치부하는 한국인의 체면 문화가 중국인의 그것과 같을 수가 없다. 중국인들은 상대방의 얼굴을 세워준 만큼 나의 얼굴도 세워주길 원한다.

때로는 분명히 자기가 틀린 것임을 알고 있음에도 불구하고 자신의 얼굴 때문에 사람들 앞에서 이를 인정하지 않기도 한다. 중국 사람들이 이상하리만큼 '미안하다[对不起]'는 표현을 쓰지 않는 이유는 미엔쯔 문화를 생각해 보면 전혀 이상하지 않다.

왜 공공장소에서 시끄러운 사람에게 관대할까

중국인들이 자신의 체면만큼 상대의 체면도 중요하게 여긴다고 하면 고개를 갸우뚱할 독자들이 있을 것이다. 언론에 심심치 않게 소개되는 중국인들의 기내 난동이나 유명인들의 갑질 문화를 떠올리면 더욱 그럴 것이다. 이런 현상에 대해서는 여러 가지 해석이 가능하다.

표면적으로만 보면 급격한 경제성장으로 하루아침에 갑부가 된 이들이 많다 보니 이런 경우가 적지 않다고 할 수도 있다. 그렇다고 이런 '갑질'이 중국인들 사이에서 당연하게 받아들여지는 것은 아니다. 이런 사건이 쟁점화될 때마다 중국인들은 이런 우스갯소리를 한다.

"그런 터무니없는 갑질을 하는 인간은 셋 중 한 부류다. 권력이 있거나, (권력자들과 꽌시를 만들 만큼) 돈이 있거나, 목숨이 아깝지 않은 이들이다要么有权, 要么有钱, 要么不要命."

이런 행태는 중국만의 문제라기보다는 급속한 경제성장을 거치면서 겪는 일종의 성장통이 아닐까 한다. 그렇지만 중국인들이 공공장소에서 시끄럽게 떠들거나 주변의 피해를 신경 쓰지 않고 행동하는 것은 어떻게 이해해야 할까? 여기에도 중국 특유의 미엔쯔 문화가 작동한다.

중국인들이 기내에서 마구 떠들어 대거나 주위 사람들을 아랑곳 하지 않고 대하는 것은 익명성 때문이다. 만약 누군가가 그들에게 "조용히 해 주세요" 또는 "아이들이 너무 시끄럽네요"하고 말을 건 넨다면 어떻게 될까? 우리라면 무안하고 창피한 감정이 들더라도 일 단 "죄송합니다" 하며 말소리를 낮추거나 애들에게 주의를 주는 것 이 상식일 것이다. 그런데 중국인의 상식은 조금 다르다. 이런 비난 을 들으면 그들 내면에서 중국 특유의 '미엔쯔 문화 시스템'이 작동 해 '내 체면이 손상되다니' 하며 오히려 적반하장으로 큰 사건이 될 수도 있다.

실제로 중국에서는 기차나 비행기에서 아이들이 큰 소리로 떠들 어도 제지하지 않는 부모나 제한된 공간에서 스피커 볼륨을 높이고 음악이나 영화를 즐기는 모습을 종종 보게 되는데 이를 제지하는 중 국인들은 좀체 보기 힘들다. 이런 몰상식(?)한 행동을 왜 제지하지 않느냐고 물으면 "원래 우리 중국 사람들은 주위 사람에 무관심하 다"라는 대답이 돌아오곤 한다. 내가 보기에 이는 사실 답이 아니다.

아마도 이런 이들에게 조용해 달라고 '바른말'을 하는 순간, 나는 그 사람들에게 '익명의 누군가'에서 내 체면을 손상한 '특정인'이 된 다. 네가 도대체 누구라고 나의 체면을 손상시키냐며 따져물을지도 모른다.

체면이 상한 중국인이 말없이 고개를 숙였다 하더라도 조심해야 할 것이다. 물론 평생을 안 볼 자신이 있다면, 즉 익명성을 유지할 수 있다면 나서서 모르는 이에게 도덕을 말해도 좋다. 그러나 다시 마주쳐야 하는 사람이라면(설령 다시 볼 일이 없을 거라는 생각이 들어도) 그의 잘못을 지적할 때는 그의 체면을 생각해서 행동해야 한다.

말을 듣는 것보다 상황을 읽는 게 우선이다

方
法
总
比
困
难
多

방법은 항상 난관보다 많다

중국인은 간접화법을 즐긴다. 한자를 활용한 함축적 표현은 중국인들끼리도 상대방의 진의를 파악하는 데 어려움을 겪게 한다. 여기에다 좋은 소식만 전하고 나쁜 소식은 전하지 않는^{报喜不报忧} 중국 특유의 문화는 소통을 더욱 어렵게 한다.

우리나라 기업이나 개인이 중국 현지화에 공을 들이고 있음에도 현지에서 정확한 정보, 효과적인 협상력을 가지지 못하는 이유는 이런 특유의 문화적 배경을 제대로 이해하지 못하고 있기 때문이다. 이를 해결하기 위해 우리 스스로 문화에 대한 식견을 높이거나 믿을 만한 현지인을 고용하는 것도 방법이 되겠지만, 근본적인 해결책은 아니다. 전자는 많은 시간과 노력이 필요하므로 쉽지 않고, 후자는 '우리 기준의' 믿을 만한 현지인을 변별해내기가 현실적으로 거의 불가능하기 때문이다.

어떤 장면에서 대화가 이루어졌는가

중국에서 제대로 된 소통을 하기 위해서는 앞에서 소개한 중국인들의 사적인 체면과 공적인 체면이라는 두 가지 시스템을 활용할 줄 알아야 한다. 이런 복합적인 미엔쯔 문화는 있는 그대로의 솔직한 소통에 장애를 가져오겠지만, 방법을 알게 되면 오히려 기회가 된다.

중국에는 이런 말이 있다. 方法总比困难多 방법은 항상 난관보다 많다. 어렵다고 포기하지 말자. 나만 더 어려운 게 아니라면, 꾸준히 노력하면 분명 아름다운 열매를 거둘 수 있을 것이다.

베이징대의 리우쓰띵劉世定, 류세정 교수는 "중국 사람들의 소통에서 상대방의 체면體面을 고려하지 않는 특별한 경우가 있다. 중국인들은 체면을 고려하는 소통 장애를 보완하는 중국식 대책이 있는데, 바로 장면場面, 상황의 고려다"라고 말했다.

중국인과 소통할 때 공적인 자리에서 상대방의 체면을 훼손하는 상황을 만들면 안 된다. 허즈리 선수 사건처럼 중국에서는 스스로가 생각하는 명예(체면)보다는 대외적인 체면을 훨씬 더 중요하게 여긴다는 것을 기억하자.

만약 중국 기업이나 중국인과의 협상 과정에서 소모적인 간접화법을 끝내고 싶다면 공개적인 장면을 피하는 것이 좋다. 가장 좋은 방법은 우리 쪽 협상 대표가 중국 측의 키맨key-man과 단둘이 만나는 것이다.

이때도 되도록 공개적인 장소는 피하는 것이 좋다. 제삼자가 끼어서도 안 된다. 중국인들은 친구 사이에도 깊은 얘기를 해야 하는 경우라면 장면을 따진다. 친구끼리라도 허물없는 대화를 여러 사람 앞에서 하는 경우는 드물다. 반면 아직 친한 사이가 아닌 사람과 중요한 이야기를 할 때도 장면을 고려하면 쉽게 해결될 수 있다. 아직 서먹서먹한 상하관계라도 둘만의 장소라면 제대로 끝장토론을 할 수 있다.

서툴더라도 소통 문제는 직접 챙기자

장면의 고려는 양면성이 있다. 장면에 따라서 상대방 외에 제삼자가 있다면 말을 삼가고, 둘만 있다면 거리낌 없이 대화할 수도 있다는 것이 바로 장면에 대한 고려다.

협상 대상이 단둘이 만나자고 제의한다면 공식적인 자리에서 할 수 없는 이야기를 하고 싶다는 신호로 받아들이면 된다. 둘이 있는 상황이라면 이제야 최소한 직접화법과 막힘 없는 대화가 가능하다. 사적인 자리에서 만나게 되는 중국 사람들은 우리가 사적인 자리에서 터놓고 이야기하는 것보다 훨씬 더 솔직하고 직설적으로 자신의 속내를 드러내는 경우가 많다.

중국인과 함께 일하면서 공식적인 회의에서 문제 해결이 기대치에 못 미친다면, 이러한 장면을 제대로 활용하지 못했기 때문일 수 있다. 중국인들과 주요한 면담을 하고 나서도 항상 충분한 소통이 부족한 것도 바로 그래서다. 본국에서 파견 나온 주재원들이 통역을 활용해 소통할 때 늘 부족하거나 왜곡된 정보를 얻게 되는 주요한 이유이기도 하다.

나는 중국에 진출한 일부 회사들이 소위 글로벌 방식 또는 한국식이란 이름으로 자신들의 업무 방식을 중국에 그대로 도입하는 것은 잘못됐다고 본다. 이런 조직들은 대체로 외부의 중국인들과 직접 소통하지 않는다.

필요한 경우라도 현지 직원들에게만 의존해 종종 정보 비대칭을 발생시킨다. 이래서는 제대로 된 의사 결정을 할 수 없다. 특히 중국 주재원 중에 현지 직원들에게만 전적으로 의존하려는 이들이 적지 않게 있는데, 중국어가 좀 서툴러도 중요한 소통은 반드시 직접 챙겨야 한다.

이런 한국 기업의 방식에 대해 중국 지식인들과 대화를 나눌 기회가 있었다. 그들의 개인적인 견해일 수도 있겠지만 시사하는 바가 커서 여기에 간단히 소개해 본다.

"중국인은 장면을 중요하게 생각한다. 기업이나 조직의 리더가 되려면 반드시 중국어를 구사할 줄 알아야 한다. 아마도 다른 나라에서는 조직 리더의 현지 언어 구사력이 중요하지 않을 수도 있지만, 중국에서는 필수이다."

그렇다고 모두가 중국어와 중국 문화를 현지인처럼 잘 이해하는 것은 현실적으로 불가능하다. 중국어를 못하면 중국에 발을 들이지 말라는 뜻도 아니다. 중국에서 원활하게 소통하려면 미엔쯔 문화를 제대로 아는 것이 중요하다.

중국 사람들의 "没事儿문제 없다"라는 대답을 그대로 믿었다가는 후회

해도 이미 늦는다. 만날 때의 좋은 분위기만 보고 앞으로도 문제없으리라 예측했다가는 낭패를 볼 것이다. 장면에 대한 고려만 잘하더라도 실패를 줄일 수 있다는 것을 꼭 기억했으면 좋겠다.

누구와도 항상 조화를 모색하려 한다

중국어에는 '讲度 정도를 잘 조절하다'란 표현이 있다. "매사에 정도를 잘 조절해야 한다凡是讲度"고 말할 때 사용되는 표현이다. 아무리 옳은 일이라도 지나치면 안 되며过犹不及, 내 체면이 상해서도 안 되지만 '또 다른 나'인 상대의 체면도 상하면 안 된다.

'钱为贵 돈이 귀하다'도 '法为贵 법이 귀하다'도 아니고 '权为贵 권력이 귀하다'도 아니다. 제일 으뜸은 '和为贵 조화가 귀하다'다. 조화를 중시하는 중국인들은 웬만한 문제는 충돌로 해결하지 않고 타협을 찾아간다.

그래서 중국인들과 협상이나 논쟁할 때는 이성적인 면 외에도 감정적인 면을 고려해야 한다. 법보다 이치, 이치보다는 감정을 우선시한다는 것을 잊지 말자. '인정에 맞게, 이치에 맞게, 법에 맞게' 즉 '상식에 맞게'라는 의미의 중국어 표현인 合情合理合法을 기억해 보자. 合情 인정, 즉 사람의 기본 감정이 가장 우선이다. 어떤 경우든 상대의 감정을 상하게 하면 안 된다. 나쁜만 아니라 상대방 체면을 구기게 하는 일을 매우 조심한다. 서로에 대한 배려를 통해 문제를 해결하려고 한다. 충돌을 피하고 타협하려는 경향을 이해한다면 협상에서 분명 뜻밖의 좋은 결과를 얻을 수 있을 것이다.

'报喜不报忧 듣기 좋은 말은 전하고 듣기 싫은 말은 전하지 않는다'으로 대표되는 중국식 소통 방식은 사실fact을 드러내놓고 때로는 상대방의 체면까지 손상해 가며 토론하는 일부 한국 회사 내의 '끝장토론'과는 정반대다.

모든 정보는 반드시 여러 번 검증하자

중국에서 길을 물어보면 "모른다"라고 답하는 이도 있겠지만, 대부분은 길을 알려준다. 그런데 엉뚱한 방향을 알려주는 경우도 적지 않다. 이런 일을 자주 당하다 보면 중국인들이 외국인을 골탕 먹이려고 일부러 그러는 건 아닌가 하는 생각마저 든다.

모르면 모른다고 하지, 왜 아는 것처럼 설명하는 걸까? 그 저변에는 중국 특유의 미엔쯔 문화가 자리 잡고 있다. 체면을 중시하는 중국인들은 "모른다"라는 대답이 자신의 체면을 손상하는 일이라고 여긴다. 이런 의식은 지도상의 길을 물어볼 때뿐만 아니라 어떤 일을 추진하는 방법을 물어볼 때도 유사하게 작동한다.

"어떻게 해야 하지요?" "어느 부서를 찾아가야 하지요?" 또는 "누구를 만나야 하나요?" "이게 무슨 의미였을까요?"라고 물어볼 때 대부분 몰라도 "모른다"고 하지 않는다. 오히려 "이렇게 하시면 됩니다" 하고 길을 알려준다. 문제는 이 길이 한참 돌아가야 하거나 완전히 잘못된 길인 경우가 있다는 점이다. 처음부터 속이려고 그런 것이 아니다. 여러 이유가 있을 수 있지만, 대체로 체면을 중시하기 때문에 '아는 척' 하는 것이다.

중국 사람의 이런 행동에 어떻게 대처해야 할까? 내 방법은 무식하게 보일지 모르겠지만 다양하게 검증하기였다. '이 사람이 진짜 알 만한 사람인가?' '그런 위치에 있는가?' 등 길을 알려준 사람에 대한 검증은 당연하고, 믿을 만한 사람이라 하더라도 그가 알려준 길이 현실적으로 이 상황에서도 가능한지 복수의 경로와 사람을 통해 검증하려고 노력했다.

구체적인 방법을 소개하자면 다음과 같다. 모르는 곳에서 길을 물어볼 때 나는 최소한 두 사람에게 물어본다. 물론 두 사람이 똑같이 틀린 방향을 알려줄 때도 있지만, 둘 다 같은 방향을 가리킨다면 그 길은 맞을 확률이 높다.

두 사람이 알려준 방향이 다르다면? 한 사람을 더 붙잡고 물어보면 된다. 무식해 보이는 방법이지만 리스크를 줄일 수 있다면 이 정도 수고쯤은 해야 한다. 더 좋은 방법이 있을지도 모르지만, 이방인인 우리는 최소한 그렇게 겸손하게 최선을 다하는 것이 가장 효율적이지 않을까? 智者千慮必有一失, 愚者千慮必有一得 똑똑한 이가 천 번을 고민해도 한 번의 실수가 있고, 어리석은 자라도 천 번을 고민하면 한 번은 잘할 수 있다.

사업상 미팅에서나 식당이나 상점에서 물건 살 때도 이런 일을 종종 겪는다. 종업원에게 물어보면 "그 음식은 팔지 않습니다" "그런 물건은 없습니다" 또는 "해결 방법이 없습니다"라는 대답을 듣지만, 신기하게도 다른 종업원이나 윗선을 붙들고 물어보면 가능한 방법이 있다.

그러므로 중국에서는 될 수 있는 대로 여러 인물에게 다른 방식으로 묻고 검증하는 것이 중요하다. 이런 수고를 다 했는데도 길을 잘 못 들어섰다면, 수업료를 치렀다고 생각하는 방법 외엔 도리가 없지 않을까? 나뿐만 아니라 모든 사람이, 심지어 중국인도 예외없이 이런 경험을 한다고 위로하자. 리스크를 줄이고 또 줄이다 보면 완전히 회피할 수도 있겠지만, 어느 국가라도 이방인에게는 그것이 쉽지 않을 것이다.

당신이 친구나 부하직원의 도움을 받았는데 틀린 정보를 받았다면 '이 사람이 중국어를 잘 못해서 현지인과 소통이 안 되는구나'라고 지레 짐작하지 말자. 위 상황을 한 번쯤 떠올리고 이해하면 좋겠다.

미엔쯔 문화는 때로 정보 왜곡의
원인이 되기도 한다

摸
着
石
头
过
河

돌을 더듬어 가며 강을 건너다

摸着石头过河 돌을 더듬어 가며 강을 건너다. 덩샤오핑이 중국의 개혁개방을 이끌면서 내걸었던 신조다. 우리나라에는 '돌다리도 두드려 보고 건너라'라는 속담이 있다. 얼핏 보면 같은 말 같은데, 활용 면에서는 완전히 반대다. 우리는 매우 신중하게 건너라는 의미로 사용한다. 돌다리도 두드려 봐서 안전이 확인되어야 건넌다.

덩샤오핑은 이 말을 "그때그때 봐 가며 돌을 더듬어 찾아서 건너자"라는 의미로 사용했다. 이 길은 미지의 길이므로, 누구도 모든 것을 다 알 수 없을 것이다. 그렇다고 겁을 내고 멈춰서는 안 된다. 쥐를 잡는데 검은 고양이든 흰 고양이든 무슨 상관이냐는 논조와 일맥상통한다. 어느 경향이냐는 단지 선택의 문제다.

최근 중국에 관한 관심이 높아지면서 다양한 통계자료 등을 기초로 중국 사회와 경제를 분석한 전망을 자주 접하게 된다. 안타깝게도 이런 전망이 맞지 않는 경우가 비교적 많다. 전망하는 분들의 역량 문제일 수도 있겠지만, 통계자료 자체가 틀린 경우도 적지 않기 때문이다.

이를 두고 중국 사회가 투명하지 못하다는 지적이 많다. 맞는 말이다. 중국에서 일하다 보면 부정확한 자료와 정보, 명문화되지 않은 규정 때문에 애를 먹게 된다. 컨설턴트이거나 학자라면 이런 현실을 비난하면 그만이겠지만, 나는 이런 상태에서도 성과를 내야 하는 월급쟁이 해결사였다. 그러다 보니 책은 잠시 덮고 천 리 길을 가는 마음으로 직접 부딪치기로 했다. 그런 중에 몇 가지 중국 사회에 대해 나름 깨달은 것이 있다.

중국에서는 정확한 정보 확보가 어렵다

중국의 발전 속도는 한강의 기적을 만든 우리도 놀랄 정도다. 개혁개방 이후 도시마다 하루가 다르게 마천루가 올라가고 대형 경제 프로젝트가 진행되다 보니 그 빠른 속도에 비해 이를 관리하고 보존하기에는 상대적으로 겨를이 없었을 것이다. 당연히 축적된 정보와 통계가 태부족이다.

인터넷에 올라온 중국 관련 자료는 물론이거니와 중국 정부가 공인한 정보라고 하더라도 이를 전적으로 믿어선 안 된다. 정보의 정확도가 많이 개선되고 있지만, 아직도 부족한 점이 적지 않다. 실사 조사나 다른 방법을 통해 정보를 바로 잡는 노력이 필요하다.

규정이 현실과 동떨어진 경우도 있다. 워낙 변화의 속도가 빠르다 보니 현실에 비해 여러 규정이 정확히 명문화되어 있지 않았다. 그나마 알려진 규정들도 개정 중인 경우가 많다. 해당 규정을 집행해야 하는 관리들조차 업무 숙련도가 낮게 마련이다. 그러다 보니 이 사람은 안 된다고 하는데, 저쪽에 물어보면 바로 되기도 한다. 전화로 문제없다고 해서 막상 찾아가 보면 어디선가 새로운 요구사항이 등장한다. 점차 개선되고 있지만 중국이 더 발전하려면 이런 부분은 더 빨리 바뀌어야 한다.

앞에서 투명하지 못한 사회의 이면에는 미엔쯔 문화도 한몫한다고 언급했다. 중국인들은 몰라도 모른다는 말을 잘 하지 않는다. 단도직입적으로 "할 수 있냐?"라고 물어봐도 "할 줄 모른다"라고 얘기하는 경우는 별로 없다. "그쪽에 인맥이 있냐?"라고 물어보면 "내 인맥은 없지만, 내 친구는 그쪽에 아는 이가 있을 것이다" 정도의 대답을 한다. 친분이 있거나 오래 거래한 사업 파트너들도 이렇게 대답하는 경우가 적지 않다.

이런 말만 믿고 있다가 손해보게 되면 나를 속였다는 생각이 들게 마련이다. 의도적으로 사기를 치려고 한 경우도 있겠지만, 대부분 체면 때문이다. 아는 사람(꽌시로 엮은 사람)이 부탁할 경우, 부정적으로 대답하면 자신의 체면도 깎일뿐더러 부탁한 상대방의 체면도 상하게 한다고 믿는다. 모르는 사람이 어려운 부탁을 한다면? 당연히 무시하겠지만, 이때도 대놓고 안 된다고 하기보다는 에둘러 이야기하는 경우가 많다.

때로는 상대의 체면을 생각해 중국인들만의 표현을 통해 완곡하게 거절했는데 우리가 이를 제대로 읽어내지 못하는 경우도 있다. 어찌됐든 '사실의 전달'은 미엔쯔 문화라는 필터를 거치면서 왜곡될 가능성이 커진다. 이런 일은 중국인들 사이에서도 고민거리다. 있어도 되고 없어도 되는^{可有可无} 일, 이렇게 처리해도 되고 저렇게 처리해도 되는^{可左可右} 일이 워낙 많은 사회가 중국이다.

다행히 최근에는 사회 전반적으로 불명확한 일 처리 방식이 투명해지는 추세지만 여전히 갈 길은 멀다. 장담컨대 투명해지는 속도도 당분간은 우리의 생각 같지는 않을 것이다. 어떤 것은 영원히 개선되지 않을 것처럼 느리기도 하겠지만, 어떤 것은 상상 밖으로 무척 빠를 수도 있다. 어쨌든 우리의 예상과는 다를 것이다.

정글에서는 멋진 이론보다 투박한 경험이 유용하다

紙上談兵 종이 위에서 전쟁을 논하다. 책상물림은 안 된다는 말이다. 邯鄲学步 한단 지방에서 걸음걸이를 배우다. 한단이란 곳에 갔다가 그곳 사람들의 멋진 걸음걸이를 흉내 내느라 제 걸음걸이마저 잊어버려서 이도 저도 안 되었다는 뜻의 성어다. 고민도 하지 않고, 겪어 보지도 않은 채 남들 하는 대로 따라하면 이도 저도 안 되는 경우가 많다.

예전에 회사에 있을 때 내 방식을 따라하던 이들이 있었다. 문제는 제대로 따라하면 좋은데 겉만 따라한 것이다.

예를 들면 "류 소장은 항상 아는 사람을 찾아서 하더라" 하면서 자기도 아는 사람을 찾아서 일을 추진한다. 그런데 결과가 시원치 않았다. 왜냐하면, 나는 아는 사람 중에서도 '부탁할 만한 사람'을 찾기 위해 평상시에도 늘 노력했다. 아는 사람이라고 덥석 부탁했는데 오히려 일이 꼬이는 경우도 많이 보아왔기 때문이다.

그런데 나를 흉내만 내던 이들은 '아는 사람'만 있으면 되는 줄 알고, 누구라도 알기만 하면 아는 사람, 즉 인맥이라면서 덤벼들었다. 평소 현장에 관심이 없고 직접 해본 적이 없으므로 되어도 왜 되었는지 모르고, 안 되어도 왜 안 되었는지 모른다.

여러 번 이야기했지만 지시를 받아서 일하는 중국 현지직원들은 그 진행 상황과 그렇게 된 이유에 대해 상부에 정확하게 보고하지 않는다. 나쁜 소식을 보고하지 않는 문화 때문이기도 하고, 해당 내용이 중요하다고 여기지 않기 때문이기도 하다. 중국인 직원들이 속이려고 한 게 아니라 그들 눈에는 별로 중요해 보이지 않기 때문에 놓치는 경우도 있다는 얘기다. 어쨌든 결과적으로 한국인 관리자는 핵심 내용을 모르는 경우가 많다.

그러나 직접 현장을 챙겼다면 정확히 판단하고 명확하게 지시할 수 있을 것이다. 현지 직원들로 하여금 정확한 내용을 보고하도록 만드는 비결을 덤으로 얻게 될 것이다.

春江水暖鴨先知 새봄에 강물이 따뜻해지면, 오리가 제일 먼저 알게 된다. 겨울이 끝나고 새봄이 오고 강물이 따뜻해지는 변화는 아무리 그 강가에서 평생을 살았다 해도 물 색깔만 봐서는 알 수 없다. 직접 물을 만져봐야 할 것이다. 오리처럼 늘 그 강물에서 산다면 누구보다 그 변화를 먼저 알 수 있을 것이다.

미엔쯔를 세워주는 의전법

宾
至
如
归

손님이 자신의 집에 돌아온 듯하다

賓至如歸 마치 손님이 내 집으로 돌아온 것처럼 편안함을 느낀다. 이 문장은 훌륭한 접대를 비유적으로 표현한 중국의 성어다. 우리나라 사람에게 중국인들과 식사할 때의 예의범절에 관한 질문을 받았을 때, 내 대답은 항상 위와 같았다. 좋은 음식도 필요하고 격식을 갖춘 의전도 중요하지만, 정말 중요한 것은 한국이나 중국이나 바로 손님을 귀하게 여기는 정성이다.

중국에서 20년 넘게 현지 사무소장으로 일하면서 나는 스스로 '현지사령관'이라고 생각하며 일했다. 현지사령관의 주요 업무는 순수한 업무(일)와 의전, 두 가지다. 이 두 역량 중 때로는 의전이 훨씬 더 중요한 '조직 내의 덕목'으로 평가되기도 한다. 그러다 보니 주재원들 사이에서 이런 뼈 있는 농담이 돌기도 했다.

실적이 나쁘고 의전도 못 하면, 본사의 평가는 "도대체 그 친구는 잘하는 게 뭐야?".

실적은 좋은데 의전을 못 하면, 본사의 평가는 "시장 상황이 좋아서 그런 거지, 지가 잘한 줄 알아?".

실적이 좋고 의전도 잘하면, "그 친구는 정말 최고야! 못 하는 게 없어!".

실적은 나쁜데 의전을 잘하면, "시장 상황이 나쁜데도 정말 고생하는구면!".

해외주재원의 경우는 물론이고 중국에서도 실적만큼 중요한 것이 의전이다. 손님을 잘 모시는 게 중요한데 그렇다고 무조건 최고의 대우를 하는 게 답은 아니다.

그래서 '过犹不及 지나치면 부족한 것만 못하다'나 '過恭非礼 지나친 공경은 오히려 예의가 아니다'라는 말도 있다. 상대방이 불편해하지 않으면서도 대접받는 기분이 들게 하는 것, 그것이 중국에서 의전의 핵심이다. 말을 장황하게 했지만 사실 의전에서 모범 답안은 없다. 20년 동안 나의 경험이 반드시 정답이라 할 수도 없다. 그래도 굳이 말하자면 진심 또는 성의가 그 답이 아닐까?

성의를 보이면 실수에도 관용을 기대할 수 있다

20년을 중국에서 지내다 보니 최소한 중국에 있는 한국 주재원 중에서 나만큼 다양한 사람과 다양한 식사자리나 의전 기회를 가져본 사람도 별로 없을 거로 생각한다. 그러다 보니 잘해서 칭찬받은 적도 있지만, 아찔한 실수를 저지른 적도 있었다.

한 번은 중국인 VIP와 말레이시아에서 싱가포르로 비행기를 갈

아타는 중에 VIP들의 비행기 표를 몽땅 잃어버릴 뻔한 적이 있었다. 다행히 표를 찾았지만, 신기하게도 나의 실수에 대해 얼굴을 찌푸린 VIP는 한 명도 없었다. 심지어 이 일이 본사에 알려지면 내가 어려움을 당할까 봐 당시는 물론이고 그 후에도 누구도 이 사건을 입 밖에 내지 않았다. 손님을 모시는 담당자의 어리석음보다는 젊은 친구가 열심히 모시려고 노력하는 모습이 더 크게 보였기 때문일 것이다.

실수는 또 있었다. 회사의 중요한 프로젝트 때문에 어렵사리 중요한 인사와 술자리를 가지게 되었다. 대체로 중국인들은 술을 좋아하지만, 술을 못 이기는 사람은 좋아하지 않는다. 술에 취해 주사를 부리면 자기관리가 안 되는 사람으로 여기고 믿지 않는다. 그런데 그날 나는 술을 이기지 못하고 필름이 끊겨버렸다. 아마도 소파에 누워 잠이 들었나 보다. 몇 시간 뒤 정신을 차리고 이 일을 어쩌나 노심초사하며 사과했더니 오히려 이런 답이 돌아왔다.

"진정을 다 해 마신 것을 안다."

이 일이 인연이 되어 나는 지금도 그와 돈독한 사이로 지내고 있다. 실적만큼 의전을 중시하는 중국인들에게 치명적인 의전상 실수를 저지르고도 오히려 전화위복이 되었던 이유는 무엇일까? 분명 성의 때문이었을 것이다. 지금도 별로 달라지지 않았지만, 처음 중국인들을 '모셔야' 할 당시 우리나라에는 중국 의전 문화에 관한 이렇다 할 서적이 없었다. 회사 차원에서 정립된 매뉴얼도 없어 걸음마를 배우듯 예의범절, 음식, 쓰는 말 등 모든 것을 배워야 했다. 회사 선배나 먼저 중국에 진출한 분들에게 물어보고 현지의 책도 찾아보았다. 나이 어린 중국인 직원들에게도 조언을 구했다. 중국인들에게 초대받아 참석한 자리에서 모르는 음식이나 성어 등이 등장하면 일일이 메모했고 이를 실제로 써먹으려고 노력했다.

그런데 중국은 넓고, 넓은 땅만큼이나 의전 방식도 다양해 앞에 소개한 어이없는 실수를 포함해 다양한 시행착오를 겪었다. 거기서 깨달은 한 가지가 있다. 아무리 노력해도 실수하기 마련이다. 잘 모르는 다른 문화와 접촉해야 하는 이방인이라면 더욱 그렇다.

그렇다면 실수를 저지르더라도 주인이 직접 자기 손으로 귀한 손님을 모시듯 마음을 담는 것이 최선의 방법이란 결론에 도달했다. 이렇게 하면 실수에도 불구하고 상대는 나의 마음을 인정해 줄 것이다. 특히나 '人地兩疏 사람도 지역도 둘 다 생소하다'한 중국에서 그 많은 지역의 다양한 풍속과 사람의 취향을 맞출 방법은 성의밖에 없을 듯싶다.

알아두면 좋은 중국식 의전 팁

그런데도 우리나라 사람들이 실수하기 쉬운, 그러나 알아두면 힘이 되는 예의범절 몇 가지를 소개하겠다.

식사자리나 술자리에서는 자리 배치부터 고민이 된다. 중국의 식사자리는 대부분 원탁인데, 기본적으로 주인이 가운데 앉고 주빈은 그 오른쪽에 앉는다. 그리고 초청한 측과 초대받은 측의 중요 순서대로 번갈아 앉는 경우가 많다. 때로는 주최자 중에 '첫 번째 주최자'

가 있고 '두 번째 주최자'가 있다. 이럴 때는 첫 번째 주최자의 맞은 편에 두 번째 주최자가 앉아야 한다.

한편 한국 음식점의 식탁은 장방형인 경우가 많다. 이럴 때는 중국인을 문을 바라보도록 앉게 하는 게 일반적이다. 중국에서는 손님으로 초대받았을 경우 문을 바라보고 앉는 걸 좋아한다. 그런데 한국의 식당 중에서 손님을 모시기 좋은 방은 주로 손님이 문을 등지고 앉아서 창문 밖의 경치를 바라보게 되어 있다. 이런 구조에서 중국식으로 자리를 배치하면 손님은 들락날락하는 문만 보고 경치를 감상하기 어렵다.

당황할 것 없다. 미리 중국 손님들에게 '내가 알기로는 중국에서는 손님이 문을 바라보고 앉는다는데, 오늘은 경치를 바라보시라고 자리를 이렇게 하려 한다'고 상의하면 된다. 그냥 우리식으로 하는 게 아니라 상대방을 고려하고 있다는데 싫어할 리 없을 것이다. 역시 성의가 중요하다.

중국 식당에서는 음식을 주문할 때 마실 술이나 음료를 함께 물어본다. 당황하지 말고 자신의 취향대로 답하거나, 중국어에 자신이 없다면 종업원이 쟁반에 받쳐 온 음료를 손가락으로 가리켜도 된다. 중국어를 할 줄 안다면 "수이비엔隨便, 편하신 대로 해 주세요 또는 알아서 해 주세요" 이라고 해도 되겠다. 만약 "커수이주삐엔客隨主便, 손님은 주인의 뜻에 따르는 법이다"이라고 말할 수 있다면 더 품위 있을 것이다.

술이나 음식이 나올 때마다 주최자에게 "무슨 술이지요?"라든가 "무슨 음식이지요?"라고 묻는 것도 좋다. 우리의 생각에는 '어련히 알아서 줄까, 점잖게 조용히 먹으면 되지' 하는 생각이 들더라도 관심을 갖고 물어보자. 뜻밖에 이런 음식을 소개할 기회가 생긴 것에 반가워할 때가 많을 것이다.

물론, 못 먹는 음식을 골라내겠다는 듯 경계심을 갖고 묻는 태도는 당연히 삼가야 한다. 방심(?)하고 권하는 음식을 먹다 보면 그야말로 생각지 않은 음식을 먹을 수도 있다. 오죽하면 '中国人什么都吃, 但不吃亏 중국 사람은 뭐든 먹는다. 다만 손해는 안 볼 뿐이다'라는 말이 있겠는가? 참고로 '손해보다'는 중국말로 吃亏, 즉 '손해를 먹는다'라고 한다.

어쨌든 준비한 음식이나 술에 관심을 갖고 물어보는 것은 좋다. 어쩌면 당신을 위해 특별히 준비한 음식이나 술일 수 있기 때문이다.

예컨대 중국 산서에는 펀지우汾酒라는 유명한 술이 있다. 만약 산시성 출신들이 함께한다면 고향 술인 이 펀지우를 준비하면 좋다. 이 때 먼저 '허지우삐펀, 펀지우삐허喝酒必汾, 汾酒必喝' 술을 마시려면 펀지우를 마시고, 펀지우는 반드시 마셔야 한다'라고 말하면 분위기를 단번에 끌어올릴 수도 있을 것이다. 흔히 '삼국지'로 잘 알려진 『삼국지연의』에 이런 글이 있다. 天下大事, 合久必分 分久必合 천하의 대세는 합쳐진 지 오래되면 반드시 분리되고, 분리된 지 오래되면 반드시 합쳐진다. 그중에 '合久必分 分久必合'의 발음이 '喝酒必汾, 汾酒必喝'와 매우 흡사하다.

이런 예는 또 있다. 중국의 국주國酒로 불리는 마오타이주와 한때 중국 최고의 술자리를 다투었던 우량예五粮液를 접대 받았다면? "중국에서 제일 유명한 술은 마오타이이고, 제일 좋은 술은 우량예다"라는 식으로 추임새를 넣어주자. 그야말로 금상첨화錦上添花다. 이런 추임새를 모른다면 상대방이 자기들끼리 이런 추임새를 할 때 환한 웃음을 짓는 예의만 있어도 좋겠다.

술을 주고받는 방법

음식이 상에 오르는 순서는 찬 음식에서 따뜻한 음식 순이다. 음식의 가짓수나 양은 대부분 우리 예상보다 더 많이 나오므로 음식의 양을 스스로 살 배분하는 게 좋다. 대부분 초청한 측에서 준비한 음식 메뉴를 설명해준다. 음식을 옆의 손님에게 직접 덜어주기도 한다.

한 자리가 파할 때까지 웬만하면 순서 없이 대부분은 주인 또는 두 번째 주인이 주도해 손님들과 돌아가면서 한 잔씩 돌리며 인사한다. 이때 무리하게 다 받아 마실 필요는 없다. 다만 화답으로 일어나 일일이 한 순 배씩 권하며 개별적으로 인사한다면 좋은 분위기가 연출될 것이다.

중국 사람들은 '깐뻬이干杯'라고 하며 건배乾杯를 한다. 주량의 많고 적음을 떠나서 중국 사람들과의 술자리는 간혹 이 깐뻬이 때문에 과음하는 경우가 생긴다.

약간 설명을 해보자. 우선 건배는 우리식 한자로는 乾 마를 건 杯 잔 배다. 즉 잔을 비운다는 의미로 다 마시는 게 원칙이다. 식사나 술자리에서는 주인이 먼저 건배한다. "先干为敬 먼저 건배하는 것으로 공경을 표합니다"이라고 말하면서 주인이 먼저 마신다. 원래는 술과 음식을 준비한 주인이 '당신에게 따른 이 술에는 독이 없다'는 것을 표시하기 위한 절차였다는 설이 있다.

잔을 부딪치면 무조건 건배해야 할까? 중국 사람은 술을 다 마실 때는 깐뻬이라고 하고, 적당히 마실 때는 '수이이随意, 마음대로'라고 말한다. 요즘은 예전 같지 않아 깐뻬이를 외치고도 다 마시지는 않는 경우가 많다. 어쨌든 깐뻬이를 외치면 말 그대로 깐뻬이를 하는 게 맞기는 하다.

하나 더 소개하면, 잔을 부딪치면 건배하는 것이 맞다. 잔을 가득 채운 후 부딪치면 술이 출렁이며 상대방 잔의 술과 서로 섞인다. 만약 술에 독이 있다면 섞인 술을 마신 둘 다 무사하지 않을 것이다. 즉, 안심하고 마시자는 의미가 된다. 사실 이런 배경 때문에 술잔을 마주치면 건배하는 것이 관습인데, 때로는 그렇지 않다는 사람도 있으니 굳이 우길 이유는 없다.

满杯酒, 半杯茶 술은 가득 따르고 차는 반만 따른다. 중국인들은 '첨잔'을 한다. 비우고 나면 따르는 게 아니라 수시로 잔을 채운다. 그리고 술을 따를 때는 항상 가득 차게 따른다. 술은 좋은 음식이라고 했다. 좋은 것이므로 상대방에게 가득 따르는 것이 예의다. 그래서 반대로 차는 가득 따르고, 술은 반 잔만 따라주는 것으로써 축객逐客, 즉 '당신과 같이 있고 싶지 않으니 가라'라는 암시를 주기도 했다고 한다. 이 역시 굳이 맞다 틀리다를 우길 필요는 없다.

술 못 마시는 사람보다 실수하는 사람을 꺼린다

술을 마실 때 자신의 주량을 모르고 주는 대로 다 마시면 안 된다. 중국에는 술을 잘 마시는 사람海量, 바다만큼의 주량이란 뜻으로 우리말로 '술고래'이 정말 많다. 중국인들은 자신이 술을 잘 못 마실 때는 이런 '술 상무'를 대동하기도 한다. 자신은 안 마시고 남들만 마시게 하는 경우도 있다.

예외적인 경우도 있지만, 한국처럼 강요하지는 않는다. 내 경험상으로 보면 권한다고 해서 반드시 마셔야 하는 것은 아니다. 하지만 주량껏, 성의껏 마시는 모습을 보여주는 것이 좋다.

나는 예전에 독주 스물네 잔을 단번에 마셔야 했던 적이 있다. 피치 못할 사정으로 늦게 도착한 데에 따른 벌주였다. 따지고 보면 나는 초대받은 손님이 아닌데, 내 친구가 내가 만나고 싶은 손님을 모신 자리에 나를 기억해 주고 고맙게도 불러 주었으니 어쩔 수 없이 참석하느라 늦게 도착해 벌어진 불상사였다. 늦게 도착한 나는 먼저 도착한 분들에게 중국식으로 한 잔씩 돌아가며 인사를 해야 했는데, 몇 명과 몇 잔을 가득 마셨더니 그다음 사람들은 사정을 봐준다. 스물네 명과 술을 마셨지만 사실 스물네 잔이 다 술이지는 않았다. 물을 따라 주는 사람도 있었고, 술을 아주 조금만 따라주는 이도 있었다.

이런 식으로 성의를 보이면 상대방들도 억지로 먹이지 않는 경우가 많다. 잔에 가득 채우지 말고 약간만 따라 마시라는 사람도 있고, 술 대신 물로 한잔하자는 사람도 있다. 물론 어떤 지방에 가면 그야말로 인정사정 보지 않고 술을 강요하기도 한다.

술은 분위기를 좋게 만드는 좋은 음식이다. 초청하는 사람으로서는 음식을 맛있게 먹어주는 게 고마운 것이지, 감당 못할 만큼 너무 음식을 밝히다가 실수하는 것은 별로 좋아하지 않을 것이다. "酒品好 술 마시고도 뒤끝이 좋다 ('酒品'은 술자리에서의 인품을 의미)"라는 말을 들어야 한다. 술 매너가 주량보다 중요하다는 얘기다. 만약 상대방이 술을 잘 마신다고 띄워 준다면 '주량이 있는 게 아니라 술을 마시는 담력이 있을 뿐입니다沒有酒量 只有酒胆'라는 멋진 농담도 기억하면 좋을 것이다.

어쨌든 술은 좋은 음식이다. 지나치게 많이 마실 필요도 없고, 못 마신다고 부끄러울 것도 없다. 중국 사람들이 잘 마시는 이와 못 마시는 이들이 함께 술집에서 자주 편하게 어울릴 수 있는 이유다.

미엔쯔로 살펴보는 중국식 거짓말

狡
兔
三
窟

교활한 토끼는 굴이 세 개나 있다

내가 가끔 하는 농담 아닌 농담이 있다.

"중국 가사도우미들은 가까운 친척이 많다. 이 친척들은 툭하면 불치병에 걸린다."

"외국 유학을 간다며 회사를 그만두는 직원들이 있다. 그러나 비행기를 타는 이들은 별로 없다."

살다 보면 어느 나라에서든 크고 작은 거짓말을 경험하게 된다. 중국도 마찬가지여서 살다 보면 한 번쯤 중국인에게 속는 경험을 하게 된다. 우리 관점에서 보자면 굳이 거짓말을 하지 않아도 될 때 거짓말을 하는 걸 보게 된다.

왜 안 해도 될 거짓말을 할까

대표적인 사례가 위에 소개한 농담 아닌 농담의 경우다. "중국인은 원래 그래"라며 넘겨도 되는 문제이지만, 그 속을 들여다보면 우리가 몰랐던 중국인들의 민얼굴을 만날 수 있다.

첫 번째의 가사도우미의 경우를 살펴보자. 내가 처음 베이징으로 발령받을 당시에는 가족들이 함께 온 경우 가장 먼저 하는 일이 믿을 수 있는 가사도우미를 구하는 일이었다. 다행히 괜찮은 조선족 가사도우미를 소개받았는데 우리 가족과 잘 맞았다. 시간이 흘러서 이제는 서로 적응이 되었다 싶을 정도가 된 어느 날, 그 가사도우미가 친척이 큰 병에 걸려 어쩔 수 없이 고향에 내려가야 한다는 통보를 해왔다. 말릴 수 있는 상황이 아니었다. 못내 아쉬웠지만 병간호가 끝나면 꼭 다시 돌아와 달라며 여비를 보태고 서운하지 않을 만큼의 인사도 했다.

일주일이 지났을 때쯤 아내가 우연히 시장에서 장을 보고 있는 그 가사도우미와 마주쳤다. 병간호 때문에 고향에 내려간다던 그녀는 알고 보니 애초부터 아픈 친척이 없었다고 한다. 당연히 고향에도 내려가지 않았다. 우리 집에서 얼마 떨어지지 않은 다른 가정에서 더 좋은 조건을 제시해 일자리를 옮겼을 뿐이다.

사실대로 말했다면 그 조건에 맞춰 월급을 올려줬을지도 모르고, 그만두더라도 웃으며 헤어졌을 텐데 왜 굳이 거짓말을 했을까? 당시에는 못내 속상하고 불쾌하기까지 했다. 이런 경우가 나만 겪었던 특별한 사연은 아니다. 중국에서 사람을 쓰다 보면 뜻밖에 이런 황당한 경험을 꽤 하게 된다.

두 번째는 직원이 유학을 가는 경우다. 젊고 유능해서 회사에서 적극적으로 지원해 준 직원이 있었다. 나름 회사에 뼈를 묻을 각오로 열심히 일하는 듯 보여 평가도 좋았다. 그러던 어느 날, 유학을 떠나기로 했다며 어쩔 수 없이 회사를 그만두어야 한다고 사표를 냈다. 아쉽지만 앞날을 축복하며 사직을 받아들였다. 그런데 이 직원이 사표를 내자마자 더 좋은 조건으로 다른 회사로 옮겼다는 소식을 듣게 됐다.

가사도우미나 직원의 말이 애초에 사실이었을 수도 있다. 어떻게 하다 보니 사정상 다른 곳에 취업해야 하는 경우도 있을 수 있다. 하지만 경험상 애초부터 거짓말을 한 경우가 훨씬 더 많은 것 같다.

우리 관점에서 보자면, 사실대로 이야기해도 서운할 수는 있을지언정 가겠다는 사람을 말릴 수는 없지 않은가? 그런데 중국인에게는 '서운할 수 있다'는 대목이 중요하다. '잘해줬는데 떠나다니' '믿고 키웠는데 조건 좋다고 다른 곳으로 이직하다니'라는 서운함을 상대에게 남기기가 싫었던 것이다.

만약을 대비하는 측면도 있다. '친척이 아팠는데 이제 다 나았기 때문에' 또는 '유학을 가려 했는데 사정이 여의치 않아서'라는 이유로 언제든지 복직할 여지를 남겨두는 것이다. 만약 복직이 안 된다 하더라도 나쁜 평판을 받을 소지를 남기지 않기 위해서 이런 핑계를 둘러대는 경우가 많다.

대안을 남겨 두는 처세법

이런 중국인의 행동을 어떻게 설명할 수 있을까? 『사기』「맹상군열전」에는 아래와 같은 고사가 등장한다.

전국시대 제나라 재상 맹상군孟嘗君이 거느린 식객 중에 풍훤馮諼이라는 이가 있었다. 어느 날 맹상군은 풍훤에게 설薛 땅에 가서 빌려준 돈을 거두어 오라는 심부름을 시켰다. 설에 도착한 풍훤은 빚진 사람들을 모두 모았다. 그리고는 그들의 차용증서를 불태우며 이렇게 말했다.

"맹상군은 여러분이 부채를 상환하기 위해 열심히 노력한다는 것을 알고 채무를 모두 면제해주라고 하셨습니다."

설의 백성들은 만세를 부르며 맹상군을 칭송했다. 돌아온 풍훤은 어이없어 하는 맹상군에게 "돈 대신 은의恩義를 얻어왔다"라고 말했다. 그로부터 얼마 후 왕의 미움을 산 맹상군은 재상 자리에 쫓겨나 설 땅으로 가게 되었다. 맹상군이 설에 나타나자 그곳의 백성은 떼를 지어 몰려나와 환호하며 그를 맞았다. 맹상군은 풍훤을 돌아보며 이렇게 말했다.

"그대가 얻었다는 은의라는 것을 이제야 알게 되었소."

풍훤은 이렇게 답했다.

"교활한 토끼에게는 굴이 셋 있다고 합니다狡兎三窟. 나리에게는 아직 하나 밖에 없으니 안심할 수 없습니다. 제가 두 개를 더 만들어 드리겠습니다."

풍훤은 뒤에 맹상군을 위해 굴 두 개를 더 파주었다. 하나는 제나라 임금이 다시 맹상군을 재상으로 쓰게 한 것이고, 다른 하나는 맹상군의 봉지인 설에 제나라 종묘를 세우게 해 맹상군의 입지를 확고하게 한 것이다.

이 고사를 단선적으로 해석하자면 교활함은 속임수로 보인다. 하지만 중국인들은 이 교활함을 풍훤의 말처럼 지혜로 해석한다. 이렇게 말이다.

"하다못해 토끼도 그 정도의 지혜가 있는데, 너는 대안은 있느냐?"

중국에서 사업 하던 선배가 있었다. 성격이 참 좋은 이 선배는 꽤 괜찮은 사업 아이템을 가지고 중국 진출을 모색하고 있었다. 다행히 좋은 직원을 만났는데 이 직원이 동종업계의 경력 많은 친구까지 직원으로 소개했다고 한다. 이 친구는 누가 봐도 괜찮은 직장을 다녔는데 마음 좋은 사장인 선배의 인품에 반해 다니던 직장을 때려치우고 나왔다고 했다.

그러던 어느 날 선배가 나를 찾아왔다. 이런저런 사유로 합작을 준비하던 중국 회사와 협상이 깨져서 중국 진출을 포기하게 되었다고 했다. 다행히 자기를 믿고 따라와 주었던 직원의 친구는 원래 회사로 복귀할 수 있었다고 한다.

"워낙 일을 잘했던 친구였나 봐. 바로 원래 그 자리로 돌아갔더라고. 그 친구라도 손해가 없어서 다행이야".

그럴 수도 있겠지만 나는 그렇게 생각하지 않는다. 아마도 직원의 친구는 애초에 원래 직장에서 한 달 내지 두 달 정도의 말미를 얻어낼 수 있는 이유를 댔으리라. 지혜로운 토끼처럼 말이다. 장래가 불투명한 사업을 위해 좋은 직장을 그냥 때려치우지는 않았을 것이고, 아마도 한두 달 정도 탐색할 생각으로 잠시 원래 회사로부터 양해를 구했을 것이다. 중국에서는 이런 일이 워낙 비일비재하고 특별한 흠도 아니다.

중국식 거짓말에 적응하는 방법

중국에서는 심지어 간단한 문서 위조도 크게 문제 삼지 않는다. 가짜 증빙서 등은 물론이고, 공적인 문서를 정당하게 만들 수 있는데도 편리하다는 이유로 위조증서를 활용하는 경우도 있다. 우리 입장에서 어떻게 이해해야 할까? '変通용통성'이 뛰어난 것일까? 아니면 도덕 불감증일까?

나는 지혜로운 융통성과 도덕 불감증의 중간 어디쯤인가에 있다고 생각한다. 최소한 중국에서 일하려면 또는 중국인을 상대하려면 이건 무조건 잘못됐다고 낙인 찍지는 말자. 물론 이런 일이 계속되면 그때는 당연히 지적하고 고쳐야 한다.

중국인들이 이를 두고 '옳지는 않지만, 그럴 수도 있다'라고 생각하는 것을 보면 이러한 일을 '작은 지혜' 내지는 '요령'이라고 생각하는 듯하다. 다만 그 경계가 우리가 생각하는 것과 다른 것이 아닐까?

이런 중국인들의 태도에 대처하려면 어떻게 해야 할까? 우선 많이 소통을 해야 한다. 주위의 다른 중국인 동료에게 자문하는 것도 좋다. 사실 이 정도의 중국식 융통성에 대해 중국인 동료들은 이미 진실을 훤히 알고 있는 경우가 대부분이다.

이렇게 조언하면 나는 중국말이 서툴러서 안 된다고 하는 사람이 있다. 그렇다면 조선족을 활용하자. 중국에 살다 보면 주변에 친한 조선족 한두 명쯤은 알게 된다. 언어가 불편하면 이런 조선족 직원 또는 친구에게 물어보면 된다.

또 하나의 팁은 "의역하지 말고 가능하면 말한 그대로 통역해 달라"라고 요청하는 것이다. 직역을 많이 듣다 보면 나름의 기준이 서게 된다. 체면을 중시하는 중국 사회에서는 좋은 말은 전하지만 나쁜 얘기는 전달하지 않는 습관이 뿌리 깊게 자리 잡고 있다. 중요한 것은 언어능력이 아니라 언어에 숨어 있는 뜻을 읽어내는 능력이다.

같은 한자 표현도 다른 의미로 쓰일 수 있다

见风使舵 바람을 보며 배의 키를 조정하다

언뜻 보면 융통성 있고 상황에 맞게 처리하는 지혜를 가졌다는 의미 같지만, 좋은 뜻으로 쓰지 않는다. 상황에 따라 행동을 달리하는 교활한 인간을 표현하는 말이다. '狡兔三窟'은 오히려 나쁜 의미가 아니지만 '见风使舵'은 조심해서 사용해야 한다.

三朝元老 삼대를 섬긴 원로

대대로 섬긴 충신이라는 뜻도 있지만, 윗사람이 바뀌어도 살아남을 정도로 신의가 없는 사람이라는 뜻이다. 역시 우리식으로는 좋은 뜻이지만, 중국에서는 절대 좋은 의미가 아니다.

一朝君一朝臣 한 시대의 임금, 한 시대의 신하

임금이 바뀌면 신하가 바뀐다는 뜻이다. 우리 생각에는 임금이 바뀌어도 신하가 바뀌지 않아야 한다. 회사의 사장이 바뀐다고 해서 직원들이 사장 따라 나가면 되겠는가? 그런데 중국에는 사장이나 팀장이 떠날 때나 외부에서 새로운 사장이나 팀장이 올 때 자기 충복들과 같이 움직이는 경우가 많다.

过两天再说 이틀 뒤에 다시 이야기합시다

협상장뿐 아니라 일상생활에서도 자주 듣는 말이다. '충분히 또는 긍정적으로 검토해서 다시 이야기해 보자'라는 의미로 단정해서는 절대 안 된다. 대부분 '지금 이야기하기 곤란하다. 긍정적이지도 않지만, 일단 오늘은 넘어가자' 정도의 뉘앙스로 보면 될 것이다. 중국의 이틀两天은 진짜 이틀인 경우가 거의 없다. 이런 표현은 상대방의 체면을 고려한 중국식 거절로 보아야 한다.

**미엔쯔를 이해하고 활용해야
진짜 중국 전문가다**

见
人
说
人
话　见
鬼
说
鬼
话

사람을 만나면 사람 말을 하고
귀신을 만나면 귀신 말을 한다

한국 본사와 중국 현장이라는 다른 두 상황에서 힘들어하는 중국 주재원들에게 해주고 싶은 이야기가 있다. 슬픈 현실이다.

见人说人话, 见鬼说鬼话 사람을 만나면 사람 말을 하고, 귀신을 만나면 귀신 말을 한다.

기회주의자를 지칭하는 표현이기도 하지만, 주재원으로 인정받으려면 상황과 상대에 따라 유연하게 대처할 줄 알아야 한다. 다만 눈치만으로 살아가며 진실을 왜곡하면 안 될 것이다.

중국 주재원이라면 누구나 현장과 본사 사이에서 고달픈 삶을 살 수밖에 없다. 게다가 누구나 한 번쯤은 본사에서 이런 뒷말을 듣게 된다.

"그 친구는 똑똑한 줄 알고 중국에 보내놨더니 일 처리가 영 시원치 않네."

"공부만 하던 친구를 뽑았더니, 중국어는 잘하는데 눈치가 좀 없어."

이런 이야기는 주재원 생활이 길어질수록 자주 듣게 되는데, 대개 눈치 없는 사람 취급을 받게 된다. 이런 뒷말로부터 자유로운 소위 '실력파'로 인정받는 이들이 있기는 하다. 그러나 아이러니하게도 이들은 중국(현장)에 문외한인 경우가 많다. 현장에서는 눈을 감고 본사라는 현실에만 눈높이를 맞춘 이들이 실력파로 통한다는 말이다. 나는 이런 이들을 시종일관 '본사형 중국 전문가'라고 지칭했다.

원래 중국을 잘 몰랐고 여전히 중국을 잘 모르는 이들이 본사에서 보기에는 오히려 실력파 중국 전문가로 평가 받게 되는 모순은 왜 생겨난 걸까? 뜻밖에 원인은 간단하다. 그들이 중국을 이해하는 눈높이가 본사의 의사결정권자에게 맞춰져 있기 때문이다. 이 둘의 눈높이가 중국의 현장과도 같다면 좋을 텐데, 내 경험에 한정해 말한다면 현실은 그렇지 않다. 최근 한국 기업들이 중국에서 어려움을 겪는 이유는 현장과 보고가 다르거나 현장 상황이 반영되지 못한 의사결정 때문인 경우가 많다.

현장을 중요시하는 주재원들은 의사결정권자들의 의중과 다른 보고를 할 때가 있다. 눈이 현장에 가 있으니, 본사의 심중을 맞추고 싶어도 현장은 그와 너무 다르므로 다른 보고를 할 수밖에 없다. 그런데 본사에서는 이를 곱게 봐 주질 않는다. 그저 "왜 (의도했던) 보고가 안 나오나" "왜 그리 늦나" "그런 게 말이 되나"라고 호통치기 일쑤다. 답을 정해놓고 거기에 맞는 정보를 보내라고 하니 당연히 현장과 본사가 엇박자가 날 수밖에 없다.

그냥 본사의 눈높이에 맞춰버리면 될 텐데, 현장을 아는 이들로서는 속이 탄다. 혹시라도 분석이 틀리진 않았는지 몇 번을 더 실사하고, 관련된 사람을 만나고, 변수를 분석해도 본사가 원하는 결론이 나오지 않는다면 그 상황을 다시 보고할 수밖에 없다. 이럴 때 듣는 말이 "하여튼 중국에서 일하는 애들은 말만 많고 눈치가 없어"

라는 핀잔이다.

중국의 현실을 모르는 본사와의 괴리

중국은 되는 것도 없고 안 되는 것도 없는 사회다. 드러난 규칙을 지배하는 숨은 규칙이 있는가 하면, 절대 안 되는 줄 알았던 일이 명분과 논리만 있다면 가능하기도 하다. 이는 중국 사업 경험이 조금이라도 있는 기업이라면 겉핥기로라도 알고 있는 사실이다. 본사 또한 이 정도 상황 인식은 있다. 이런 상황에서 중국 사업의 진행 여부에 대해 주재원이 보고서를 올려야 한다면 어떻게 해야 할까?

규정이 까다로워서 현실적으로 어렵다고 보고하면 "다른 회사들도 다 지켜 가면서 사업합니까? 그렇게 하면 사업성이 있나요? 실제 중국에서 어떻게 하고 있는지를 보고하세요"란 답이 온다. 탁상공론하지 말라는 뜻이다. 중국에 있으니 현장을 가보고, 규정을 넘어서 추진할 수 있는 방법을 내놓으라고 다그친다.

그런데 규정은 금지하고 있으나 잠규칙潛規則, 눈에 보이지 않는 규칙이나 꽌시를 이용해 우회할 수 있다고 보고하면 본사에서 만족할까? 아마도 십중팔구는 이런 대답이 날아올 것이다.

"규정이 그렇지 않은데 이런 식으로 리스크를 안고 일을 하다가 문제가 생기면 책임은 누가 집니까? 규정을 지킬 줄 알아야지요!"

이 말에는 중국에서 일하는 이들은 편법만 아는 얕은 지식을 가진

자들이라는 비아냥거림도 담겨 있다.

절충적인 보고 방법도 있다. "원래 규정은 이렇게 해야 하는데, 현실적으로는 저렇게 진행해도 된다고 합니다" 또는 "현실적으로 다들 이렇게 하지만, 규정이 엄연히 있으므로 언젠가 큰 대가를 치를 수 있습니다. 규정대로 하시지요"라고 이야기하는 것이다. 본사에서 만족할까? 바로 불호령이 떨어질 가능성이 크다. "그렇게 이도 저도 아닌 얘기를 하면 어떡합니까? 정확한 정보를 주지 않으면 본사에서는 어떻게 결정합니까? 현장에서 책임자의 분명한 의견을 주세요"라고 말이다.

이런 식으로 쪼이다 보면 요령이 생기게 되는데, 내가 쓴 보고 방법은 이렇다.

"규정은 이렇고, 현실적으로 저렇게 운영됩니다. 두 방법은 각각 이런 저런 강점과 리스크가 있습니다. 제 의견으로는 규정대로(또는 현실적으로) 진행하면 문제가 없을 것입니다."

자세한 분석과 의견까지 내놓는 방식이다.

'본사형 전문가'보다 '진짜 전문가'를 믿어라

이렇게 모든 상황을 완전히 파악하고 분석해서 나름 완벽한 보고를 올려도 뜻하지 않게 뒷말에 시달리게 될 때가 있다.

"그 친구는 자기가 무슨 중국을 혼자 다 아는 것처럼 얘기해."

"자기가 할 수 있다고 하니까 할 말은 없지만, 두고 보자."

어찌 보면 중국은 세계 어느 나라보다 정확한 정보를 얻기 힘든 곳이다. 마치 퍼즐을 맞춰가듯 여기저기 흩어진 정보를 모을 줄 알아야 한다. 그러고 나서 중국에 대한 이해를 바탕으로 짜 맞추어, 완벽하진 않지만 그래도 현장을 가장 잘 반영한 정보를 생산해내는 것이 중국 주재원들의 능력이자 의무라고 생각한다.

물론 회사 입장에서 본다면, 완전한 정보를 요구하는 것은 옳은 방향이며 리스크를 줄이는 차원에서 몇 번이나 확인하고 검토해야 하는 것이 맞다. 하지만 리스크가 없는 일은 없다. 다른 경우의 수보다 리스크가 적다면 경쟁력이 있다고 보는 것이 옳다. 이런 관점에서 본사는 중국이란 현장을 중시하는 주재원들을 높이 평가해야 하고, 주재원들도 힘들겠지만, 현장 중심의 의견을 끝까지 고수해야 한다고 믿는다.

우리와 비슷한 듯하면서도 너무나 이질적인 중국이라는 현장에서 묵묵히 열심히 일하다가, 하루아침에 무능한 자 혹은 괴팍한 자로 몰려 회사를 떠나가는 선후배들을 자주 보게 된다. 가슴이 답답하고 시리다. 답답한 것은 저러다가 회사가 어찌 될까 하는 안타까움이고, 시린 것은 자신의 인생을 걸고 일하던 직장에서 내쳐지는 그 상심이 남의 일 같지 않아서다.

투수가 다양한 구질의 공을 던질 수도 있는데 안방을 지키는 포수가 가운데 직구만 던지라고 요구한다면 그 게임은 이기기가 쉽지 않을 것이다. 투수도 잘 던져야 하지만, 포수도 잘 받아 줘야 한다. 중국 현지 전문가의 이야기를 들어 보려는 본사의 노력도 중요하다는 얘기다. 눈높이 보고는 쌍방의 눈의 높이가 같아야 한다. 눈높이가 다르다면 어느 쪽으로 맞춰가야 할까? 최소한 본사도 중국의 눈높이에 맞추려고 노력해야 할 것이다.

한국 기업들이 중국에서 실패하는 이유

안타깝세도 본사에서 인정받는 본사형 중국 전문가들은 늘 본사와 눈높이가 같다. 같은 수준으로 중국을 바라보기 때문에 실패해도 공동의 책임이요, 조직의 실력 한계라고 치부한다. '비록 잘 안 되었지만, 고생했다'며 서로 위로하며 조직 내에서 돈독한 우정(?)을 다진다.

사실 본사형 중국 전문가들은 실패를 잘 하지 않는다. 문제를 해결하는 능력이 있어서가 아니라, 문제를 회피하는 눈치가 있기 때문이다. 즉 애초부터 시도를 안 하는 경우가 많기 때문이다. 이들의 특징 중 하나가 안 되는 이유를 많이 갖고 있다는 점이다. 그래서 몸을 다치지 않는 방법을 안다. 불패의 전문가. 무패를 하는 데 주력하다 보니 제대로 싸워본 적이 없다. 무전無戰이니 무패일 수밖에. 100전 99승 1패의 장수는 그놈의 1패 때문에 조직에서 책임을 지고 옷을 벗지만, 무전무패의 장수는 진 적이 없기 때문에 유능하다고 인정받는 꼴이다.

이런 조직은 절대 발전이 없다. 原地踏步 ^{원래 그 자리에서 걸음을 걷는다}. 수십 년을 중국 사업을 해도 항상 제자리걸음이다. 한국의 기업들이 최근 중국 시장에서 번번이 실패하고 퇴각한다면 그 이유가 이런 현실 때문은 아닌지 되새겨 보았으면 한다.

일하다 보면 실패할 수 있다. 문제는 그다음이다. 실패를 발판 삼아 실력을 쌓고 성공의 디딤돌로 삼아야 한다. 이를 위해서는 현장 중심의 인재를 본사가 안아 주어야 한다. 현지의 이제까지의 본사형 주재원들도 본사의 눈높이에만 맞추려는 유혹에서 벗어나야 한다. 그래야 중국이라는 기회의 땅에 깃발을 단단히 꽂을 수 있다.

기회의 땅, 그러나 행복을 보장하지는 않는 곳

월급쟁이들에게 해외 주재원은 꿈의 보직이다. 요즘에는 많은 기업이 세계 시장에 진출하면서 직원들을 전 세계에 내보내고 있지만 내가 중국으로 발령받았을 때만 해도 해외 근무는 흔치 않은 기회였다.

그런데 막상 일을 시작하면 이런 말이 쏙 들어간다. 대신 주재원들 사이에서 이런 우스갯소리가 돌기도 한다.

"다음 생에 태어난다면 어떤 삶을 살고 싶나?"

"우리 회사 중국 주재원의 부인."

주재원 생활은 생각보다 만만치 않다. 주재원은 하루 24시간이 근무시간이다. 언젠가 밤에 전화기를 꺼놓고 잠을 자고 있는데 집 전화가 울렸다. 비몽사몽간에 전화를 받았는데, 다짜고짜 핸드폰을 꺼놓다니 제정신이냐며 호통을 쳤다. 사장님이었다. 그 새벽에 사람을 찾아서 일을 처리해야 했다. 그 이후로 나는 "제 핸드폰이 꺼져 있는 경우는 비행 중인 경우 외에는 없습니다. 언제든지 연락하세요"라는 말을 입에 달고 산다.

주재원 초기의 일이다. 주재원의 1년 근무일은 365일이다. 한국이 휴일이고 중국이 근무일이면, 현지에 맞게 근무를 해야 한다. 한국이 근무일이고 중국이 휴일이면, 한국 본사와 업무를 맞추느라 제대로 쉬지 못한다. 중국하고 한국이 다 쉬는 날도 제대로 쉬기가 쉽지 않다. 한국에서 또는 중국의 다른 지역에서 회사의 윗분들이나 회사 안팎의 손님들이 휴가차 오기 때문이다. 이런 바쁜 상황은 1인 주재원 또는 법인장이면 더욱 심각하다.

주재원들의 주요 업무 중 하나는 의전이다. 회사 안팎의 손님을 모시기 위해 정말 적지 않은 노력을 한다. 나는 이 의전 때문에 몇 차례나 주요 도시의 최고 음식점 음식을 몽땅 먹어볼 수 있었다. VVIP를 모시기 위해 몇 개 도시를 샅샅이 찾아다니며 역사, 먹거리, 쇼핑까지 공부한 적도 있었다.

하지만 막상 우리 가족들과는 외식 한 번 제대로 못 했다. "당신 그렇게 관광 가이드를 잘한다면서, 우리 애들 좀 데리고 다녀 보시지"라는 아내의 핀잔이 더는 스트레스로 여겨지지도 않을 정도였다. 나는 이런 핀잔을 들을 때마다 이렇게 답하곤 했다.

"일류 주방장은 집에서는 음식을 안 한대."

아이들이 어렸을 때 찍은 사진을 보면 항상 아내와 아들, 딸 세 명만 나온다. 사정을 모르는 분들이 "애들 아빠가 사진을 찍는 걸 좋아하시나 봐요"라고 이야기하는 걸 자주 들었다. 사진에 나만 없는 걸 보고 내가 손수 식구들 사진을 찍어 주었던 거로 오해하신 거다. 사실은 실제로 그 자리에 없었던 건데 말이다.

20년 해외 주재원 생활 동안 가족 여행을 한 건 손으로 꼽을 정도다. 아내는 "딱 한 번"이라고 하는데, 그보다는 더 있지 않나 싶다. 어쨌든 주재원(특히 법인장 내지는 사무소장)은 그 지역을 대표하기 때문에 항상 긴장해야 했고, 시간은 늘 내 것이 아니었다. 人在江湖 身不由己 사람이 강호에 있다 보면 내 몸을 내 맘대로 못한다. 나는 중국 친구들에게 이렇게 농담한다. 人在三星 更不由己 사람이 삼성에 있으면 내 몸을 더 내 맘대로 못한다.

그런데도 나는 행복한 월급쟁이였다고 생각한다. 고생한 만큼 중국을 배울 수 있었고, 사람을 사귈 수 있었으며, 그것이 누구도 빼앗아갈 수 없는 내 자산이 됐기 때문이다. 고생스러운 만큼 얻을 것이 많은 자리가 주재원이다.

그런데 부인들은 완전 다른 세상이다. 물론 남편만 믿고 타국에 와서 언어도 문화도 익숙하지 않아 겪는 고통이 크지만, 한국에서의 삶과 비교하면 이점이 많다. 중국의 일반적인 대기업 주재원 부인들을 놓고 보면 그렇다는 이야기니 오해는 없었으면 좋겠다.

우선 아이들을 국제 학교에 보내면 영어는 물론 중국어까지 배울 수 있다. 교육 수준 또한 국내보다 높다. 집안일은 가사도우미의 도움을 받는다. 멀리 떨어져 있다 보니 한국에서라면 으레 신경써야 할 '시월드(시댁)'에서도 해방이다. 회사에서 기본적인 주거를 제공해주니 주거 걱정도 없다. 골프 같은 고급 취미도 상대적으로 저렴하게 즐길 수 있다. 밤낮 회사일과 잦은 접대에 시달리는 남편들이 보기에 아내의 생활이 부러울 수밖에 없다.

그래서 다음 생에는 중국 주재원 부인으로 살고 싶다는 우스갯소리가 나올 만하다. 지금은 중국의 경제가 발전하면서 물가도 오

르고, 나처럼 장기간 해외 체류하는 주재원들도 적어졌지만, 그래
도 한국에서 삶에 비하면 중국 주재원 생활의 이점은 여전히 많다.

| 3장 |

상징 象徵

숨겨진 정서와 문화를 읽어내자

간체자 도입으로 엿보는
한자에 대한 자부심

尺
有
所
短

寸
有
所
长

척도 짧을 때가 있고, 촌도 길 때가 있다

1992년 삼성의 지역전문가 양성제도 덕분에 대만으로 1년간 연수를 간 적이 있었다. 당시만 해도 중국 본토 여행이 자유롭지 않은 시절이었다. 그런데 운 좋게도 연수 기간에 대륙(대만에서는 중국을 흔히 대륙이라고 부른다)을 방문할 기회가 생겼다. 그때 마침 알고 지내던 캐나다인이 나에게 엄청난 팁이라며 알려준 것이 있다.

"대륙에 가면 대만에서 배운 중국 글자는 전혀 소용 없어. 얼마 전 내 친구들이 중국에 다녀왔는데, 쓰는 문자가 완전히 다르다고 하더라."

나는 이미 중국에서는 대만의 번체자^{繁体字, 우리가 사용하는 한자와 같다}와 다른 간체자^{简体字}를 쓰고 있다는 사실을 알고 있었다. 이 두 글자를 완전히 다른 문자로 오해하고 있던 캐나다 친구에게 한문의 기초가 있으면 간체자도 쉽게 배울 수 있다고 답했던 기억이 난다. 당시만 하더라도 특히 내 캐나다 친구 같은 외국인들에게는 중국 본토에 대한 정보가 그만큼 부족했다.

내가 대학에 다닐 때만 해도 정규 수업에서 간체자를 가르치지 않아서 간체자를 익히려면 독학을 해야만 했다. 다행히 한자를 알고 있다면 어렵지 않게 익힐 수 있는 것이 간체자다. 나도 작은 간체자 사전을 들고 간체자로 된 책을 두어 권 봤더니, 대략 읽을 정도의 수준이 되었다. 물론 아주 생소하거나 새로 만든 한자는 외워야 했지만, 우리가 알고 있는 한자(번체자)와 완전히 다른 문자가 아니라는 데는 이론의 여지가 없을 것이다.

지금은 중국어를 배울 때 간체자를 먼저 익히는 것이 당연할지 모르겠지만, 중국 역사에서 간체자가 도입된 것은 비교적 최근의 일이다. 도입 과정 또한 여러 시행착오를 거쳤다. 간체자 도입의 역사를 되짚어 보면 중국인들의 사고의 일면을 읽을 수 있어서 여기서는 간체자에 관해 설명하고자 한다.

매년 새롭게 탄생하는 한자들

한자는 전설에 등장하는 오제五帝 중 첫 번째 제왕인 황제黃帝, ('황제헌원씨'라고도 불린다)의 사관史官인 창힐蒼頡이 발명했다고 전해진다. 창힐은 눈이 네 개였다고 하는데, 중국의 타자 입력법 중 하나인 창힐수입법倉頡輸入法은 그의 이름에서 따온 것이다. 물론 지금 쓰는 한자가 모두 창힐이 만든 것은 아니다. 오랜 세월을 거치면서 필요에 따라 새로운 한자가 만들어지거나 사라졌다. 나의 대학 은사께서 "중국의 유명한 문장가들은 개인적으로 사전을 만들어 자신의 작품에 사용했을 것"이라고 하셨던 말씀이 기억난다.

지금도 필요에 따라서 새로운 한자가 만들어지고 있다. 예를 들면 카드Card는 '卡우리말로는 지킬 잡'이라고 쓴다. 이 한자는 신용카드信用卡와 명함名片卡 등을 표기할 때 사용된다. 그런데 신용카드나 명함만 보면 상上 자와 하下 자가 겹쳐져 있는 '卡'를 왜 쓰는지 알 수가 없다. 이 글자는 원래 크리스마스 카드처럼 종이가 접혀 있는 형상을 보고 만든 것이라고 한다. 종이 카드를 옆에서 보면 반쪽은 위上에, 반쪽은 아래下에 있다.

한자는 중국 고유의 문화유산이지만 동시에 주변국에도 영향을 미쳤다. 세종대왕께서 한글을 창제하시기 전까지만 해도 우리나라의 공식적인 기록문자는 한자였고, 일본의 히라가나와 가타카나는 한자의 영향을 많이 받았다. 지금의 베트남인 월남에서도 8세기경에 자신들의 민족문자를 만들기 전까지 한자가 정부의 공문에 사용되었고 상류층과 식자층의 문자로 애용되었다. 이런 역사적 사실 때문에 중국 사람들은 한자에 대한 자부심이 매우 강하다.

수천 년간 그 틀을 유지하면서 인류 문화의 '살아 있는 화석'으로 불리는 한자(번체자)는 중국이 1956년 중국문자개혁위원회에서 간체화 방안을 발표하면서 변화가 생겼다. 당시 마오쩌둥은 "일부 교수들은 한자가 세계에서 가장 좋은 문자라고 하지만, 내가 보기에는 서양의 문자가 더 쓰기에 좋다. 우리도 로마자를 써야 한다. 아라비아 숫자 역시 인도에서 발명한 것이지만, 세계인 모두가 사용하고 있지 않은가? 중국의 문자는 반드시 병음拼音, 알파벳으로 발음을 표기한 방식으로 개혁되어야 한다"라며 한자의 개혁을 강력하게 주장했다.

간체자 도입의 역사

사실 한자의 간체화는 중국공산당만 주창한 것은 아니었다. 청나라 후기부터 이미 한자의 병음화 주장이 있었다. 국민당도 중국 본토에서 간체자 사용이 실패로 돌아간 후 대만에서 장제스蔣介石 총통의 명령으로 1952년에 다시 간체자 도입을 시도했지만 실패했다. 1980년에 간체자 사용 운동이 있었지만 역시 큰 흐름을 만들지 못했다.

반면 중국공산당은 1949년 중국문자개혁위원회를 만들어 1952년에 한어병음방안漢語倂音方案을 발표하고 1956년 한자간화방안漢字簡化方案을 공표한다. 중국공산당이 간체자를 도입하려고 한 목적은 복잡한 한자를 간략하게 표기해 문맹을 줄이고, 한어병음화(중국어의 표음문자화)를 추진하는 것이었다. 이를 위해 자주 쓰이는 한자 245개를 간체화하고 한자 15개를 없애는 한편, 54개의 부수를 간체화하는 등의 방안이 구체적으로 언급되었다. 문화대혁명 중에 제2차 간체화 시도가 있었지만, 이 시도는 나중에 취소되었다고 한다. 다시 말해 지금 중국에서 사용하고 있는 간체자는 1956년 중국문자개혁위원회 발표에서 유래한다고 보면 된다. 홍콩에서도 10년 전쯤 간체자를 쓰자는 여론이 형성되기도 했다.

간체자는 '쉽고 간편해서 널리 보급하기 유리하다'라고 하지만, 간체자에 대한 반론도 만만치 않다. '쉽지도 않고, 보급에 유리하지도 않다'라는 심한 반대 의견도 있다. 인간의 인지 능력과 인지 습관 등을 연구해서 심리학적으로 이를 뒷받침하기도 하는데, 여기서는 이

쯤에서 말을 아끼기로 하겠다.

일반적으로 간체자의 효용성은 성공적이라고 평가하지만, 효용성이라는 이점 이외에 잃는 것이 많다는 지적이다.

간체자는 획이 적어서 간단할뿐더러, 이미 민간에서 사용하던 약자略字나 속자俗字를 많이 사용했기 때문에 원래의 한자를 알면 굳이 시간을 내서 새로 배울 필요가 없다. 완벽하지는 않지만 간체화 애초의 목표인 '표의문자의 표음문자화'가 어느 정도 실현됐다고 보아도 무방하다.

이같이 간체자가 가진 장점에도 불구하고, 학술적으로나 문화적으로 다른 의견이 있다. 중국은 56개의 민족으로 구성된 다민족국가이면서 인구 15억 명을 바라보는 대국이다. 소수민족의 언어는 차치하더라도 같은 한족인데도 지방마다 한자의 발음이 완전히 달라서, 각 지방의 방언으로 대화하면 소통이 거의 불가능하다. 이런 현실은 중국어라는 음성언어만으로는 중국인들끼리의 정상적 소통을 매우 어렵게 만든다.

이런 모든 차이를 극복하고 시공을 초월해 중국인들을 이어주는 교량이 사실 한자라고 해도 과언이 아닐 것이다. 한자가 '중화 민족의 문화' 중 정수인 이유를 알게 하는 대목이다. 중화 민족의 정체성은 언어나 발음의 일체감이 아니라 한자라는 문자의 일체감에서 온다고 할 수 있다. 이런 면에서 한자를 뿌리째 개혁하는 방안에 많은 이견이 있었다.

문화적 자부심이냐, 지식의 대중화냐

중국 정부는 보통화普通話, 중국의 표준어를 보급하려고 아직도 많은 시도를 하고 있다. 예를 들어 중국의 방송에는 보통화 자막이 따로 표시된다. 하지만 중국인들은 여전히 자신들의 고향 언어를 더 사랑하고 그 언어 속에서 '소집단'의 정체성을 찾으려는 것처럼 보인다. 개혁에 시간이 걸리는 것인지, 아니면 중국인들의 '和而不同 서로 어울리지만 똑같지는 않다'라는 생각의 연장 선상에서 국가보다는 내 고향을 더 중시하는 구심력이 작용하는 것인지는 모르겠다. 어쨌든 중앙정부의 꾸준한 보통화 보급 노력에도 불구하고, 몇 년 전 광둥성에서는 광둥어Cantonese, 홍콩을 포함해 중국 남서부에서 사용되는 중국어 쓰기 열풍이 불었다. 이는 '天高皇帝远 하늘은 높고, 황제는 멀리 있다' 즉 중앙의 보통화 보급에 순응하지 않는 모습으로 보였다.

중국에서는 일상 언어와 문장에서 사용되는 글인 한자가 다르다. 구어체와 문어체가 상당히 다르다는 말이다. 그런데도, 지방마다 사용하는 언어는 다르지만 사용하는 한자는 같다. 다른 것은 다양함을 주지만, 같은 것은 일체감을 준다.

대만이 간체자 보급에 실패한 것은 문자 개혁 시도를 문화적 시각에서 접근했기 때문이 아닐까 한다. 한자라는 문화유산의 가치를 존중하는 분위기가 강했기 때문에 번체자가 그대로 유지된 것이 아닐까.

반면 중국공산당에서는 문자가 너무 어려워 일반 대중이 알기 힘들고, 그래서 지식은 지식인들만의 전유물이 될 것이라는 주장이 있었다. 특권층에 대한 배타성이 강한 중국은 문맹 타파, 즉 학술 가치보다 보편성과 평등이라는 가치에 방점을 두었기 때문에 간체화를 택한 것이 아닐까 조심스럽게 추측해 본다.

간체자 도입에 대한 평가는 다양할 수 있지만 한 가지 주목할 것이 있다. 수천 년 동안 유지되었던 문자가 단번에 바뀌었다는 점이다. 중국식으로 표현하면 '마오쩌둥 주석의 외로운 영웅적 결정'으로 보아야 할지, 아니면 중국을 포함한 모든 한자문화권 국가를 고려하지 않은 배타적 판단 착오인지에 대한 평가는 전문 학자들의 몫이겠다. 하지만 중국인들 입장에서 보면 '领导行为 지도자의 행위'의 좋은 사례라고 볼 수 있을 것이다.

보통화와 만다린

중국어를 지칭하는 단어들은 많다. 우리의 표준어에 해당하는 중국어는 현지에서 '보통화'라고 부른다. 이밖에 한어^{漢語, 중국인의 말 또는 중국인 중 한족이 사용하는 말}, 화어^{華語, 중화 민족이 쓰는 말}, 中文^{중국말}, 中国话^{중국말}, 國語^{국어} 등으로도 부른다. 일부 중국인이나 화교들 사이에서는 보통화라는 말보다 이런 말들을 더 선호하기도 한다.

왜 중국은 중국어를 중국화^{中国话}보다는 보통화라고 부를까? 그리고 왜 서양에서는 중국말을 차이니즈^{Chinese}라는 단어 말고 만다린^{Mandarin}이라고 부를까? 아래의 해석은 내가 정리해 본 것이다. '썰'에 불과할 수 있지만, 나름 어느 정도 근거가 있다고 생각한다.

중국은 56개나 되는 소수민족으로 구성된 나라로, 공식적으로 소수민족들을 우대하고 포용하는 정책을 채택하고 있다. 중국의 표준말을 국어, 중국화 또는 한어라고 부르지 않고 보통화라고 한 것은 중국의 지배층이며 다수민족인 한족이 소수민족을 배려한 심사숙고의 결과가 아닐까? 같은 중국이라는 나라의 국민이지만, 각 민족의 정체성을 존중한 것이다.

보통화라는 그 단어 자체의 의미만으로는 어느 특정 민족의 언어를 직접 가리키지 않는다. 말 그대로 중국에서 일반적으로 쓰는 말이라는 의미다. 한 나라의 국어로서 권위보다는 소수에 대한 포용을 드러낸 표현이 바로 보통화인 것이다.

그렇다면 만다린은? 스페인어에서 왔다는 설도 있기는 하지만, 제일 그럴듯한 설이 있다. 청나라 때 고급관리들이 사용하던 관화^{官話, 관리의}^{언어}라고 한다. 청나라의 공식 언어라는 의미다. 청은 만주족^{滿洲族}이 세운 나라로 관리들도 주로 만주족이었다. 그러다 보니 서양인과 교류할 때마다 통역관이 "만주 대인^{滿 大人}이 말씀하시길"이라고 시작했다고 한다. 이것이 마치 'in English(영어로 하자면)'처럼 '중국말로 하자면'이라는 의미로 알려졌다는 것이다. '만주 대인'의 영어식 발음은 'man-da-ren'이다. 이것이 변형되어서 나중에 'mandarin'이 되었고, 서양에서는 이것이 중국어를 나타내는 단어로 굳어졌다는 설이다.

'썰'이라고 앞에서 이미 꼬리를 내렸다. 그야말로 믿거나 말거나^{信不信, 由你}다.

**중국인과 더욱 깊이 통하고 싶다면
헐후어에 주목하라**

正
月
不
剃
头

정월에는 머리 안 깎는다

중국인은 일상 대화 중에도 고사성어나 시를 자주 인용한다. 상류층의 언어 유희가 아니다. 정규교육을 받은 사람들이라면 누구나 웬만큼은 한다. 초등학교부터 이런 성어나 시를 외웠기 때문이다. 우리가 유행가 가사를 외우듯, 어릴 때 배운 동요를 기억하듯 고사성어나 시를 기억하고 이를 일상 대화에 가져다 쓴다. 따라서 이런 대화법은 시장에서 물건을 살 때나 길을 물을 때처럼 간단한 대화를 제외하면 필수라고 여기는 게 좋다.

그런데 유감스럽게도 외국인이 이런 중국의 고사성어나 시를 유창하게 사용하는 것은 쉽지 않다. 워낙 그 양이 많고, 관용적이면서도 은유적인 표현이 많아서 자주 듣고 써 봐야 겨우 알아들을 수 있다. 한편으로 이런 성어들은 고전에만 등장하는 것이 아니라 지금도 새로 만들어지고 있어서 외국인 입장에서 따라잡기가 쉽지 않다.

고사성어나 시 등을 틈틈이 적고, 외우고, 기회가 될 때마다 자주 사용하도록 해 보자. 나는 성어나 좋은 표현을 들을 때마다 최대한 적어 두려고 노력했다. 식사자리에서 좋은 표현 하나를 새로 배우게 되는 것도 하나의 기쁨이라 여겼다. '무조건 중국 사람들하고 어울리자. 최소한 하루에 성어 하나라도 배운다. 음식 하나라도 배운다.

분위기라도 배운다'는 것이 내 지론이다.

사전을 통해서 배우는 것도 한 방법이겠지만, 시간도 없고 재미도 없다. 실생활에서 어떻게 사용하는지, 자주 사용되는지 잘 가늠이 안 된다. 현장에서 익히면 언어로 표현이 안 되는 현장감까지 몸으로 익힐 수 있어 좋다.

기억해 두면 좋을 팁 하나. 중국인들은 네 글자로 말을 줄여 쓰기를 좋아한다. 우리에게도 익숙한 사자성어를 떠올리면 된다. 같은 뜻이라도 네 글자로 줄여 표현하면 중국인들이 다른 시선으로 바라볼 것이다. 예를 들면, 중국에는 저렴한 담배도 있지만, 가격을 매길 수 없는 훨씬 고가의 이른바 특제特制 담배가 있다. "그 담배를 피우는 사람은 자기가 사서 피우는 것이 아니고, 그 담배를 사는 사람은 자기가 피우려고 사는 게 아니다"라는 표현을 '피우는 사람은 (자기가) 산 것이 아니고, 사는 사람은 (자기가) 피울 것 아니다抽的不买, 买的不抽'라고 말한다. 운韻이 있어 듣기도 편하다. 말이 재미있어서 거부감도 줄어든다.

헐후어란 무엇일까

중국의 이런 관용적 표현에는 성어와 속담 외에 헐후어歇后语란 것이 있다. 헐후어를 직역하면 '쉬었다가歇 그 후에 하는 말'이다.

헐후어는 오랜 중국 문화의 정수 중 하나다. 최초로 이 명칭이 나타난 것은 당나라 때라고 한다. 헐후어는 때로 역사를 알아야 하고, 문화를 알아야 하고, 중국식 논리에 밝아야 한다. 이를 거꾸로 해석하면, 헐후어를 알게 되면 중국의 역사, 문화 및 사유 방식을 이해할 수 있다.

헐후어는 두 단락으로 나누어져 있는데, 말하는 사람이 앞의 한 단락을 말하면 듣는 사람이 단락을 받아서 말하는 식이다.

예를 들어 보자. A가 보기에 B가 쓸데없는 일에 관여하는 것을 보고, 신경 쓰지 말라고 하고 싶을 때, 다음처럼 헐후어가 오간다.

A: 狗拿耗子 개가 쥐를 가지고 논다.

B: 甭管闲事 쓸데없는 데 신경 쓴다.

쥐를 가지고 노는 동물은 마땅히 고양이여야 하는데, 개 주제에 쥐를 가지고 노는 것은 쓸데없는 데에 신경 쓰는 것과 다름없다. A가 앞 문장을 던지면 B는 관용적으로 '甭管闲事'라고 답한다. 실제로는 A가 B에게 조언하는 것이지만, 대화는 B가 스스로 답을 다는 형식이다. 스스로 깨닫게 하려는 중국식 문화가 반영된 표현법이라고 할 수 있다. 이때 A는 반드시 헐후어의 앞 단락만 이야기하고, B는 스스로 본론인 뒤 단락을 대답하면서 말을 완성한다.

위에 소개한 표현은 일상적으로 자주 쓰이는 헐후어이니 기억해 두자. 그러나 윗사람이나 어려운 사람에게는 쓰면 안 된다.

모르는 사람들이 보면 마치 선문답 나누는 것 같은 헐후어는 중국인 특유의 언어 유희라고 보면 된다. 그만큼 일상적으로 쓰이며 또 헐후어를 쓰는 것만으로도 친분을 쌓는 데 도움이 된다.

내가 보기에 고사성어나 시가 귀족적이라면, 이 헐후어는 평민의 언어다. 때로는 속된 말도 있다. 역사, 문화 외에 일상생활의 사소한 것도 망라한다. 그야말로 생동감이 충만하다.

우리 외국인으로서는 너무 어렵기도 하고, 함부로 쓰기에는 부담이 되기도 한다. 성어나 시는 어느 때나 환영받지만, 헐후어는 때로는 말장난 같은 느낌을 줄 때도 있다. 상황을 봐가며 써야 한다는 뜻이다.

헐후어를 듣게 된다면 그냥 흘려듣지 말고 그때마다 외우거나 메모하는 습관을 지니자. 시중에 헐후어 사전이 있긴 하지만, 중국인들도 모르는 내용이 있을 만큼 방대하고, 때에 따라서 결례가 되는 경우도 있으니 실전에서 배우는 것이 좋다.

중국인과 깊이 통하려면 헐후어를 주목하자

대표적인 헐후어 하나를 소개하고 글을 마무리하겠다.

A: 正月不剃头 정월에는 머리 안 깎는다.

B: 死舅 삼촌이 돌아가신다! (예전을 기억해야지!)

중국에는 정월이 되면 부쩍 머리를 기른 사람이 많다. 한 번은 한국의 높은 분이 새해에 중국으로 출장을 오기로 했다. 마중 나갈 중국인 기사가 장발을 휘날리고 있어 걱정이 된 내가 이렇게 말했던 기억이 난다.

"미안하지만, 다음 주에 중요한 손님이 오는데, 예전처럼 머리를 깎지그래?"

대답이 뜻밖이다.

"미안하지만, 못 깎습니다. 지난달에 깎았어야 하는데 깜빡했어요. 중국 사람은 정월에는 머리를 안 깎습니다. 정월 지나면 깎겠습니다."

정월에 머리를 안 깎는 이런 풍속의 설은 여러 가지가 있으나, 그중의 하나는 청나라 시기에 한족이 만주족으로부터 강제로 변발 당한 것을 두고 '思旧 과거를 생각하자'라는 말에서 나왔다는 설이 유력하다. '思旧'와 '死舅 외삼촌이 돌아가신다'는 발음이 유사하다. '宁为束发鬼，不作剃头人 차라리 죽어서 머리 묶은 귀신이 될지언정, 살아서 머리 깎은 사람이 되지 않겠다'라는 한족의 저항의식이 담긴 셈이다. 그래서 '옛날을 기억해라'라는 말을 하고 싶을 때 이 헐후어가 종종 활용된다.

헐후어가 어렵다고 처음부터 배우기를 거부하는 사람들도 있다. 하지만 중국에서 언어 유희는 말장난의 수준이 아니다. 일상적인 대화이며, 고상한 자리에서도 사용된다.

한때 정상급 외교협상 중에 중국 최고위층이 '하늘도 법도 무서워하지 않는다'라는 말을 했다. 그런데 이것을 바로 말하지 않고 헐후어로 이야기했다고 한다.

和尚打伞 스님이 우산을 쓴다.

이에 대한 대구는 '无发无天 머리카락도 없고 하늘도 없다'이다. 스님은 원래 머리카락이 없는데, 우산을 썼으니 하늘도 가려졌다. 하늘도 없는 것이다. 더 나아가서 머리 발发, 번체자로는 발髮과 법法은 발음이 같다. 그래서 '스님이 우산을 쓴다'는 것에 대한 대구의 의미는 '법도 없고 하늘도 없는无法無天 무뢰한'이라는 의미가 된다. 법을 어기고 제멋대로 악행을 일삼는 이를 지적하는 말이다. 그래서 '스님이 우산을 쓴다'라고 말하면 통역은 '하늘도 법도 무서워하지 않는다'라고 자연스럽게 해석했어야 했다. 그런데 통역관이 이 헐후어를 몰라서 오역했다는 유명한 일화가 있다.

중국인들과 깊이 있는 대화, 유쾌한 교류를 하고 싶다면 헐후어에 대한 관심을 놓지 않아야 한다.

世上无难事只怕有心人 세상에는 어려운 일이 없다. 다만 그런 결심을 하기 어렵다.

人怕事儿, 事儿怕办 사람은 일을 두려워하지만, 일은 사람들이 일을 할까 봐 무서워한다.

대표적인 헐후어의 사례

이 책에는 헐후어라고 지칭하지는 않았을 뿐 이미 헐후어식 표현이 많이 소개되어 있다. 여기서는 대표적인 헐후어 몇 가지를 소개한다. 그 분위기와 사용 방식을 눈여겨보기 바란다.

A: 开会请了假 회의가 있는데, 휴가 냈다.
B: 没出席 출석을 안 했다.

'출석을 안 했다没出席'와 '못났다没出息'는 발음이 비슷하다. '별 볼 일 없다'라는 뜻이다.

A: 两个人打排球 두 사람이 배구를 한다.
B: 推来推去 공을 서로 주고받는다.

말 그대로 '서로 책임을 떠넘기고 있다'는 말을 하고 싶을 때이다. 역사적 사실을 알아야 쓸 수 있는 표현도 있다.

A: 宋江的军师 송강의 군사로군.

B: 无用 쓸모없다, 쓸데없다.

『수호지』에 나오는 양산박 송강 군사軍師의 이름은 오용못用이었다. '쓸모없다' 또는 '쓸데없다'와 발음이 같아서 이런 표현이 생겨났다.

『삼국지』는 중국인들이 자주 인용한다. 유비의 아들인 아두阿斗는 무능한 인물의 대명사다. 그런데도 제갈량은 유비에 충성을 다하기 위해 아두를 주군으로 모셨다. 그렇게 아두에게 준 유비의 천하江山는 결국 삼국을 통일하지 못했다. 아두에게 쓸데없이 잘못 준 것白送이 다. 그래서 '줘 봐야 쓸데없다'라는 말을 하고 싶을 때 아래와 같이 표현한다.

A: 阿斗的江山 아두의 천하로군.

B: 白送 줘 봐야 쓸데없어.

돈을 빌렸는데 안 갚는 경우 '빌려 가기만 하고 안 갚는다'라고 말하고 싶을 때는 이렇게 헐후어로 표현한다.

A: 刘备借荆州 유비가 형주를 빌렸다.

B: 只借不还 빌리고서는 안 준다.

오나라의 손권으로부터 형주를 빌려 놓고서는 돌려주지 않은 고사를 인용한 것이다. 헐후어에는 공자도 등장한다.

A: 孔夫子搬家 공자가 이사 간다.

B: 净是书 온통 책이네.

학문 깊은 공자님의 이삿짐은 책이 대부분이다. 책ʰ과 지다ˢ의 발음이 같다. '해봐야 질 게 뻔해'라는 말을 에둘러 표현한 것이다.

알아두면 힘이 되는 중국의 상징

金玉滿堂

금과 옥이 집 안에 가득하다

중국 음식점에 가보면 금붕어 여러 마리가 연못에서 평화롭게 헤엄치고 있는 그림을 어렵지 않게 볼 수 있다. 이런 그림은 보는 게 아니라 읽는다고 한다. 그림은 '金魚滿塘 금붕어가 연못에 가득하다'라는 의미인데, 읽을 때는 '金玉滿堂 금과 옥이 집 안에 가득하다'으로 읽는다. 금붕어金魚와 금과 옥金玉의 발음이 같고, 연못塘과 집堂의 발음이 같기 때문이다.

　이런 그림을 사업장에 걸어두는 이유는 그림이 그야말로 금과 옥, 즉 재물이 집에 가득하길 소원하는 의미가 되기 때문이다. 새로 이사한 집이나 가게에 이런 그림을 선물하면서 "恭喜发财 돈 많이 버세요"라고 하면 당연히 나쁘지 않을 것이다. 물론 지금은 이런 상징적인 의미만 있는 선물보다는 값나가는 장식물들이 훨씬 환영받는 듯도 하다.

견문이 짧으면 이상하게 보이는 것이 많다

　처음 중국에 가면 우리 눈에는 이상해 보이는 상징들을 많이 만난다. 식당에 가면 배불뚝이 노인이 웃통을 벗어젖힌 채 이상야릇한

미소를 지으며 누워 있는 조각상이 손님들을 내려다보고 있다. 또 전혀 연관성이 없어 보이는 동물이나 식물들이 함께 있는 그림을 어렵지 않게 볼 수 있다. 어느 식당을 가더라도 우리 눈에는 기괴한 것을 넘어 악취미로 보일 만한 동물 장식품들이 요란하게 자리를 차지하고 있다. 내력을 알지 못하면 도저히 이해하기 어려운 것들이다.

따지고 보면 중국은 우리의 이웃이지만 '내가 이미 중국을 알고 있다'라고 생각하는 순간, 우리와 밥 먹는 법부터 자는 법까지 다른 부분이 너무 많다는 데에 당혹감을 느끼게 된다. 개혁개방 이후 중국과 교류가 활발해지고 있지만, 반세기 넘도록 국경이 단절된 시기와 우리가 서구의 문화를 글로벌 표준으로 받아들인 시기가 맞물리다 보니 우리에게 중국은 여전히 낯선 곳으로 다가온다.

少见多怪 견문이 짧으면 이상해 보이는 게 많다. 아는 만큼만 보인다는 얘기다. 자기가 모른다고 해서 함부로 이상하다고 말하지 말라는 뜻도 되겠다.

다름을 차이로 받아들이면 좋겠지만, 안타깝게도 우리 주변에는 다름을 차별로 연결하려는 사람들이 있다. '이상한' 옷을 입고, '이상한' 색을 좋아하고, '이상한' 음식을 먹고, '이상한' 소리를 하는 사람을 배척하려 한다. 이렇게 '이상한 것들'은 따지고 보면 우리 눈에만 이상할 뿐인데도 그렇다. 그런데 그 '이상한' 친구들이 정말 이상한 건지, 그 친구를 '이상하다'라고 생각하는 내가 이상한 건지는 따져볼 이야기다. 누가 그 기준을 정했는가?

이런 고답적 논의가 마음에 들지 않는다면 좀 더 실리적으로 접근해 보자. 중국이라는 국가와 어울리려면 그들의 '다름'이 마음에 들지 않더라도 이해하고 이를 적절히 활용해야 한다. 이런 '다름' 안에는 뒤에서 소개할 한자의 해음諧音 현상은 물론 중국의 역사, 문화, 백성의 사고방식, 세시풍습까지 다양하게 녹아 있다. 중국에서는 어렵지 않게 볼 수 있지만, 국내에는 많이 소개되지 않은 상징인 '세 발 달린 두꺼비'를 예로 들어보자.

상징의 나라, 중국

중국 찻집에 가면 다기 중에 두꺼비가 조각된 것을 자주 보게 된다. 동양화에서도 두꺼비는 중요한 소재다. 특이한 것은 이 두꺼비의 다리가 세 개밖에 없다는 점이다.

흔히 우리는 두꺼비를 못생긴 생물의 대명사로 사용하는데, 차를 따르는 다기로 두꺼비를, 그것도 다리가 세 개밖에 없는 기괴한 두꺼비를 쓰는 이유는 무엇일까? 중국인에게 세 발 달린 두꺼비는 영물로 통한다. 중국에서 두꺼비는 불로장생의 이미지가 있다.

특히 세 발을 가진 두꺼비는 달을 상징한다. 전설 속의 미녀 상아嫦娥가 달에 가서 변한 모습이라는 설이 있는데, 월식 때 달을 삼킨다고도 한다. 달처럼 둥근 동전을 입에 물고 놓지 않기 때문에 두꺼비는 불로장생 말고도 금전상의 이익이나 복을 상징한다.

참고로, 태양의 상징은 '삼족오三足烏' 즉 세 발 달린 까마귀다. 달과

태양을 상징하는 동물의 발이 모두 세 개다. 3이란 숫자가 가진 의미로부터 나름대로 간단한 추측은 할 수 있겠지만, 그냥 개인적인 생각이므로, 편한 식사자리에서 풀어놓는 '썰'이라면 모를까 이 책에 소개하지는 않기로 한다. 어쨌든 우리에게 세 발 달린 두꺼비는 설상가상^{雪上加霜}이지만 중국인에게는 금상첨화인 셈이다.

중국에서 세 발 달린 두꺼비와 함께 주로 상의를 벗은 젊은 남자나 소년, 그리고 동전이 그려진 그림을 많이 볼 수 있다. 이 그림은 정초에 집이나 가게에 걸어놓으면 새해에 많은 재물과 좋은 일이 찾아온다는 길상화^{吉祥畵}이자 연화^{年畵}의 일종이다. 이 그림은 유명한 고사 '刘海戏金蟾 유해가 금두꺼비를 가지고 놀다'를 표현한 것이다.

이 그림에 등장하는 남자는 유해^{刘海}인데, 중국에서는 재물의 신 또는 자선^{慈善}의 신으로 통한다. 왜 유해가 재물의 상징이 되었는지는 여러 설이 있지만 대표적인 것은 다음과 같다.

유해는 본래 오호시대 진나라의 벼슬아치였는데, 우연히 길에서 달걀과 동전 열 개를 달라는 두 노인을 만났다. 두 노인은 유해로부터 이것들을 받고는 동전 위에 달걀을 하나씩 쌓아 올리려고 했다. 유해가 "달걀이 깨질 위험이 있지 않습니까?"라고 묻자, 두 노인이 이렇게 대답했다고 한다.

"네 벼슬살이보다 더 위험하겠느냐?"

이 말을 들은 유해는 갑자기 크게 깨닫고^{恍然大悟}, 도가에 귀의했다는 것이다.

이 외에도 여러 설이 있지만, 어쨌든 유해는 일반적으로 재물의 신이자 돈을 마구 퍼주는 자선의 신이며 두꺼비는 장수와 복을 뜻하니 유해와 두꺼비가 함께 등장한다는 것은 길조 중의 길조인 셈이다. 이런 배경지식 없이 이 그림을 보고 있노라면 정신 나가 보이는 조로한 젊은 사람이 커다란 돈 꾸러미를 빙글빙글 돌리고, 그 앞에는 다리가 세 개뿐인 이상한 두꺼비가 도대체 좋아서 뛰는지 아니면 밟혀서 놀라 뛰는지 알 수 없는 해괴한 그림으로 보인다.

의미를 모르면 당연히 새해 선물이나 개업선물로 이런 그림을 줄 생각도 못 하겠지만, 누군가에게 선물받았을 때 반가운 마음도 들지 않기 마련이다. 우리 눈에는 해괴망측할 수 있지만, 중국인에게는 너무도 친숙하고 반가운 상징들이다.

두꺼비뿐만 아니라 중국에는 거리, 음식점, 사무실 및 가정 등 곳곳에 우리 눈에는 마냥 이상하게 느껴지는 그림이나 상징물들이 많다. 귀신이 나올 것 같은 느낌이나 해괴하고 불쾌할 수도 있다. 그러나 매일 그런 감정으로 상징들을 마주하면 절대로 정상적인 일상을 지낼 수 없다. 반면 이런 상징들이 무엇을 의미하는지 알고 본다면 불쾌함은 사라지고 친숙함과 편안함을 느끼게 될 것이다. 또 이를 잘 활용하면 중국인들과 사귀는 좋은 소재로 활용할 수 있다.

한 가지 더 예를 들어보자. 중국 상점에 가면 고양이와 나비를 함께 수놓은 장식품을 흔히 볼 수 있다. 한 번은 어느 한국인 가이드가 이 그림을 두고 "날아다니는 나비를 잡을 수 있는 동물은 고양이밖에 없어요. 그래서 이 그림은 고양이가 영물이라는 뜻입니다"라고 설명하는 걸 들은 적이 있다. 황당한 이야기다.

고양이와 나비가 등장하는 이런 그림을 모질도髦耋圖라고 한다. 조선시대 김홍도, 김정희 등의 화가들도 모질도를 그렸다. 고양이 묘猫와 나비 접蝶의 중국어 발음은 각각 70세를 의미하는 모髦와 80세를 의미하는 질耋과 같다. 즉, 고양이와 나비 그림은 장수를 기원하는 선물로 이해하면 된다. 그렇다고 요즘 연세 드신 분들에게 이 그림을 선물하면 자칫 오해할 수도 있다. 100세 시대의 건강한 팔순 노인께 여든까지만 사시라는 의미로 오해받을 수 있기 때문이다.

이 밖에도 우리 눈에는 이상하게 보이는 상징들, 인물과 관련된 그림들이 중국에는 참 많다. 이들은 대부분 중국 민간 전설에 등장하는 신선들이다. 풍진 세상을 초월해 사는 신선들은 중국인들이 마음으로 응원하는 대상이다. 그들에게 재물을 빌고, 장수를 빌고, 갖가지 좋은 운을 기원한다. 여담이지만 재물이나 장수를 주는 신들이 흐트러진 모습으로 표현되는 것은 유가의 형식주의와 달리 세상사에 초탈한 도가적 풍모를 담은 것으로 보인다.

중국인들이 가장 친근하게 생각하는 대상들은 자칫 이방인의 눈에는 불편하게 보일 수 있다. 중국인의 이런 경향과 취향은 당분간 바뀌지 않을 것이다. 중국인들이 바뀔 때까지 기다려야 할지, 중국인들에게 바꾸라고 강요할지, 아니면 이방인이 적응해야 할지는 우리 이방인의 선택이다.

이상한 것을 만나도 놀라지 않는 포용력

우리는 지금 좋든 싫든 '중국의 시대'에 살고 있다. 이 표현이 불편하다면, 최소한 중국과 연관된 일을 하는 사람들에게만이라도 이 말은 꼭 하고 싶다. 누가 적응해야 할까? 중국인이 안 바뀌면 나도 그냥 안 바꾸고, 안 보고 살면 될까? 그런데 정말로 그렇게 할 수 있을까?

'少见多怪 견문이 짧으면 이상해 보이는 게 많다'라고 앞에서 얘기했다. 그런데 이런 말도 있다. 见怪不怪 이상한 것을 만나도 놀라지 않는다. 아는 게 많아지면 다른 문화에 대한 포용력도 넓어져서 아무리 이상한 것이라도 더 이상 이상하게 보이지 않는다는 의미도 된다. 중국 문화를 알려고 열심히 따라 배우다 보면, 처음에는 이상하게 보였던 중국인의 관습이 평범하게 보일 것이다. 생소하고 심지어 생경하게 느꼈던 중국의 상징들을 하나씩 알아 가다 보면 당연히 중국을 더 잘 이해하게 될 것이다.

이런 상징을 안다고 해서 당장 써먹을 데가 생기는 것도 아니고, 갑자기 중국에 대한 실력이 급상승하는 일은 결코 없다. 그런데도 소개하는 것은 이런 상징을 알고 있는 것만으로도 중국인과 편하게 어울릴 수 있는 튼실한 기초가 된다고 믿기 때문이다. 얻는 게 적지 않을 것收获匪浅을 확신한다. 이문화異文化에 대한 포용력을 갖는 것은 글로벌 시대의 필수 소양이다. '내가 아는 것이야말로 글로벌'이라는 이상한 확신을 하고 남의 것을 '이상하다' '틀렸다'라고 판단하는 것은 옳지 않다.

판단을 보류하고, 일단 이해하자. 이해가 안 되면 이런 주문을 외워 보는 것도 방법이다.

"다른 것은 다를 뿐이다. 다름과 틀림은 같지 않다."

해음, 어렵지만 적극적으로 배워 보자

回
味
无
穷

씹을수록 뒷맛이 무궁하다

해음^{諧音}이란 발음이 같거나 비슷한 단어를 말한다. 동음이의어라고 할 수 있다. 중국인들은 해음을 활용해 특유의 중의적인 표현을 자주 사용한다. 중국어의 음절 수는 1,300여 개에 달하고 한자는 6만 자가 넘는다. 상용하는 한자만 해도 8,000개에서 1만 개 정도가 된다고 한다. 어느 나라에나 있을 법한 해음 문화가 중국에서 더욱 특별할 수밖에 없는 이유다.

해음 현상만 잘 알고 있어도 중국인과 친숙하게 사귈 수 있다. 그런데 해음은 단순한 동음이의어가 아니라 복잡 다양한 중국 문화를 알아야 이해할 수 있는 경우도 많다. 물론 한 번 듣고 겪어보면 '아하' 하고 손뼉 칠 만한 것도 많다.

신발에 담긴 오해

주재원 생활 초기부터 나를 헌신적으로 도와주었던 직원이 회사를 떠나게 되었다. 그런데 회사에서는 이 직원에게 적절한 처우를 해주지 못했다. 직원은 중국식 관례대로 대우를 원했고, 회사는 사내의 규정만 고집했다. 이 직원은 회사에 불만을 가진 채 떠나야 했다.

현지 책임자로서, 그리고 동생 같이 아끼던 직원을 떠나보내는 처지로서 마음이 몹시 쓰렸다. "현실에 안 맞는 사내규정을 무조건 밀어붙이는 것은 옳지 않다"라며 나름 회사를 열심히 설득했지만, 결과는 좋지 않았다. 퇴직에 따른 아무런 보상도 없이 떠나는 그를 위해 개인적으로라도 선물하고 싶었다.

마침 아내가 외국에 다녀오면서 고급 신발을 사 온 게 있었다. 부족하게 살지는 않았지만 그렇다고 명품 신발을 신을 형편은 못 되었는데 아내가 큰맘 먹고 사온 명품 구두였다. 내가 신기에는 약간 부담스러워서 신지 않고 있던 것인데 누가 봐도 좋은 선물이라는 생각이 들었다. '다른 회사 가거든 꿀리지 말고, 있는 사람대접 받아라'라는 마음으로 줄 요량이었다.

그에게 "회사가 퇴직금을 못 주는 건 미안하지만 규정이라 어쩔 수 없다. 이 신발은 내가 아끼고 보관하던 건데, 네가 신었으면 좋겠다. 다른 회사에 가서도 이 신발 신고 더욱 열심히 하자"라며 건네주었다.

그런데 이 친구와는 그 후 2년이 넘도록 만나지 못했다. 오랫동안 그림자같이 붙어 다니며形影不离 일을 해왔고 서로 공유하는 친구들도 많았는데, 그렇게 오랫동안 한 번도 만나지 못하다니 나에게 서운함이 있었음이 분명했다.

그러던 어느 날 그 친구를 다시 만나게 됐다. 나는 그를 꼭 끌어안고 무언의 사과를 했다. 尽在无言中 말이 굳이 필요 없다. 그야말로 모든 이야기가 말없이 통했다. 내가 이렇게 물었다.

"왜 나를 피했어? 네가 서운했던 건 알지만, 네가 나를 정말 오해한 거야?"

뜻밖의 말이 돌아왔다.

"소장님, 제가 퇴사할 때 왜 신발을 주셨어요?"

신발은 중국말로 '시에鞋'인데, 이 발음이 불길하다는 뜻의 '邪'와 같다. 결국 신발 선물이 '불운을 바란다'라는 의미가 된 것이다. 헤어짐이 안타까워 귀한 것을 주었는데, 받은 사람에겐 '네가 날 떠나다니, 얼마나 좋은 일이 있을지 두고 보자'라는 의미로 전달되었나 보다. 나의 축복이 오히려 그에게 매우 불쾌한 것이 되어 버린 셈이다.

해음 현상을 활용한 선물들

지금은 달라졌지만 예전에는 중국 사람들에게 시계는 선물로 적절치 않았다. 시계는 '钟表'라고 해서, '送钟表 시계를 선물로 보내다'라는 발음이 '送终 장례를 치루다, 마지막 길을 보내다'와 유사했기 때문이다.

하지만 손목시계는 좋은 선물로 이용된다. 장례를 떠올리는 시계는 괘종시계掛鐘로 해석할 수 있으므로(钟과 鐘은 같은 글자다), 손목시계手表는 주어도 괜찮다고 해석할 수 있기 때문이다. 어쨌든 손목시계에는 终 자가 없지 않은가?

다른 예도 있다. 매화가지梅节에 까치喜鹊가 앉아 있는 그림喜上梅节이 있다. 이를 놓고는 '喜上眉睫 기뻐서 눈썹이 올라간다'라고 읽는다. 좋은 일을 비는 의미다. '梅节'와 '眉睫'의 발음이 같다.

박쥐와 동전蝠在眼钱을 그려놓고는 '福在眼前 복이 눈앞에 있다'라고 읽는다. 중국어에서 박쥐는 복을 상징한다. 박쥐 蝠 자와 복 福 자는 해음이기 때문이다. 이때의 동전은 반드시 '眼钱 구멍 난 동전'이어야 한다. '眼钱'과 '眼前'는 해음이다.

중국인에게 해음은 일상이다

중국인들이 '돈을 벌다发财'의 발发과 숫자 8八의 발음이 유사해서 좋아한다는 말은 한국에도 널리 알려져 있다. 중국에서는 차량번호나 전화번호 등에 8자 또는 순조로움을 뜻하는 6자, 오랠 구久를 의미하는 9자를 이용해서 여러 조합을 만들기도 한다.

8888은 한 번도 아니고 계속해서 무제한으로 벌자는 의미겠다. 내 친구 중에는 핸드폰 번호 열한 자리 중에서 통신사 번호 네 자리를 제외한 일곱 개가 모두 8인 친구도 있다. ****8888888 이다. 이 친구와 비서의 차량 번호도 당연히 모두 8888이다.

8514는 '빠워이쓰发我一世'라고 읽는다. '평생 동안一世 돈 벌게发我해 달라'는 기원이다.

9518은 '지우워야오빠'라고 읽는데 얄밉다. 9는 영어의 only를 뜻하는 '지우就'와 해음이다. 1은 '이一'로도 읽지만 '할 것이다'라는 뜻의

'야오要'로 읽을 수도 있다. 그래서 '지우워야오빠'는 '(남들은 모르겠고) 나만은 돈을 벌겠다'라는 의미가 되겠다.

젊은 세대들도 줄임말처럼 이런 해음을 활용한다. 1314 이싼이쓰는 '一生一世 일생 동안' 9494 찌우쓰찌우쓰는 '就是就是 그렇지! 그렇지!'라는 말이다.

농담에도 해음이 많이 사용된다. 세상에서 가장 행복한 민족은 누구일까? 정답은 만족滿族, 만주족이다. '知足者常乐' 知足 즉, 만족滿足을 아는 자가 행복하기 때문이란다. 민족을 뜻하는 族 자와 만족한다는 足 자가 해음이다.

베이징의 어느 발 마사지 가게에도 '知足者常乐'을 간판으로 내걸었다. 특히 足 자를 강조해 놓았는데 '우리 마사지 가게에서는 발足을 잘 알고 있으므로, 손님을 행복하게 해드리겠다'라는 의미겠다.

성어를 변형한 농담도 있다. 정말 예쁘다는 말을 중국어로는 '美丽动人' 즉 '아름다움이 사람을 감동하게 한다'라고도 한다. '감동하게 하다'라는 뜻의 '动'은 '얼리다'는 뜻의 '冻'과 해음이다. 여성들이 한겨울에도 몸매를 뽐내기 위해 옷을 얇게 입는 것을 풍자하는 말이 '美丽冻人'이다. 해석하면 '예쁘게 보이려다가 얼어 죽겠다'라는 뜻이다.

음담패설 같은 농담도 많다. 만두집에 가서 여자 종업원에게 "만두 한 접시에 얼마냐水饺一碗多少钱?"라고 물었다가 뺨을 맞았다. 어찌된 일일까? 종업원은 "하룻밤 자는 데 얼마냐睡觉一晚多少钱?"라고 알아들은 것이다. '만두 한 접시水饺一碗'와 '하룻밤을 자다睡觉一晚'는 해음이다.

중국인끼리도 발음이 헷갈리는 경우가 많다. 그래서 이런 농담도 있다. 인구 조사를 나온 사람과 주민과의 대화다.

조사원: 请问您家是几口人 댁에 식구가 몇 명이지요?

주 민: 是一口人 한 명입니다.

조사원: 十一口 열한 명이라고요?

주 민: 不是十一口，就是一口人 열한 명이 아니고, 한 명입니다.

조사원: 九十一口 아흔한 명이라고요?

주 민: 对了，就是一口人 맞습니다, 한 명입니다.

이 대화에서 '是一口 한 명입니다'와 '十一口 열한 명'는 해음이다. 그리고 '就是一口人 바로 한 명입니다'와 '九十一口 아흔한 명'도 역시 해음이다.

식구가 한 명인데, 조사원이 처음에는 열한 명으로 잘못 듣고, 확인하는 과정에서 다시 아흔한 명으로 잘못 들었다. 주민은 정확하게 한 명이라고 수정해 주었다고 생각한다. 마지막에 "맞습니다. 한 명입니다"라며 '이제야 제대로 알아들었군!'이라고 흐뭇해하는 모습이 연상된다. 하지만 인구조사원은 식구가 91명이라고 기록했을 것이다.

유쾌함 속에 담긴 촌철살인

해음 현상 때문에 실제로 있었던 헤프닝 한 가지. 중국의 어느 뉴스 프로그램에서 있었던 일이다.

기자: 你幸福吗 행복하세요?

행인: 我姓王 제 성은 부(傅) 씨가 아니라 왕(王) 씨입니다.

'幸福 행복합니까'를 '姓傅 성이 부 씨입니까'로 잘못 알아들은 것이다. '幸福'와 '姓傅'는 해음이다. 그래서 자기는 傅씨가 아니고 王씨라고 대답한 거다.

해음과 부정확한 발음, 어법을 섞은 농담도 있다. 서방국가의 대통령 부부가 중국을 방문했는데, 선물로 『역경易經』에 나오는 '厚德载物 덕을 많이 쌓아서 만물을 수용한다'라는 글을 선물받았다. 부인이 고국으로 돌아가서 중국어로 대통령에게 읽어 주었다. 그런데 발음이 틀려서 '好多债务 굉장히 많은 부채'가 되어 버렸다. 대통령이 지적한다. "틀렸어요, 중국어는 오른쪽부터 읽는 거지요" 하면서 '无债多好 채무가 없으면 얼마나 좋을까'라고 읽었다는 농담이다. '厚, 德, 载, 物'는 각각 '好, 多, 债, 务'와 해음, 또는 사투리 발음이 같다.

해음 현상을 단순히 언어 유희 또는 말장난이라고 생각해서는 안 된다. 해음은 중국인들의 뿌리 깊은 전통문화이자 민간의 익살과 해학을 담고 있다. 촌철살인의 풍자와 한 글자로 정곡을 찌르는 날카로움一针见血이 숨어 있는 것이 중국의 해음 문화다.

상징과 해음의 만남

가지와 창

가지^{茄子}는 그 글자에 초두^艹가 있는데, 마치 모자를 쓰고 있는 모양이다. 즉, 벼슬하는 이들이 쓰고 다니는 모자를 연상케 하므로 승진을 의미한다. "승진을 기원한다"라는 선물로 이것만큼 좋은 상징은 없다.

비슷한 의미로 창도 있다. 어떤 중국 식당에서 구석에 걸린 '큰 화병에 창을 꽂아 놓은 그림'을 보곤 어리둥절했던 기억이 있다. 뜻밖에 중국 식당에서는 이런 그림을 많이 발견하게 된다. 창은 '戟'이라고 하는데, 이 발음이 운이 좋다는 '吉'과 같다. 화병을 뜻하는 '瓶'은 평안하다는 뜻의 '平'과 해음이다. 즉 화병에 창이 꽂힌 그림은 '좋은 운과 평안'을 의미한다. '戟'은 또한 승진을 의미하는 '級'과도 해음이어서 승진이나 승급 등을 바라는 의미도 있다.

오소리

오소리는 '獾'이다. '歡^{기쁘다}'과 해음이다. 까치는 '喜鵲'로서 기쁨^喜을 나타낸다. 그래서 오소리가 까치를 바라보는 그림은 '행복을 기원합니다'의 뜻이다. 만약 까치가 표범 또는 살쾡이와 함께 있으면, 표범 豹과 까치 喜가 합쳐져 '豹喜'가 된다. 이것을 '豹'와 해음이 되는 '报 _{보고하다, 알려주다}'로 읽으면 '報喜 ^{기쁜 소식을 전하다}'가 된다. '부디 좋은 소식이 있기를 염원한다'라는 의미다.

대나무

대나무는 중국인들이 좋아하는 나무다. 우리도 매란국죽^{梅蘭菊竹,} _{매화, 난초, 국화, 대나무}을 사군자라 하며 좋아하는데, 참고로 중국에서는 순서가 '매란죽국^{梅蘭竹菊}'이다. 어쨌든 중국에서는 대나무가 겸손을 의미한다. 대나무는 속이 비었기 때문이다.

늘 푸르고 수명이 길어서 장수를 의미하기도 한다. 또한, 대나무의 죽 竹자는 '祝'과 발음이 같아서 '축하하다, 바라다'의 의미가 있다. 앞서 꽃병^甁은 평안^{平安}의 '平'과 발음이 같다고 했다. 그래서 대나무와 꽃병이 함께 있으면 '祝平安' 즉 '평안을 기원합니다'라는 의미가 된다.

메추라기

메추라기는 중국어로 '鵪鶉'이라고 부르는데, 평안의 '安'과 발음이 같다. 메추라기 아홉 마리와 국화가 함께 그려져 있는 그림도 전형적이다. 9는 '久 ^{오래}'와 동음이고, 국화의 '菊'은 바란다는 '祝'과 해음이다. 즉 메추라기 아홉 마리와 국화는 '평안하게 오래 사시길 기원한다'의 의미다.

박쥐

박쥐는 '蝙蝠'이라고 하는데, '蝠'과 행복의 '福'이 해음이다. 중국에서는 오복五福을 말할 때 박쥐 다섯 마리를 그린다. 어린아이들이 날아다니는 박쥐 다섯 마리를 잡아서 병에 넣는 그림이 있다. 병은 평안을 상징한다고 했다. 따라서 이런 그림은 '平安五福自天来 평안하게 오복이 하늘에서 오다'라고 읽는다.

5

숫자 5는 중국 문화에서 매우 중요한 숫자다. 중국은 우리와 달리 사방위가 아니라 오방위다. 동서남북 그리고 중中이 있다. 김용의 무협지를 보면 최고수 다섯 명을 이야기할 때 '동사東邪, 서독西毒, 남제南帝, 북개北丐 그리고 중신통中神通'이라 표현한다. 음악을 구성하는 음계도 오음五音이고 오색五色, 오복五福 등 그 사례는 아주 많다.

파도

파도 무늬는 곳곳에서 보인다. 파도는 '潮'인데 이것은 조정의 '朝'와 해음이다. 즉 높은 관직에 오르라는 소원을 비는 것이다.

부채

부채는 '扇子'라고 하는데, '扇'은 '善 착하다'과 해음이다. 선함을 의미한다.

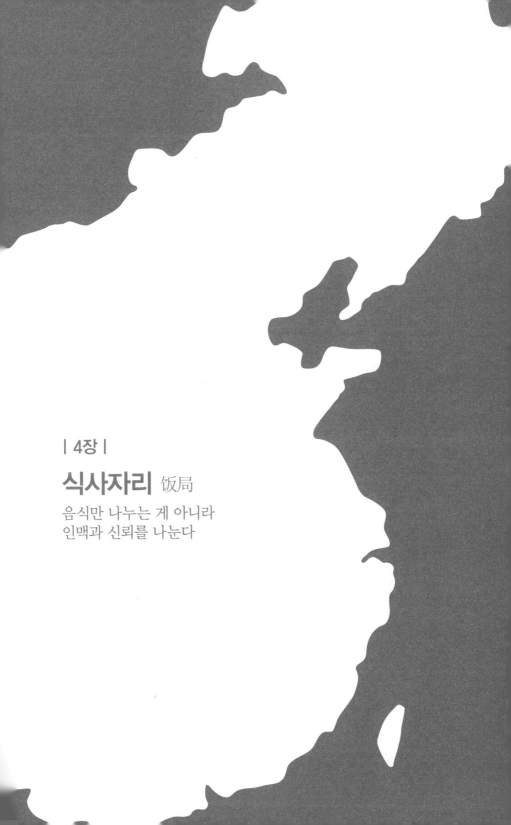

| 4장 |

식사자리 饭局

음식만 나누는 게 아니라
인맥과 신뢰를 나눈다

"식사 한번 합시다"의 힘

醉
翁
之
意
不
在
酒

취옹이 술을 마시는 이유는 술에 있지 않다.

당송 8대가 중에 구양수歐陽修라는 이가 있다. 뛰어난 문인이자 정치가인 그는 자신을 취옹醉翁이라고 불렀다. 술을 좋아해서 스스로 '술 취한 노인'이라고 부른 것이다. 자신이 쓴 『취옹정기醉翁亭記』에서 술을 좋아하는 이유가 사실은 술 자체보다는 술을 마시면서 자연의 풍광을 즐기기 위한 것이라고 고백한다.

중국 사람들은 '원래의 목적은 다른 곳에 있다'라고 할 때 '醉翁之意不在酒 취옹이 술을 마시는 이유는 술에 있지 않다'라는 표현을 즐겨 쓴다. 중국인은 일반적으로 중요한 이야기는 공식적인 자리에서 다 하지 않는다. 이를 모르고 공식회의에서만 협상이 이뤄진다고 믿는다면 원하는 결과를 얻기 어렵다. 만약 누군가 공식회의를 통해서 만족할 만한 결과를 얻은 적이 있다고 한다면, 나는 이렇게 자신 있게 말하겠다.

"아마도 판쥐饭局, 식사자리에서 논의했다면 훨씬 더 좋은 결과를 얻었을 것입니다."

같이 식사하자는 얘기는 단지 끼니를 때우자는 제의가 아니다. 다른 의미가 있는 것이다. 바로 '醉翁之意不在酒'다.

내가 처음 중국 주재원으로 발령받았을 때 맡은 일은 그룹의 프로젝트를 위한 중국 정부와의 창구 기능이었다. 당시 30대 초반이었던 내가 만나야 했던 이들은 주로 중국 중앙정부 관료들 중 최소한 과장급 이상의 고관들이었다. 나이로 치면 적게 잡아도 나보다 열 살 이상 많았고, 관리로 일한 지 20여 년이 넘는 사람들이었다. 내가 얼마나 이들과의 만남에 노심초사했을지 상상에 맡긴다. 그런 노력 덕분인지 20여 년이 지난 지금도 당시 나를 만나 주었던 인물은 물론 그들의 비서(중국의 고관들의 비서는 우리식으로 보면 수행비서관 정도로 보면 된다) 또는 이들의 주변 지인들과도 가끔 연락을 주고받는다. 더 이상 일로 엮여 있지 않은데도 말이다.

그런데 재미있는 것은 이런 연락을 우리나라에서처럼 연말이나 연초, 명절에 인사치레로 하는 것이 아니라 난데없이 한다는 것이다. 어느 날 갑자기 연락하면서 자신의 판쥐에 초대하는 식이다. 늦은 밤에 갑자기 약속 장소로 부르는 경우도 많다. 이런 자리는 주로 중국인들이 서로 자신의 친구 소개, 즉 인맥 자랑을 하다가 함께 아는 이가 대화 중에 나오면 그 자리에서 바로 전화해서 만나자고 하는 경우다. 친구 사이라면 아무리 늦은 시간이라도 크게 결례로 생각하지 않는 것이 중국인들의 기본 사고방식이라고 이해하자.

내가 중국인들과 오랫동안 사귀면서 깨달은 것이 있다. 중국인은 '식사자리'를 우리가 생각하는 이상으로 중요하게 여긴다. 같은 동양 문화권인 우리나라 사람들도 인사말처럼 "밥 한번 먹읍시다"라는 말을 자주 한다. 이런 자리에서는 공식적인 자리에서 하지 못하는 이야기를 나누기도 하고, 서로 친해지는 사교의 장이 되기도 한다. 이렇게 보면 중국이나 우리나라나 식사자리는 별반 다르지 않다고 여길 만하다. 하지만 자세히 들여다보면 사정이 다르다.

식사하며 일하고, 꽌시를 엮는다

우리의 식사자리는 일과 관계된 사람, 즉 필요한 사람만 주로 참석을 한다. 동문회나 동향회 같은 모임이 아니라면 많아야 너덧 명으로 시작해 그 인원으로 끝난다. 전혀 관계없는 사람이 끼거나 관계없는 사람을 부르는 일은 별로 없다.

우리의 경우 사적인 모임이 아니라 공적인 부탁이나 청탁하는 자리라면 용건은 주로 식사 전후에 협의한다. 식사가 본격적으로 시작되면(특히나 반주가 나오면) 될 수 있으면 공적인 이야기는 피하는 것이 우리의 상식이다. 그리고 이런 모임은 부탁할 때와 마치고 난 후 두 번 정도, 단발성으로 끝나는 게 대부분이다.

중국은 다르다. 중국인의 식사자리에는 '저 사람이 여기 왜 있지?' '누군데 저기 앉아 있지?' 싶을 만큼 전혀 상관 없어 보이는 사람도 참석한다. 둘이서 식사하는 경우는 거의 없다. 애초 둘이 약속했다고 여겼는데 가보면 다른 사람들, 그것도 여럿이 앉아 있는 경우가 많다. 그렇다고 그 사람이 참석한다고 미리 언질을 주느냐 하면 그 것도 아니다.

당황스러운 것은 긴밀한 일을 논의하는 식사자리도 마찬가지란 점이다. 일과 전혀 관계없거나 내가 모르는 사람이 앉아 있다. 심지어 식사가 끝날 때까지 중요한 용건은 전혀 꺼내지 않는 경우도 있다. 때론 중요한 협상이나 청탁이 잘 해결되어서 우리로선 서로 더 볼 필요가 없는 사이가 됐는데도 시시때때로 "밥 한번 먹자"라고 연락이 오기도 한다.

우리와 다른 점은 또 있다. 중국인들의 모임은 겉으로 보기에는 참석하는 사람들 간의 동질성이 없어 보인다. 다양한 나잇대, 다양한 직종의 사람들이 어울린다. 재미있는 것은 열 살 이상 차이가 나는 사람끼리도 마치 대등한 사이처럼 서로를 존중한다. 일단 나이부터 묻고 보는 우리나라 사람들에게는 낯선 대목이다. 물론 중국도 지방마다, 민족마다 약간씩 다르긴 하다. 하지만 대체로는 지금까지 설명한 것이 우리와 다른 중국 모임의 특징이다.

왜 이렇게 다른 걸까? 중국인들의 식사자리와 술자리는 단순히 음식을 나누는 자리가 아니다. 이런 자리를 통해서 꽌시가 형성되고, 또 그렇게 형성된 꽌시를 서로 나누고 엮는 것이 식사자리라 하겠다.

식사자리에 빠지지 마라

중국인들과 꽌시를 맺고 싶다면 최소한 식사자리에 빠지지 말아야 한다. 외국인이라면 더더욱 그렇다. 내 경우에는 나를 찾으면 아무리 늦은 밤이라도 무조건 나가는 것을 원칙으로 했다.

나는 베이징에 있을 때 중국인 친구가 "어디 있냐? 이리로 와라"라고 전화하면 이유를 묻지 않고 찾아갔다. 정말 바쁘거나 다른 약속 때문에 바로 갈 수 없다면 "일이 있어서 오래 있지 못하지만, 일단 가겠다"라고 대답하고 늦게라도 찾아갔다. 그런 자리에 나를 부른 중국인 혼자 있는 경우는 거의 없다고 보면 된다. 나를 부른 친구의 얼굴을 세워 주기 위해서라도 꼭 나가는 것이 좋다.

만에 하나 내가 다른 식사자리의 주인이 되어야 하므로 도저히 참석하지 못한다고 하면 이런 대답이 돌아올 때도 있다.

"그 친구들하고 다 함께 와라. 여기서 같이 한잔하자!"

이런 경우 내 일행이 한 명이든 여러 명이든 상관 없었다. 늘 그런 식으로, 보고 싶을 때는 자리에 상관없이 부르고 만났다.

그들을 만나러 가면서 내가 상상하는 그림이 있다. 내가 도착한 것을 보면 내 친구는 아마도 "봐! 봐! 부르면 오잖아你看看，他来了"라고 자기 친구들한테 자랑스럽게 말할 것이다. 대부분 내 예상이 맞다. 대신 이 친구들도 내가 부르면 반드시 나타나 주었다. 일종의 교환의 법칙인 셈이다.

우리가 급할 때만 찾고, 그들이 찾을 때는 이런저런 핑계를 대면 안 된다. 이유와 핑계는 다르다. 핑계가 한 번은 통하지만, 거절이 반복되면 인간관계에 예민한 중국인들은 바로 알아챈다. 정말 나갈 수 없다면 이유를 말하되, 핑계는 대지 말자. 내 경험으로는 그 자리가 어떤 자리인지 궁금해도 "무슨 일이냐?" "누구랑 같이 있냐?"라고 묻는 것은 좋지 않다. 군말 없이, 그야말로 화끈하게 나가는 게 좋다. '우리는 친구니까, 나는 네가 부르면 이유는 필요 없어'라는 인상을 심어줄 수 있다.

갑작스러운 연락에 묻지도 않고 나타나 주는 외국인 친구에 대해 나를 부른 중국 친구는 한껏 체면이 섰을 것이다. 분명 바쁠 외국인 친구가 자기 부름에 묻지도 않고 와 준다면 그 의리에 고맙기까지 할 것이다. 체면은 이렇게 서로 세워 주는 것이다.

사정이 있어서 모임에 늦게 도착한다면 앉자마자 이런 멋진 중국어를 한마디 해주자. 금상첨화일 것이다.

"身在曹营，心在汉 몸은 조조 군영에 있지만, 마음은 늘 한(漢)에 있다."

『삼국지』에서 관우가 잠시 조조 군영에 몸을 담고 있을 때 의형제인 유비를 항시 마음에 두고 있다는 의미로 한 말이다. 빨리 여기에 오고 싶었지만 늦었다, 저쪽 자리에 있을 때도 마음은 항상 여기에 두고 있었다는 뜻으로 보일 것이다.

친한 사이일수록 더 자주 만나라

한 번은 드물게 중국인 친구와 둘이서 조용히 식사했던 적이 있다. 그런데 잠깐 있다 보니 앞의 예처럼 갑자기 전화가 왔다. 사정을 말하자 상대방이 나와 식사하는 사람을 함께 보자고 했다. 이렇게 시작된 모임은 나와 함께 있던 중국인 친구가 자기 친구를 부르게 되고, 늦게 온 친구가 또 다른 친구를 부르며 점점 커졌다. 자리에서 일어날 때 보니 어느새 열여섯 명이 모여 있었다. 서로 자기가 계산해야 한다고 우겨대서 그날 밤 몇 번 장소를 옮겨서 마신 기억이 난다.

다소 허례허식처럼 보일 수 있지만, 오히려 여러 명을 한꺼번에 만나는 이런 모임은 사람을 사귄다는 목적에 초점을 맞춰 보면 매우 효율적이다. 더군다나 다양한 방면의 사람이 모이기 때문에 예상 밖의 인맥을 자연스럽게 늘릴 기회가 되기도 한다. 나도 베이징에 있으면서 지방에서 출장 온 사람들과 이렇게 꽌시를 맺게 된 경우가 많다.

중국에 변변한 꽌시가 없다? 그러면 지금부터라도 중국 친구와 어울리자. 몇 번 만난 친구는 다음번 자기들끼리의 모임에 분명 외국인 친구인 당신을 불러 줄 것이다. 부를 때 나가 주기만 해도 이런 일이 반복되다 보면 몇 년이 지난 후에는 자기도 모르는 사이에 어느덧 든든한 인맥이 내 주위에 넉넉하게 있음을 발견하게 될 것이다.

술은 항상 짝수로 준비하라

중국인들은 여럿이 만나게 되면 고가의 술이나 자기 고향의 술 등을 가지고 온다. 그리고서는 그 술의 내력을 설명하면서 분위기를 띄운다. 한국인이라면, 이야기를 좋아하는 중국인들에게 평소 접하기 어려운 한국 술과 스토리를 가지고 가보라. 좋은 스토리텔링은 아주 오랫동안 그들 사이에서 회자될 것이다.

술은 되도록 짝수로 준비하는 것이 좋다. 중국 말에 '好事成双좋은 일은 반드시 짝수여야 한다'란 말도 있다. 우리는 짝수라면 기껏해야 두 병 정도 생각하지만, 중국 사람들은 두 상자를 준비하는 때도 종종 있다.

한 번은 만나기로 약속했는데, 못 나타난 친구가 있었다. 그 전에 만났을 때 자기가 보관하고 있는 술을 한껏 자랑하더니만 약속 당일이 되어서야 "일이 있어서 참석 못 한다, 미안하다"라는 전화가 왔다. 같이 만나기로 했던 한국인 친구들은 속으로 '그렇지 뭐, 허풍이었나 보지'라고 생각했을 것이다. 나도 반쯤은 그런 생각을 했다. 그런데 약속 장소에 가 보니 식탁 위에 술 여덟 병이 놓여 있었다. 못온다던 친구로부터 전화가 왔다.

"형님, 못 가서 미안합니다. 사람은 못 가도 술은 가야지요."

그렇다고 짝수에 집착하지는 말자. 내 지인 중에 고급 담배 회사 사장이 있다. 이 친구는 연초가 되면 지인들에게 자기 회사 담배를 한 상자씩 보내곤 한다. '반드시 짝수 이상이어야 한다'고 해서 두 상자를 보내기도 애매하지 않은가? 짝수라는 의미는 결국 넉넉하게 베풀자는 것으로 이해하면 될 것이다.

중국의 술 이야기

酒
逢
知
己
千
杯
少

술자리에서 진짜 친구를 만나면 천 잔도 부족하다

李白斗酒诗百篇, 长安市上酒家眠,
天子呼来不上船, 自称臣是酒中仙.

이백은 술 한 말에 시 백 편을 쓰고,
장안시의 술집에서 잠을 잔다.
천자가 불러도 배에 오르지 않고
스스로를 술 취한 신선이라 한다.

두보杜甫의 유명한 시 「음중팔선가飮中八仙歌」 중 일부다. 시에서 이백은 술에 취해 "나는 술 취한 신선"이라며 황제가 부르는데도 가지 않는다. 자신은 속세의 인간이 아니므로 황제라는 세상의 권위는 아무상관이 없다며 계속 술을 마신다. 중국에서는 이것이 호방하고 낭만적인 행위로 여겨진다. 일반화할 수는 없겠지만, 이 시는 술에 대한 중국인의 인식의 단면을 잘 보여준다.

술은 중국인의 소중한 문화유산이며 매일매일 마주하게 되는 중요한 음식이다. 중국인들과의 어떤 자리에도 빠질 수 없는 술에 대한 간단한 지식과 이해는 그들의 문화를 이해하는 방편이자 무궁무진하면서도 부담 없는 화젯거리로 적합하다. 중국에서 술 중의 술인 마오타이茅台주에 대해 간단히 소개해 보겠다.

중국 국가대표 술, 마오타이주

"원자탄은 세계 어디에서도 만들 수 있지만, 마오타이주는 우리 고장에서만 만들 수 있다."

마오타이주의 원산지인 마오타이진鎭, 우리나라 군 정도의 행정구역 사람들이 입만 열면 하는 말이다. 이 말에는 마오타이주의 원산지일 뿐 아니라 유일한 생산지라는 자부심이 담겨 있다.

한때 유명했던 쓰촨 지방의 우량예五粮液는 마오타이주와 중국 최고의 술이라는 명예를 놓고 경쟁했다. '중국에서 가장 유명한 술最有名的酒은 마오타이이지만, 가장 좋은 술最好的酒은 우량예'라는 말은 우량예를 지지하는 사람들이 쓰던 말이다. 그들에게는 유감스러울지 모르지만, 지금으로서는 마오타이주가 중국에서 최고로 자리매김했다.

중국에서는 중요한 접대에 반드시 좋은 술이 함께한다. 중국에는 지방마다 명주가 있는데, 지역의 중요한 식사자리에서는 대부분 두 가지 술 중 하나를 내놓는다. 하나는 그 지방의 명주이고, 그게 아니면 다름 아닌 마오타이주다. 손님에게 선택하라고 할 때도 있다.

마오타이주는 중국 외교 의전에서 거의 빠지지 않는 메뉴다. 이른바 중국을 대표하는 중국의 국주國酒인 셈이다. 우리에게는 간장향

^{醬香}이라는 별난 향기로 유명하고, 가격 또한 놀랄 만큼 비싸다. 그래서 부패한 관리들의 재산목록에는 예외 없이 마오타이주가 있다.

그러다 보니 가짜가 많기로도 유명하다. 중국인들 사이에서도 "우리가 마시는 마오타이는 모두 가짜라고 봐도 무방하다"라는 말이 나올 정도다. 그래서 마오타이주를 준비한 주인은 항상 자신이 준비한 마오타이주의 내력을 설명하는 게 일종의 관례다.

"이 술은 내가(또는 내 비서가) 언제 마오타이 공장에서 직접 가져온 것이다" "마오타이 회사의 고위층이 내 친구(또는 내 친구의 둘도 없는 친구)이다" "마오타이 공장에서 나한테 선물로 직접 보내준 것이다" "우리 부서에서 직접 마오타이 공장에 주문한 것이다"라는 식이다.

중국술 분류법

중국 술의 분류는 다양하다. 일반적으로는 백주^{白酒}, 황주^{黄酒}, 과실주^{果酒}, 약주^{药酒}, 맥주^{啤酒} 등 다섯 가지로 나누는 경우가 많다. 주정의 함량에 따라서 고도주^{高度酒, (40도 이상)}, 중도주^{中度酒, (20~40도)}, 저도주^{低度酒, (20도 이하)}로 분류하기도 한다.

백주만 놓고 이야기할 때는 40도 정도면 저도주(낮은 도수의 술)에 속한다. 40도 정도의 낮은 도수의 백주는 1980년대 이후에야 일반인에게 소개되었다. 제조 방법에 따라, 증류주^{蒸馏酒}, 발효주^{发酵酒}, 배합주^{配制酒}로 나누기도 한다

술 하면 백주를 떠올릴 만큼 백주는 중국의 대표 술이다. 백주는 증류주로 우리가 흔히 '빼갈'이라고 부르는 술이다. 엄격하게 말하면 백주는 '白酒'이고, 빼갈은 '白干儿'로 물을 섞지 않은 백주라는 뜻이다.

백주는 이전에 소주燒酒나 고량주高粱酒라고도 했지만, 최근에는 모두 백주로 명칭이 통일되었다. 중국의 소주는 원료를 발효시킨 후에 증류한 술이라는 뜻이다.

참고로 우리나라 소주는 '燒酒'라고 쓰지 않고 원래는 '燒酎'라고 썼나. 여기서 '酎'란 물을 섞지 않았거나 세 번 빚었다는 의미다. 우리나라 소주는 본래 물을 섞지 않았거나 세 번 빚는 공정을 거쳐 만들어서 그렇게 불렀을 것이다.

백주는 종류도 다양하다. 가오량주나 다취주大曲酒처럼 원료에 따라서 나누기도 하고, 펀지우汾酒나 마오타이주처럼 산지에 따라 나누기도 하고, 두캉주杜康酒처럼 유명인의 이름을 따기도 한다. 혹은 터취特曲, 다취大曲처럼 저장 기간에 따라 나누기도 하고, 얼궈터우지우二鍋頭酒처럼 생산 방법에 따라 나누기도 한다. 너무 복잡하니, 그냥 하얀색의 술은 '백주'라고 부르면 된다. 그래서 조선족들이 "흰 술 하실까요?"라고 말할 때는 백주 마시자는 얘기다.

백주를 분류하는 가장 일반적인 방법은 향에 따라 나누는 것이다. 백주는 향이 독특한데, 향에 따라 다섯 가지로 나눈다. 醬香 간장향, 浓香 짙은 향, 清香 맑은 향, 米香 쌀향, 其他香 기타 향 또는 복합된 향이 그것이다. 간장향의 술은 마오타이주가 대표적이며 우량예는 짙은 향의 대표 술이다. 산서성의 펀지우는 맑은 향, 광서 지방의 산후아지우 三花酒는 쌀향, 시펑지우西凤酒와 동지우董酒는 기타 향의 대표라고 하겠다.

중국 사람들이 "무슨 술을 좋아합니까?"라고 물을 때 굳이 브랜드를 대지 않고 "酱香型 찌앙시항싱" 또는 "浓香型 농시항싱"이라고 말할 정도가 된다면 당신은 이미 중국술 전문가라고 말해도 좋을 것이다.

왜 마오타이주가 특별한가?

마오타이주에 대해 본격적으로 소개해 보겠다. 마오타이주는 꾸이조우貴州성의 런화이仁懷현에서만 생산된다. 이 지역은 윈구이雲貴 고원의 분지라고 하는데, 사실은 협곡이다.

엄격히 말하면 마오타이주는 이 지방에서만 생산된다기보다, 이 지방이 아니면 생산할 수 없다는 게 맞을 것이다. 런화이현이 위치한 츠수이허赤水河谷 반경 2킬로미터를 벗어나면 만들 수 없다고 한다.

한때 저우언라이周恩來 총리의 지시로 마오타이주의 생산량을 확대할 계획을 세우고 전국에 50개의 시범공장을 만든 적이 있었다고 한다. 같은 장인들을 파견해 같은 재료와 같은 공정으로 제조했는데 모두 실패했다고 한다. 그나마 유일하게 인정받은 곳이 쭌이遵義시에서 만든 쩐지우珍酒라고 하는데, 우리에게 그다지 알려진 술은 아니다.

마오타이주는 마오타이진의 자연환경에 영향받는다. 마오타이주의 고향은 기온이 온난하고 습도가 높아 미생물이 대량으로 번식하기에 매우 유리한 환경이다. 여기서 생산되는 붉은 수수는 입자가 작고 껍질이 얇으며 전분 함량이 높다. 이런 재료와 숙성 환경이 마오타이주의 결정적 요소라고 할 수 있을 것이다.

그러나 마오타이주의 맛은 장인의 손맛으로 결정된다. 마오타이주 장인에게 마오타이주 제조 과정에 대해 들은 적이 있다.

"해마다 기온과 습도가 다르다. 당연히 물은 우리 지방의 물을 사용해야 하지만 습도에 따라 수수를 익힐 때 사용하는 물의 양도 달라진다. 한때 계량기를 사용해서 불의 양을 조절했는데 아무래도 경험으로 조절한 것보다 못하다."

계량화된 조리법보다는 장인의 손맛이 술맛을 좌우한다는 자부심이 느껴지는 증언이다.

쩡이씽鄭又兴이라는 전설의 마오타이 명장이 있다. 마오타이주의 전 공정을 통달한 유일한 장인이었다고 한다. 모든 과정을 숙련된 장인의 경험에 의지하다 보니 이 사람은 돈을 주고도 모셔올 수 없었다고 한다.

마오타이진의 모든 마오타이주 공장에서는 "1년 전에 예약하고 계약금으로 금괴를 몇 개씩 줘야 했다. 그러고도 그 사람의 눈치를 봐야 했다"는 말이 나올 정도였다. 마오타이주 제조법은 직계제자에게만 전수된다. '传徒不传子 제자에게는 전수해도 아들에게는 전수하지 않는다'라는 말이 있을 정도다. 소수 직계제자에게만 전수되던 전통은 중화인민공화국 건국 이후에 (아마도 국가의 장려로) 널리 제자를 키우는 것으로 바꿰게 되었다고 한다. 하지만 지금까지도 마오타이주의 고급 제조기술자는 수십 명에 불과하다.

마오타이주에 얽힌 사소하지만 재미있는 이야기들

마오타이주에 관해서는 이외에도 여러 가지 재미있는 이야기가 있는데 두 가지만 더 소개하겠다.

우선, 마오타이주는 외부인들에게는 전체 공정을 공개하지 않는 것으로 유명하다. 『중국의 붉은 별』의 작가 에드거 스노가 "대장정長征 동안 내가 유일하게 들어가 보지 못한 곳이 바로 마오타이주 공장이다"라고 말했다는 설이 있을 정도다.

또 하나는 마오타이주를 만드는 공장의 주모 도가니 깊이는 5~6미터나 된다고 한다. 1960년대 어느 날 제조공 두 명이 도가니에 빠졌고, 이를 본 사부가 뛰어들어 제자 둘을 구했지만 자신은 나오지 못하고 목숨을 잃었다는 이야기가 전해진다. 마치 우리나라의 에밀레종 같은 전설적인 이야기다. 그 이후부터는 주모를 길어내는 공정만큼은 유일하게 기계를 사용한다고 한다.

그런데 주모 도가니의 깊이가 5~6미터나 되다 보니 어느 위치에 있는 주모를 사용하느냐에 따라 빚어지는 술의 향이 달랐다. 맨 아래의 주모를 사용한 마오타이주의 맛은 '窖底 도가니바닥향' 중간은 '醬香 간장향' 맨 위는 '醇甛香 달콤한 향'이라고 한다. 이후에 중간에 있는 향인

간장향이 마오타이주의 대표적인 주종이 되었다.

마오타이주 제조법에 관해 소개를 해보면, 마오타이주 역시 술을 섞어 만든다. 그러나 다른 술들과 달리 오래된 마오타이주와 다른 원료를 섞는데 그 수가 적게는 40가지에서 많게는 2,000가지라고 한다. 재료에 따라, 그리고 마오타이주 원액의 제조연도에 따라 같은 마오타이주라도 맛이 천차만별이다.

만드는 과정도 다른 백주에 비해 오랜 시간이 걸린다. 보통의 백주, 예를 들면 쓰촨의 우량예는 3개월이면 만들 수 있다. 그러나 마오타이주는 시장에 나오기까지 최소 5년이 소요된다. 3년을 밀봉해 발효시킨 후에 4년 차에 여러 가지 재료를 섞은 후에 다시 2년을 발효시킨다. 그러고 나서 병에 담기 전에 마지막까지 섞어가면서 맛을 일치시킨 후 비로소 시장에 내놓는다고 한다. '핑퐁외교' 당시 닉슨 미국 대통령이 마시면서 세계적으로 유명해진 마오타이주는 30년 된 마오타이주를 기본으로 만든 것이라는 설이 있다. 물론 확인할 길은 없다.

중국에서 중국인처럼 주문하는 법

回
头
是
岸

고개를 돌리니, 바로 피안(彼岸)이더라

대략 14억 인구, 22개 성(대만 제외)과 5개 자치구, 한족을 제외하고도 55개의 소수민족으로 이뤄진 중국은 그야말로 상상해본 적 없는 음식이 존재하는 곳이다. 중국 요리를 모두 외우는 것도, 맛보는 것도 불가능하다.

하지만 식사자리를 중요하게 여기니 중국 음식에 대한 기본적 이해는 반드시 필요하다. 도대체 이 간극을 어떻게 메워야 할까? 回头是岸 개심을 하면 바로 극락이 보인다. '중국인처럼' 중국 음식을 대하면 단번에 해결된다.

상상초월의 중국 요리

天上龙肉, 地上驴肉 하늘에는 용고기, 땅에는 당나귀고기. 세상에서 가장 맛있는 음식은 첫 번째는 용고기요, 두 번째는 당나귀고기라는 의미다. 용은 상상의 동물이니 용고기도 세상에 존재하지 않는다. 여기서 말하는 용고기는 동북지방에 사는 메추라기 비슷한 새를 지칭한다는 설도 있지만, 어쨌든 그렇다.

중국식 표현에선 제일의 자리를 대부분 용고기처럼 '없는 존재'에 게 헌납하는 경우가 많다. 겸손이 미덕이기도 하지만 '내가 제일'이 라고 함으로써 굳이 공격받고 싶지 않아서다. 『주역』의 괘 중에 항용 유회亢龙有悔가 있다. 용이 너무 높이 오르면 후회할 일이 있다는 뜻이 다. 겸손하라는 말이다. '人怕出名猪怕壮 사람은 유명해지는 걸 두려워하고, 돼지는 살 찌는 게 두렵다' 또는 '高处不胜寒 높은 곳에 오르면 추위를 이기기 힘들다'라는 말을 가슴 에 새긴 중국인 특유의 2등 전략이 아닌가도 싶다.

결국 당나귀고기가 맛있다는 말을 하고 싶은 거다. 이쯤 되면 "아 니, 당나귀고기도 먹어?" 내지는 "당나귀고기가 그렇게 맛있어?"라 고 할 것이다. 당나귀고기가 아니라 노루고기라고 들었던 분도 있을 것이다. 노루고기 설은 또 다른 이야기로 여기서 말하기는 거북하 다. 여기서는 일반적인 설을 소개하겠다.

그런데 이런 식의 천하제일 요리는 중국에 적지 않게 존재한다. 중 국인들의 요리 재료는 상상을 초월한다. 네 발 달린 것 중 의자와 자 동차 빼고, 하늘에서는 비행기 빼고, 바다에서는 잠수함 빼고 다 먹 는다는 농담이 있을 정도다. 세상에 드문 동물도 굳이 찾아서 음식 으로 만든다.

"내일 저녁 약속 있느냐? 내 고향에서 좋은 와와위娃娃鱼, 일종의 큰 도롱뇽 를 보내왔는데, 귀한 거야. 딴 데서는 먹기가 쉽지 않은 요리야. 내 일 와라!"라고 초대하는 식이다. 여기에 매미, 지네, 전갈 등 혐오식 품까지 포함하면 그야말로 정신이 없다.

중국인들이 음식을 중요하게 여기는 이유

중국인들은 왜 이토록 음식을 중요하게 생각하는 것일까? 중국 음식은 중국 문화의 정수라고 한다. '吃穷'이라는 표현이 있다. '먹어서 가난해지다'라는 뜻이다. 중국 사람들이 '우리는 음식을 너무 밝혀서 먹다가 가난해진 거다'라고 할 때 쓰는 말이다. 음식 낭비벽을 비판하는 의미도 있지만, 자신들의 음식 문화에 대한 자부심을 담았다고 볼 수 있다. "중국 음식이 최고니까 맛있고 다양하니까 당연히 먹는 데 많이 소비하는 거 아닌가요?"라고 대꾸해 주면 다들 "그건 그렇지!"라고 고개를 끄덕인다.

설령 중국 음식에 대해 그다지 좋지 않은 견해를 피력하는 중국인을 만난다 해도, 이들이 자신의 음식 문화를 낮게 본다고 생각한다면 오해다. 이런 특별한(?) 중국인들은 아마도 "이 음식점은 뭐가 나쁘고, 이곳 음식은 뭐가 나쁘고"라는 식으로 말할 것이다. 재미있는 것은 이런 사람들조차 자신의 고향 음식에 대해서는 자랑하느라 입에 침이 마른다.

중국이라는 큰 개념보다는 자신의 고향, 친구, 가족 등 나와 가까울수록 훨씬 선호하는 중국의 전통문화를 기억하자. 파문이 일 때 동심원에 가까울수록 무한신뢰를 보내는 중국의 '우리' 개념을 여기에도 접목시킬 수 있을 것이다. 꽌시의 특징 중 구심력의 작용에 해당한다. 중국 음식을 좋아하지 않더라도 자신의 출신 지방 음식은 좋아한다. 그 지방도 당연히 중국임을 기억한다면 이들 역시 중국 음식에 자부심이 있다고 보면 되겠다.

先做朋友, 后做生意 먼저 친구가 되고, 그리고 나서야 장사를 한다. 중국에서 사업할 때 사업 이야기만 해서는 친구가 될 수 없다. 친구가 되는 가장 좋은 방법 중 하나가 함께 식사하고 대화를 나누는 것이다. 친구가 되고 사업을 하게 되면 부정적이지 않은 방법이나 명분을 가지고 부정한 대가가 아닌 '礼轻情意重 선물은 가볍지만, 성의는 가볍지 않다'한 선물을 가지고 꽌시를 다질 수 있다. 음식을 아는 것은 단지 '식사'로 끝나는 것이 아니라 상대방의 문화에 대한 존중과 이해를 드러내는 좋은 통로가 된다.

나의 중국 음식 수련기

한국에서 흔히 접할 수 있는 중국 음식은 주로 산둥, 광둥 또는 쓰촨 지방의 음식들이 우리 입맛에 맞게 변형된 것이다. 최근에는 조선족들이 운영하는 양꼬치 전문점이 대중화됐고, 중국에서 대중적으로 유명한 북경 오리 식당 프랜차이즈도 흔치 않게 볼 수 있다. 우리나라 사람들도 이제 '한국식 중국 음식'이 아닌 '본토 중국 음식'을 맛볼 수 있게 되었다.

그런데 한국인 중에서 중국에 있는 중국 음식점에서 '중국 사람처럼' 음식을 주문할 수 있는 사람은 별로 없다.

중국의 4대 요리, 5대 요리 등에 대한 설명은 생략하겠다. 인터넷에서 찾아보면 쉽게 확인할 수 있고, 수고스럽게 외워 봐야 실전에 별로 도움이 안 된다. 식당 이름을 보고 '여기는 이런 음식을 주로 하는구나' 하는 정도만 알면 괜찮다.

그런데 어느 지방 음식점이라는 간판을 걸었는데도 막상 들어가 보면 다양한 지방의 음식을 함께 파는 식당이 대부분이다. 그래서 특정 지방의 음식에 관해 공부하는 것은 수고는 배로 하고 얻는 것은 반事倍功半이 된다.

관건은 중국 음식을 아는 것이 아니라 '중국 사람처럼' 음식을 시킬 수 있느냐다. 중국에서 일하는 입장에서 중국 현지인들은 물론 한국에서 찾아오는 임원, 동료, 고객을 접대하려면 중국 음식에 대해 웬만한 중국인만큼은 알아야 한다는 것이 내 지론이다.

한국에서 경험했던 중국 음식이나 중국 음식점을 기억하고 중국에서도 먹는 문제를 쉽게 해결할 수 있다고 생각하면 안 된다. 왜냐하면, 한국에 있는 중국 식당들은 당연히 한국인들이 주문하기 편한 메뉴를 준비하고 있고, 주문 방식 또한 한국화되어 있기 때문이다.

사실 일주일에도 몇 번씩 중국 식당에서 손님을 모셔야 하는 주재원도 상황은 비슷하다. 이런 부담감 때문에 "중국 요리 드시면 부담되시지요? 편하게 한국 식당 가시지요"라며 한국 식당으로 안내하는 이들도 많다. 중국 음식점에 가끔 간다 해도 대부분 타오찬套餐이라는 세트 요리를 시킨다.

중국에 살거나 다녀온 사람 중에는 나의 이런 말에 고개를 갸웃거

릴 이들도 있을 것이다. 요즘 중국의 대도시 음식점 메뉴판에는 사진으로 음식을 친절하게 설명해 놓은 곳이 많다. 사진만 잘 보고 음식을 주문하면 되지 않느냐고 반문할 수 있다. 그러나 10년 이상 중국에서 살아도 중국 식당에 가서 '중국인처럼' 주문을 하기는 만만치 않다.

나 역시 오랫동안 중국 음식점에 한국 손님을 모시고 가기가 두려웠다. 주문할 줄 몰라 늘 편치 않았다. 마치 음치가 노래방에 간 느낌이었다. '나보고 주문하라고 하면 어쩌나'라는 불안감이 있었다. 牽一发而动全身 머리카락 한 올을 당겨서 몸 전체를 부릴 수 있다. 핵심을 아는 게 중요하다. 立竿见影 장대를 세우면 바로 그림자가 생긴다. 바로 효과를 볼 수 있는 방법이 있다.

중국 사람들도 중국 음식을 모른다

회사에 입사한 후 대만으로 1년 정도 연수를 갔다. 이 기간에 그동안 궁금했던 중국 음식에 대해 배우고 싶었다. 도착하자마자 중국 음식과 관련된 책부터 읽어 봤다. 틈나는 대로 중국어 공부도 할 겸 요리책을 열심히 봤다. 3개월 정도 공부하고 나름 공력을 쌓았다는 생각이 들었을 때, 현지인들이 자주 가는 식당에 가보기 위해 중국인 친구와 약속을 잡았다.

약속을 잡은 친구는 대만에서 유명한 요리사의 아들이어서 나름 도움이 될 거라고 생각했다. 대중적이지만 유명한 식당에서 만난 후 그가 어떻게 주문을 하는지 볼 요량으로 이렇게 말했다.

"주문해 주세요. 나는 잘 모르니까."

그런데 뜻밖의 대답이 돌아왔다.

"나는 이 지방 음식을 몰라. 네가 자주 와 봤으니 네가 해 줘."

恍然大悟 문득 크게 깨달았다. 지금까지 내가 느낀 불안의 정체는 알고 보니 나만 모른다고 생각했던 데 있었다. 그런데 어차피 중국인조차 모른다면 내가 다 알아야 한다는 일종의 강박관념은 애당초 틀린 생각이다.

중국 사람이라고 모든 중국 음식을 다 알지는 못한다. 우리나라도 지역에 따라 음식 문화가 다른데, 드넓은 중국에서 음식 문화의 차이는 상상을 초월한다. 이 차이를 다 안다는 것은 애초 불가능하다. 그래서 중국 사람들도 처음 가본 지방이나 식당에서는 "나도 이곳 음식은 잘 몰라, 네가 주문해 줘"라고 한다. 단일민족에 하루 생활권을 가진 우리나라는 음식에 대한 큰 틀을 대략 알 수 있지만, 중국은 이것조차 쉽지 않다.

그때부터 책은 덮어 두고 먹으러만 다녔다. 그야말로 현장에 발을 담근 것이다. 하루 중 점심, 저녁 두 끼를 학교 근처 식당을 돌아다니며 매번 다른 음식을 주문했다. 주말에는 사람들을 모아 학교 주위를 벗어나서 큰 식당도 찾아다녔다. 재미가 쏠쏠했다. '나만 못 시키는 게 아니라 중국 사람도 모르는데'라는 깨달음이 나를 '주문 공포증'에서 자유롭게 했다. 조금 건방지게 말하면, 나는 중국 어느 곳에 가서라도 '중국 사람처럼' 음식을 주문할 수 있다.

외지에서 온 중국인처럼 주문하기

다시 말하지만 내가 중국 음식을 모두 잘 알고 모두 주문할 줄 안다는 말이 절대 아니다. '나는 중국 사람처럼 주문할 수 있다'고 한 표현을 정확히 수정하자면, 대부분 모르는 식당에 가서 '외지에서 온 중국 사람처럼' 음식을 주문할 수 있다는 뜻이다. 늘 제대로 시키지는 못하지만, 최소한 '외지에서 온 중국 사람처럼' 음식을 주문할 수는 있다.

별난 일을 담당한 적도 있었고, 운이 정말 좋아 몇몇 도시의 고급 식당 음식을 모두 하나씩 음미해 볼 기회도 있었다. 중국 친구들이 지방에서 올라오면 "베이징에서는 어느 음식점이 네 고향 정통음식이야?"라고 그 지방에 관심을 표하면서 그 친구들 고향을 대표하는 음식점을 소개받았다. 시간이 나면 젊은 직원을 꾀어서 "요즘 뜨는 데가 어디야?" 하며 찾아다녔다.

음식에 대해 나름 깨달음(?)을 얻고, 그 이후에는 다양한 지방의 음식을, 서민적인 것에서 최고급 음식까지 기회가 될 때마다 먹어 봤다. 틈나는 대로 주문하는 방법이나 대략적인 특성을 기억하려고 노력했다. 외국인으로서 '나만큼 중국 음식을 다양하게 먹어본 사람은 없다'라고 감히 단언할 수 있다.

그런데 결론은 20년 전하고 별반 차이가 없다는 것이다. 그저 '외지에서 온 중국 사람처럼' 중국 음식을 주문할 수 있을 뿐이다. 다만 '중국 사람도 자기 고향음식 이외에는 매우 낯설다'라는 사실을 발견한 다음부터는 중국 음식점에서 더 이상 조급해하지 않았다. 음식점에서 지배인과 음식에 대해서 상의해 가며 주문하는 여유도 생겼다.

음치는 노래방에 가지 않으면 된다. 하지만 중국에서 생활하면서 중국 음식점에 안 갈 수는 없다. 人在江湖, 身不由己 강호에 살다 보면 내 몸을 내 맘대로 할 수 없다. '나보고 주문하라고 하면 어쩌지?' '이 음식이 뭐냐고 물으면 어쩌지?'라는 불안을 경험한 적이 있는 분들을 위해 용기 내어 적어 본다.

중국 음식점에서 주문할 때 알아두면 좋은 것

• 메뉴판에 개별 음식으로 소개된 것은 대부분 비싼 경우가 많다. 상어지느러미나 전복, 제비집 등의 고가 요리는 대부분 개별 음식이다.

• 같은 재료의 음식은 될 수 있으면 중복 주문을 피한다. 예를 들면 소고기, 돼지고기, 물고기, 오리나 닭 등의 요리는 하나씩만 주문하는 것이 더 세련되어 보인다.

• 해산물은 비싼 경우가 많다. 해산물을 재료로 많이 사용하는 광둥 요리가 다른 지역에 비해 비싼 이유이기도 하다. 내가 자주 하는 우스갯소리가 있다.
"중국 음식도 8대2의 파레토 법칙이 적용된다."
예를 들면 비싼 것 20퍼센트가 음식값의 80퍼센트를 점한다. 뒤집어 말하면, 아무리 좋은 음식점이라도 비싼 것만 피해서 주문하면 값싸고 훌륭한 음식을 맛볼 수 있다. 20퍼센트의 식대만 내면 80퍼센트의 비싸지 않은 훌륭한 음식을 즐길 수 있다는 얘기다. 물론 여기에서는 술값은 제외다. 술은 따로 설명하겠다.

- 음식의 양은 '일 인당 한 종류'를 기본으로 생각하면 대략 문제가 없다. 중국인끼리도 서로 서먹서먹한 자리에서는 "그럼 우리각자 하나씩 주문합시다"라고 제안하는 경우가 많다. 물론 초대한 사람이나 그 지방의 음식을 제일 많이 아는 사람이 맨 나중에 주문하면서 부족한 음식의 종류를 보충함으로써 전체 음식의 균형을 맞춘다. 음식점마다 양은 다르지만 일단 이런 기준을 세워 놓고 음식을 주문하면 크게 예의에 벗어나지는 않는다.

- 주문할 때 두세 개 요리를 '예비용'으로 염두에 두고 메뉴를 짜자. 음식점 또는 합석한 사람의 양을 모르고 많이 시켰다가 지나치게 남으면 곤란할 수 있다. 모자랄 경우를 대비해 두세 개정도를 유의해 두면 매우 유용할 것이다. 물론 '몇 개 시키기도 벅찬 데 무슨 예비까지'라는 생각이 드는 사람도 있겠지만, 어쨌든 이런 방법을 기억해 두면 도움이 될 것이다. 이렇게 남겨둔 '예비 요리'는 나중에 음식이 모자랄 때 추가로 주문하면 좋다.

- 면, 밥, 만두 등의 주식은 처음 주문할 때는 일단 보류하고 상황을 봐서 후에 합석한 사람들의 의견을 듣고 결정하면 된다. "혹시 식사 주문할까요?"라고 물어보면 된다.

- 주문하고 나서는 주문한 음식이 어떤 것인지를 간단히 설명하면 좋다. 어렵게 설명할 필요 없다. "소고기, 돼지고기, 오리고기, 생선 그리고 몇 가지 채소를 주문했습니다"처럼 재료만 설명해도 좋다. 너무 자세히 설명하면 어떤 한국 사람들은 불쾌해하는 경우도 있다. 잘난 척한다고 생각하기 때문일 것이다. 또는 '밥 한 끼 먹는 건데, 뭐 그리 복잡하냐'라고 생각하는 한국 사람도 적지 않기 때문이다. 식사를 말 그대로 식사로만 생각하기 때문인데, 중국에서의 식사자리는 식사 이상의 큰 의미가 있음을 알아야 한다.

  어쨌든 주문한 음식을 간단하게라도 설명해야 한다. 그래야 합석한 사람들이 '전체 음식의 양'을 감잡을 수 있기 때문이다. 잘못하면 처음에 나오는 요리로 배를 채우다가 나중에 나오는 좋은 음식에는 손도 못 대는 상황이 생길 수 있다.

- 주문하면서 종업원에게 "이 정도면 양이 어떤가?"라고 물어보는 것도 좋다. 다만 매출을 올리기 위해서 고의로 많이 주문하게 하거나 일을 갓 시작한 종업원이라 잘 모르면 실제 식탁에 오른 양이 당초 종업원의 말과 다를 수 있다. 이 정도의 리스크는 어쩔 수 없는 게 아닌가 싶다. 이런 상황은 중국인들도 어쩔 수 없다.

- 웬만하면 매번 한두 개의 새로운 음식을 탐색해 보자. 손님과

함께 있을 때라도 20퍼센트 정도는 모르는 음식을 주문해 보자. "제가 몇 개 요리는 평소 못 먹어 본 것을 주문해 봤습니다. 중국에 오셨으니 한 번 도전해 보시지요?"라고 말했을 때 불쾌해하는 사람은 별로 본 적이 없다. 물론 뒤에서 무슨 말을 할까 염려된다면 굳이 그럴 필요는 없겠다. 이렇게 앞에서는 웃고 뒤에서는 험담하는^{笑里藏刀} 사람들하고는 뭘 먹어도 불편하다.

메뉴로 배우는 중국 음식

迎
刃
而
解

얽힌 실타래도 날카로운 칼을 들이 대면 술술 풀린다

'외지에서 온 중국 사람'처럼 즐기는 것만으로도 충분히 중국 음식 문화의 정수를 맛볼 수 있다. 하지만 음식을 주문하기 위해서는 이름을 구성하는 재료와 요리법, 형태에 대해 알아둘 필요는 있다.

여기에 더해 중국 사람들이 식사자리에서 빠지지 않고 꺼내는 '음식에 관한 다양한 이야기'와 그 이야기를 풀어가는 방식을 알아두면 현지 비즈니스 및 친구 사귀기에 분명 유용하다.

글을 읽기 전에 당부하고 싶은 것이 있다. 중국 음식은 전문가들이 책 여러 권을 써도 다 담아내지 못할 만큼 방대하다. 그러니 여기서 소개하는 내용은 한국 사람들이 중국 사람들과 만났을 때 상식적으로 알아두면 좋을 정도의 얕은 내용이다. 음식과 관련해서 제대로 공부할 시간이 없거나 엄두가 나지 않는 사람들에게 조금이나마 도움이 될 만한 내용을 추려 보았다.

음식을 두고 중국 사람들이 어떤 이야기를 주고받는지부터 알아보자. 우리도 새로운 음식을 먹게 되면 이 음식의 재료나 어원, 어느 지역에 맛집이 있는지 등을 가지고 이야기를 한다. 그런데 중국은 조금 허풍이다 싶을 만큼 음식에 관해 다양한 주제로 이야기하는 것을 즐겨 한다. 때로는 정말 말도 안 될 것 같은 이야기를 들을 때도 있겠지만, 그래도 음식에 관한 여러 설을 들을 기회가 있다면 그때마다 기억해 두면 좋다. 공자도 '学而时习之不亦说乎 배우고 그때마다 익히면 즐겁지 아니한가'라고 말씀하시지 않았던가.

재료만큼 중요한 음식 '썰'

각 지역의 유명한 음식에는 반드시 얽힌 이야기가 있다. 그 이야기의 진실 여부는 그리 중요하지 않다. 아니, 따지고 드는 것이 오히려 흥을 깨는 일이다. 대략 어느 정도의 분위기에서 음식 이야기가 오고 가는지 내가 겪었던 일화를 소개하겠다.

예닐곱 명의 중국 친구들과 광둥성广东省 광저우广州의 한 식당에서 모임을 했다. 광둥성은 중국에서도 음식 자부심이 강한 지방이다. 친구들이 광둥성 중에서도 서로 자기 고향의 음식이 최고라고 자랑하니, 그중에 광시성广西省에서 온 입심 좋은 친구가 약간 배알이 뒤틀렸는지 자기 고향 음식도 대단하다고 자랑하기 시작한다.

"너희들 산펑三峰, 굳이 번역하면 '세 가지 꼭대기'로 만든 음식이겠다이라는 음식 알아? 곰 발바닥, 원숭이 골 그리고 낙타 등을 말하는 거야. 산펑을 제대로 음미하려면 이 음식의 기원을 알아야 해."

보통 이렇게 시작하면 음식 재료들에 관한 재미있는 얘기를 하나씩 풀어낸다. 이야기에 흥미가 없더라도 맞장구를 쳐주며 관심을 두는 것이 좋다. 이럴 때 나온 이야기는 다른 장소에서 사용할 수 있으니 기억해 두는 것도 도움이 된다. 다시 한번 말하지만, 음식 소개에서 진실 여부는 그리 중요하지 않다. 말이 안 되는 이야기라고 하더라도 우리식으로 핀잔을 주거나 논쟁할 필요는 없다.

"곰 발바닥은, 사실 이건 아는 사람만 아는 얘기인데, 오른발과 왼발 값이 달라. 곰이 꿀을 좋아하잖아. 이 녀석이 꿀을 먹을 때 벌집을 왼발로 잡고 오른발로 찍어서 핥아 먹는다는 거야. 그래서 같은 발이지만 오른발에 영양이 훨씬 더 많은 거야. 겨울잠을 잘 때도 오른발만 핥아 먹는 거지. 중국 동북지방에도 곰 발바닥 요리가 있지만, 우리 고향의 곰 발바닥 요리가 사실 최고야. 우리 고향에 오더라도 모르는 식당에 가서 곰 발바닥 요리를 주문하면 죄다 왼발을 요리해 줄 거야. 꼭 아는 식당 가서 오른발을 요리해 달라고 해야 해."

읽어 보면 알겠지만, 이 이야기에는 허점이 많다. 모든 곰이 오른발로 꿀을 먹는다는 증거가 있는 것도 아니다. 핀잔 삼아 혹시 곰도 인간처럼 오른손잡이, 왼손잡이가 따로 있을 수 있는 것 아니냐고 말하려다가 꾹 참았던 기억이 난다.

다음은 원숭이 골 요리.

"원숭이 골 요리 들어 봤지? 제대로 원숭이 요리를 하는 가게에 가면 뒤뜰에 큰 원숭이 우리가 있어. 그중에 어느 원숭이를 골라서 요리하는 줄 알아? 주방장이 우리 문을 열고 서 있으면 원숭이들이 무슨 뜻인지 눈치 채고 모두 딱 한 녀석을 지목하는 거야. '저 녀석을 데리고 가세요' 하고 말이야! 원숭이 사회에서는 서열이 있어서 그 서열대로 아래부터 요리 대상이 된다는 거야."

믿기 힘든 이야기는 여기서 끝이 아니었다.

"만약 그 한 마리를 다른 원숭이들이 잡아다 주방장 손에 쥐여 줬는데도 주방장이 그래도 안 가고 서 있으면? 원숭이들이 고개를 갸우뚱하다가 이내 눈치를 챈다고 해. '아 오늘은 손님이 두 테이블이구나.' 그리고 다른 원숭이 한 마리를 더 잡아다 준대."

이쯤 되면 진실과 허풍의 경계가 무너진 지 오래다. 하지만 누구 하나 토를 다는 사람이 없다. 오히려 이런 분위기를 즐긴다.

산펑의 세 번째는 낙타 등이다.

"낙타가 원래 영물인 것은 모두 알고 있지. 중국 역대 왕조 중에서 원나라 황제들의 무덤이 어디 있는지 들어 봤어?"

곰곰 생각해 보니 중국 역대 왕조의 황제들 무덤은 대부분 밝혀져 있다. 그런데 유독 원나라의 황제릉은 들어본 적이 없다. 이 친구가 의기양양해진다.

"원나라의 몽골족은 유목민족이야. 정해진 거처가 없지. 그래도 황제릉은 있는데, 이게 모두 사막이나 초원에 있다는 거야. 사막이나 초원 깊숙이 땅을 파고 거기에 유해를 묻는 거지. 그러고 나서는 때마다 제사를 드리는데, 몽골족은 나무 한 그루 없는 사막이나 초원에 아무런 표시도 없는데, 몇 년 지나도 항상 정확히 그곳을 찾아 제사를 드린다는 거지. 어떻게? 이게 바로 낙타의 비밀이야. 황제를 장례 지낼 때 아직 젖 떼지 않은 새끼 낙타와 엄마 낙타를 함께 데리고 가서 그 자리에서 새끼 낙타를 황제 무덤에 함께 묻는다고 해. 새끼를 잃은 슬픔을 잊지 못하는 어미 낙타는 몇 년이 지나도 그 장소를 잊지 못하고 찾아간다는 거지."

　이런 식의 음식 이야기는 중국 사람들 사이에서는 상식으로 인정된다. 식사자리를 즐겁게 해주는 좋은 소재가 되니 좀 억지스러워도 많이 알아두면 좋다. 여기서 듣고 저기서 이야기해주고, 저기서듣고 여기서 이야기해주면 중국 사람들과 훨씬 친근감을 갖게 될 것이다.

메뉴만 제대로 읽어도 음식을 알 수 있다

　음식 주문하는 방법을 알아보자. 우선 중국 음식은 그 이름에 기본적인 정보가 담겨 있다. 나름의 작명법이 있는데, 이 규칙을 알게되면 처음 먹어보는 음식이라도 대충 내용을 알 수 있다.

　우선 요리 방법과 재료의 이름을 알면 대부분 해결된다. 재료는중국어를 조금만 익혀도 파악할 수 있으므로 여기서는 조리법과 모양에 따라 음식 이름에 쓰이는 표현을 몇 가지만 알아보자. 외워지는 것만 외우고, 그때마다 기억하면 될 듯싶다. 경험상 책으로만 외우면 잘 안 외워지니 말이다.

　우선 조리법에는 煎 찌엔 기름 넣고 지지다, 炒 차오 볶다, 炸 짜 기름에튀기다, 蒸 쩡 쪄내다, 烤 카오 직접 굽다, 烧 사오 익히다, 薫 쉰 훈제하다,溜 리우 튀긴 후에 다시 걸쭉한 국물을 넣어 볶다, 白勺 바이사오 물에 살짝 데치다, 红烧 홍사오 고기나 생선 등을 살짝 볶은 다음 조미를 해서

약한 불로 익히다 등이 있다.

모양을 알 수 있는 표현은 片^{피엔} 얇게 썬 것, 丁^띵 깍두기 모양으로 썬 것, 块^{콰이} 큰 덩어리로 썬 것, 丝^쓰 가느다랗게 실처럼 썬 것, 卷^{쥐안} 두루마기처럼 만 것, 包^{빠오} 안에 소를 넣고 싼 것, 球^{치우} 구슬 모양으로 만든 것, 末^모 잘게 부순 것, 泥^니 으깬 것 등이다.

실제로 이를 통합해 음식 이름을 조합하면 다음과 같이 된다.

春卷 ^{춘쥐안}: 안에 소를 넣고 밀가루 전병으로 돌돌 만^卷 것

土豆泥 ^{토투또우니}: 감자^{土豆}를 으깬 것^泥

鸡丝面 ^{지쓰미엔}: 닭고기^鸡를 얇게 실처럼 잘라서^丝 위에 올린 면

炒白菜 ^{차오바이차이}: 배추^{白菜}를 볶은 것^炒

清蒸鱼 ^{칭쩡위}: 양념을 많이 넣지 않고 찐^{清蒸} 생선요리^鱼

豆沙包 ^{또우사바오}: 우리의 단팥소처럼 콩을 마치 모래처럼 만들어^{豆沙} 넣은 만두^包

甜酸鸡块 ^{티엔수안지콰이}: 달콤하고^甜 시큼한^酸 맛이 나는 양념으로 닭고기^鸡를 토막 내^块 만든 요리

宫保鸡丁 ^{꿍바오찌딩}: 닭고기^鸡를 육각형^丁 모양으로 만들어낸 요리

炸酱面 ^{자지엥미엔}: 면^面을 간장^酱으로 볶은 음식

鱼片炒饭 ^{위피엔카오판}: 생선^鱼을 작게 조각^{鱼片} 낸 다음 볶은 밥

鱼香肉丝 ^{위시앙로우쓰}: 어향^{鱼香}이라는 쓰촨식 특유의 소스를 사용해 잘게 썬 고기^{肉丝}와 무친 것

榨菜肉丝 ^{자차이로우쓰}: 자차이^{榨菜}와 잘게 썬 고기^{肉丝}로 만든 요리

铁板牛肉 티에반니우로우: 철판铁板으로 요리한 소고기

처음에는 당연히 익숙하지 않겠지만, 이 정도를 기억하고 실전에 사용하다 보면 외지에서 온 중국 사람 정도로 중국 음식 문화를 즐길 수 있다.

이외에 유래가 있는 음식명도 있다. 예를 들면 마포더우프麻婆豆腐, 동포러우东坡肉, 꿍바오찌딩宫保鸡丁, 푸치페이피엔夫妻肺片이 이런 음식이다. 나중에 다시 설명하겠다.

또, 모양이나 재료를 보고 멋지게 이름을 지은 것도 있는데 이런 것은 먹어 보지 않으면 모른다. 이런 것들은 많지 않으므로 기회가 될 때마다 먹어보고 알아두어도 충분하다. 앞에서 설명한 산펑도 그렇지만 롱펑탕龙凤汤, 바왕비에지霸王别姬, 롱졍후또우龙争虎斗, 마이샹슈蚂蚁上树 등이 이런 종류다.

베이징카오야北京烤鸭, 우산카오취엔위巫山烤全鱼, 쓰촨파오차이四川泡菜, 양저우차오판扬州炒饭 같이 각각 베이징, 우산, 쓰촨, 양저우 지역의 특산임을 나타내는 것도 있다.

이밖에 해마다 주방장들이 새로운 요리를 개발하면서 또는 식당마다 자신들의 특별요리에 이름을 붙이는 경우가 있다. 이럴 때는 요리 방법, 재료, 모양이 혼합된 것이 많다. 간단히 말하면 대부분의 중국 음식 이름은 요리 방법과 재료, 모양이 섞여 있다고 생각하면 된다.

일단, 시도해보자

중국에 오래 거주한 사람들도 익숙하지 않은 음식 이름 때문에 여전히 메뉴판에 있는 사진을 보고 음식을 주문하는 경우가 많다. 앞에서 소개한 것처럼 알고 나면 그리 어렵지 않다.

사실 20년 동안 중국 음식을 먹어온 나도 중국 음식을 잘 모른다. 아니, 잘 안다고 자랑하는 게 말이 안 된다. 하지만 기본만 익히면 '외지에서 온 중국 사람처럼' 중국 음식을 주문하기가 그렇게 어려운 것만은 아니란 얘기다. 迎刃而解 칼을 대니 실타래가 술술 풀린다. 중요한 것 하나가 잘 풀리면 이후에는 술술 풀린다.

하다 보면 요령이 생길 것이고, 요령을 터득하면 그다음은 매우 쉬워질 것이다. 机不可失, 时不再来 기회는 잃으면 안 되고, 때는 다시 오지 않는다. 미루지 말고 지금부터라도 연습해 보길 권한다. "말을 좀 더 배우고 나서…" "일단 생활(업무)에 익숙해지고 나서…" "나는 잠깐 있다가 다시 한국 갈 거니까…"라는 말로 스스로 위로하지 말고, 지금부터 당장 하나씩 배워 가자. 중국 음식 문화와 친숙해진다는 것은 매우 어려운 일이지만, 일단 중국에서의 음식 문화(식사 문화)가 편해진다는 것은 단순히 먹는 게 해결되었다는 것을 넘어 매우 중요한 의미가 있다. 한 번 느껴보길 바란다.

冰冻三尺, 非一日之寒 얼음이 3척이나 언 것은 하루 추위로 된 것이 아니다. 물론 하루 아침에 되지 않는다. 그러나 음식 한두 개만 알더라도 그 '알량한' 지식을 중국어로 떠듬거리며 실전에서 사용해 보면 "너는 중국통이구

나" 하고 반가워 하는 중국인들과 그 달궈진 분위기를 오랫동안 잊
지 못할 것이다.

대화의 물꼬를 트기 좋은 음식 이야기들

마퍼또우푸麻婆豆腐

한국에는 '마파두부'로 알려진 대표적인 쓰촨 지역 요리로 간장, 고추장, 참기름, 마늘, 파, 생강 등을 기름에 볶다가 네모난 모양으로 자른 연두부를 넣고 전분으로 걸쭉하게 끓인 요리다.

쓰촨성 청두成都 인근에서 살던 진마파陣麻婆란 노파는 가난한 인력거꾼들을 상대로 작은 음식점을 운영했다. 인력거꾼들은 돈을 절약하기 위해 직접 두부를 사와 요리를 만들어 달라고 했다. 노파는 그들이 사온 두부에 매운 양념과 된장 등을 넣어 얼얼한 맛이 강한 두부요리를 만들었다. 인심이 좋은 진 노파는 재료를 아끼지 않고 넉넉하게 넣어 요리를 만들어 주었는데 특별히 맛이 있었다. 마파두부의 '마파'는 곰보 할머니라는 뜻으로, 진 노파가 곰보였다는 설이 있다.

동퍼러우东坡肉

한국에서는 '동파육'이라고 불리는 중국 항저우杭州의 전통 요리로, 큼직한 삼겹살 덩어리를 통째로 향기 좋은 전통 명주에 넣어 삶은 후 간장 등으로 장시간 졸여 육질이 부드러워질 때까지 익힌 요리다.

이때 사용하는 명주는 소흥주^{紹興酒}로 무협지에 자주 등장하는 여아홍^{女兒紅}이라고 보면 된다. 중국인들에게 '홍^紅'은 결혼을 의미하는 색이기도 하는데, 여아홍^{女兒紅}이란 딸아이가 태어나면 술을 빚어 두었다가 결혼할 때 내놓는 술이라는 의미다.

중국에는 '하늘에는 천당이 있고, 하늘 아래에는 소주^{蘇州}와 항주^{杭州}가 있다^{上有天堂, 下有苏杭}'라는 말이 있다. 이 아름다운 항주에서 당송 8대가인 소동파가 한때 관리로 근무한 적이 있었다. 어느 해 양쯔강이 범람했는데 병사들과 백성을 동원해 강가에 제방을 쌓아 피해를 줄일 수 있었다. 백성은 감사의 표시로 돼지고기를 소동파에게 보냈고, 소동파는 자신이 개발한 요리법으로 돼지고기를 요리해 백성과 나눠 먹었다. 동파육은 '동파의 고기 요리'라는 뜻으로 소동파가 좋아했던 요리라는 설도 있지만, 소동파가 만든 요리라는 설이 정설에 더 가까운 듯하다.

꿍바오지딩^{宮保鸡丁}

우리 말로는 '궁보계정'이라고 알려져 있다. 우선 뒤의 두 글자를 보면, 닭고기^鸡를 육각형^丁 모양으로 만들어낸 요리다. 앞의 '꿍바오(궁보)'에 대해서는 여러 가지 설이 있다.

첫째는 이것이다. 쓰촨성 총독이었던 정보정^{丁宝桢}은 고추와 돼지고기, 그리고 닭고기 튀김 먹는 것을 좋아했는데, 총독으로 있는 동안 매일 손님을 만나서 잔치를 베풀었고 그의 요리사가 만든 닭고기 요리를 많은 사람이 좋아했다. 이후에 그는 적을 물리친 공로로 태자소보太子少保라는 칭호를 받았고 사람들은 그를 정궁보丁宮保라고 하였다. 그리고 집안의 요리사가 요리한 닭고기 볶음요리는 궁보계정이라는 칭호를 얻게 되었다.

둘째는 정보정이 쓰촨에 부임해서 백성을 위해 많은 일을 했고, 이에 백성이 그를 기려 그가 즐겨 먹던 음식에 궁보계정이란 이름을 지었다는 것이다.

셋째는 정보정이 쓰촨에 있을 때 평복차림으로 자주 근무했는데, 한 번은 땅콩을 매운 닭과 같이 먹었다. 주방장이 이를 궁보계정이라 이름을 지었다고 한다.

넷째, 이 요리는 청나라의 유명한 인물인 좌종당左宗業에 의해 유래되었다는 설도 있다. 좌종당은 주방장이 해주는 닭고기 요리를 좋아했는데, 그 요리는 현재의 꿍바오지딩과 비슷했다. 좌종당은 순무巡撫라는 직책을 가지고 있었는데, 순무의 별칭이 궁보宮保, 소보少保였다고 한다. 그래서 이 요리를 나중에 꿍바오지딩이라고 불렀다는 소리가 있다.

역시 어느 설이 맞는지는 중요하지 않다. 다만 중국 사람들은 중국 음식에 대단히 자부심을 느끼며, 좋은 이야기를 만들고 이를 즐긴다고 이해하면 좋을 듯싶다.

푸치페이피엔夫妻配片

소 허파와 내장, 소머리 등 잘 안 쓰는 부위를 잘게 썰어 쓰촨 고추로 만든 고추기름과 후추를 듬뿍 넣어 볶아낸 요리다. 쓰촨 식 양념을 두른 수육이라 할 수 있다. 1930년대 쓰촨성에서 작은 상점을 하는 부부가 있었는데, 량반페이피엔凉拌肺片, 요리하고 남은 내장 등의 재료로 냉채처럼 무친 것을 만들기 위해 골똘히 연구한 결과 맵지만 독특한 맛의 새로운 음식을 만들어냈다. 사용한 재료는 사람들이 주로 버렸던 소의 내장이었다. 당시 사람들은 '쓸모없는 조각废片'이라고 불렀지만, 가격이 싸고 맛있어 유명해졌다.

이 부부는 금슬도 매우 좋아配 사람들은 이 음식을 '夫妻配片 잘 어울리는 조각이라는 뜻의 '配片' 과 쓸모 없는 조각이라는 뜻의 '废片' 은 해음이다'라고 부르게 되었다.

베이징카오야北京烤鸭

한국에서 '북경 오리'라 부르는 바로 그 요리다. 베이징의 전통요리로 특수하게 키운 오리의 살과 껍질 사이에 대롱을 꽂아 입으로 바람을 불어넣고, 달콤한 소스를 발라 갈고리에 걸어 장작불에 서너 시간 동안 훈제한 요리다.

이 음식의 유래에 대해서는 두 가지 설이 있다. 첫째, 명나라 초에는 백성이 난징 오리 요리를 좋아했고 황제도 좋아했다. 설에 따르면 명나라의 주원장은 카오야(구운 오리)를 매우 좋아했다고 한다. 그래서 궁정 요리사들은 카오야를 새로운 방법으로 어떻게 요리해야 할지 고민했는데, 차샤오카오야叉烧烤鸭, 꼬치에 꽂아 구운 오리와 먼루카오야焖炉烤鸭, 화로에 넣어 구운 오리 두 종류를 개발해냈다. 차샤오카오야는 취엔쥐더全聚德라는 음식점이 대표가 되고, 먼루카오야는 삐엔이팡便宜坊이 대표가 되었다.

또 다른 설에 따르면 명 성조가 베이징으로 천도한 이후 적지 않은 난징의 카오야 고수들을 같이 데려갔다는 것이다. 가정제 시기에는 카오야가 궁정에서 민간으로 전해졌다.

마이샹슈螞蟻上樹

한국어 표기로는 마의상수, '개미가 나무를 올라간다'는 뜻을 가진 요리다. 당면과 돼지고기猪肉沫를 주재료로 해서 식초로 간을 해 붉은빛을 띠는 볶은 요리다. 잘게 다진 고기가 당면에 붙어 있는 모습이 마치 개미가 나무에 올라가는 형상 같다고 해서 이름 붙여졌다.

이 요리에는 이런 이야기가 있다. 남편이 과거를 보려고 멀리 가기 전에 어머니를 아내에게 맡겼는데, 남편은 돌아온 지 얼마 안 되어 병으로 죽고 어머니도 병으로 쓰러졌다. 아내는 조금 얻어온 고기와 함께 간장을 넣고 당면을 볶았는데, 당면에 붙은 고기와 기름이 방울처럼 면에 붙어 있었다. 노안인 어머니는 개미가 나무에 올라간다고 착각하고 즉흥적으로 '마이샹슈'라고 이름 지었다.

난징반야南京板鴨

난징의 오리 요리로, 오리를 간수盐卤에 넣고 절인 다음 바람에 말린 음식이다. 외관은 건조하고 단조롭게 보이지만 육질이 부드럽고 향이 짙은 것이 특징이다.

양 무제의 제위 시절에 건강建康, 난징의 옛 이름이라는 도시를 만들었는데, 548년에 반란이 일어나 포위당하게 되었다. 전투는 격렬했지만 양 무제의 군인들은 밥도 제대로 먹을 수 없었다. 당시 성 안에는 살찐 오리들이 많아 백성이 이를 절여서 조리해 주었다. 이 음식으로 전투에서 승리를 거두자 백성은 이를 기념하고자 반야^{板鴨}라 명명한다.

룽쩡후또우龙争虎斗

한국어로 표기하면 '용쟁호투'. 이소룡의 영화 제목과 같다. 용과 호랑이가 다툰다는 뜻이다. 뱀(용을 상징)과 고양이(호랑이)를 주재료로 하는 탕 요리로, 뱀과 고양이로 용과 호랑이의 싸움을 묘사한 음식이다. 호북지역에서는 장어를 용으로, 돼지고기를 호랑이로 비교해서 음식을 만들기도 한다.

포티아오치앙佛跳墙

한국에서는 '불도장'이라는 이름으로 알려져 있다. 육해공의 귀한 재료를 모두 넣어 우려낸 중국 최고의 보양식 중 하나다. 다른 이름으로는 '고불古佛도장'이라고도 한다. 고불은 고승을 뜻하는 말로, '수양이 깊은 고승조차도 그 유혹을 참지 못하고 담을 넘었다跳墙'라는 의미다. 서울의 모 특급호텔에서 이 요리를 내놓자 불교 계통의 모 대학에서 이 음식의 이름에 대해 이의를 제기했다는 이야기도 있다. 복건성 요리로 원래 이름은 복수전福壽全이라고 한다. 즉, 이 음식을 먹으면 행복과 장수가 모두 갖춰진다는 의미가 되겠다.

룽펑탕龙凤汤

한국에서는 '용봉탕'이라고 부르는 요리로 주재료로는 잉어(용)와 봉(닭)을 사용한다.

바왕비에지霸王別姬

한국어로 표기하면 '패왕별희'로, 초패왕 항우와 그의 연인 우미인과의 이별을 그린 경극 제목이기도 하다. 자라를 뜻하는 '鼈'은 중국말의 '別'와 해음이고, 닭을 뜻하는 '鷄' 자는 별희의 '姬' 자와 해음이다. 자라와 닭을 주재료로 한 요리이다.

우샨카오첸위巫山烤全鱼

한때 베이징의 젊은이들에게 제일 인기 있는 요리였다. 생선에 기름과 간장, 고춧가루, 두부피 등을 넣고 큰 상자 안에서 20분 동안 구운 무산巫山 지방의 요리다.

우선 숯불 등으로 구운 후에 손님의 취향에 따라 다시 여러 가지 양념과 재료를 넣고 찌는 생선 요리다. 무산은 원래 생선이 귀한 곳이라서 생선의 신선도를 유지하기 위해 일단 구워서 보관한 후에 다시 요리해 먹었는데, 이것이 오늘날 독특한 요리법이 되었다고 한다.

쓰촨파오차이四川泡菜

쉽게 말하면 쓰촨 지방의 김치泡菜다.

란쪼우라미엔쓰州拉面

란쪼우쓰州 지방의 라면이다. 중국의 라면은 우리와 다른데, 면을 양쪽으로 잡아당겨 뽑는 방식拉에 따라 이름을 붙였다.

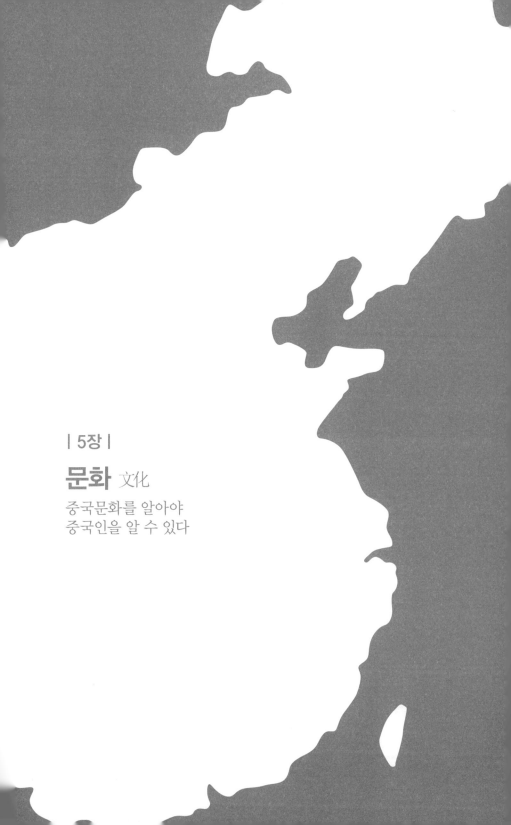

| 5장 |

문화 文化

중국문화를 알아야
중국인을 알 수 있다

'부패의 상징 vs 희생 정신'
공산당을 보는 상반된 시선

盲
人
摸
象

장님이 코끼리 다리 만지기

중국공산당의 인사를 담당하는 중공중앙조직부가 2015년에 발표한 것을 보면, 중국 공산당원은 8,875만 8,000명이며 이중 여성이 25.1퍼센트를 차지한다. 인구순위로 세계 19위인 독일의 인구가 8,000여만 명인 것을 고려하면, 중국은 공산당원만으로도 세계 20위권 내에 속하는 인구 대국이다.

이처럼 중국의 최대 조직은 공산당이다. 우리는 '공산당' 하면 극도로 폐쇄적인 북한의 공산당을 떠올리기 쉽다. 나도 20여 년 전 처음 중국인을 대하면서 내 앞에 앉아 나와 협상하는 사람이, 가까운 친구 같고 때론 이웃집 형님 같았던 사람들이 공산당원일 수 있다는 사실을 생각지도 못했다.

20여 년 전쯤 삼성이 중국에 처음 공장을 설립하면서 한꺼번에 수천 명을 채용해야 했다. 나는 당시 면접관으로서 수많은 중국인의 면접을 보게 되었다. 이때 중국인들의 인적사항에 있는 당적黨籍란에 공산당이라고 쓰여 있는 것을 보고 놀란 적이 있다. 어렸을 때 "나는 공산당이 싫어요"라는 이승복 어린이의 영화를 보며 자란 세대라면 '공산당은 빨갱이고 빨갱이는 나쁘다'라는 인식을 지우지 못할 것이다. 나도 그랬다. '내가 지금 공산당하고 일하고 있는 거구나'라는 생각에 새삼 긴장했던 기억이 난다. 거부감뿐 아니라 '혹시…' 하는 두려움마저 있었다. 그렇게 나는 중국의 공산당원들과 알게 모르게 사귀어 갔다.

공산당, 다른 식으로 해석해보기

회사 내외에서 일하다 보면 헌신적으로 일하는 친구들이 있다. 눈빛도 다르고 남과 조직을 위해 책임지는 모습을 보여주는 직원이 있다. 이렇게 남다른 직원들은 십중팔구 공산당원인 경우가 많다.

언젠가 우리 집에서 일하는 가사도우미 할머니가 계셨다. 모든 일을 정말 성의 있게 해 주셨다. 동네의 다른 가사도우미 아줌마들조차도 이상할 정도로 그녀를 존중했다. 나이 때문만이 아니었다. 나중에 알고 보니 이 할머니 역시 공산당원이었다.

이렇게 남들보다 희생적으로 일하고, 없는 자들을 위해 때로 월급을 몽땅 기부하기도 하는 등 남다른 모범을 보이는 사람 중에도 공산당원이 많다. 이는 당원으로서의 자부심과 함께 사회적·도덕적 의무에도 매우 충실하기 때문이다.

최근 언론을 통해 공산당원의 어마어마한 부정부패 연루 소식이 연일 소개되고 있는데, 대부분의 혐의자는 거의 다 공산당원이며 이들의 도를 넘는 부도덕하고 반사회적인 행태는 믿기지 않을 정도다. 내가 일상적으로 만났던 공산당원들의 모습과 많이 달라 어리둥절

할 정도다. 도대체 공산당원의 평균적인 모습은 어떤 것일까? 의무와 책임을 다하고 대중을 위해 희생을 마다하지 않는 모범적 국민인가? 아니면 권력을 휘두르며 자신 또는 '우리'만의 이익과 권리만 챙기는 반도덕적·반사회적 권력 집단인가?

정치적인 면에서는 나는 할 말이 없다. 다만 내가 그동안 보아온 일면과 대화로 이해한 부분을 편하게 얘기해 보겠다.

우리나라는 정치가는 정치하고, 공무원은 국가의 행정을 도맡는다. 그런데 중국은 우리와 달리 정치와 행정이 명백하게 분리되어 있지 않다. 党政不分, 以党代表 당과 정치는 하나이며, 당이 대표한다. 행정을 하는 공무원뿐 아니라 이를 위한 입법과 사법조직 및 견제 조직 등을 망라한 모든 국가조직의 구성원은 대부분 공산당원이다.

국가의 정치·행정조직 외에 국유기업이나 국영기업은 말할 것도 없고 일반 기업의 고급 관리조차도 공산당원인 경우가 많다. 내 친구 중에 지방 모 성의 국영기업 사장이 있다. 주위 친구들이 이 친구를 평가할 때 딱 한 마디 했던 것을 기억한다.

"당원도 아니면서 저 자리까지 간 거야. 대단하지."

정치나 경제뿐 아니라 학계 및 체육계 등 거의 모든 영역에 당원이 주요한 자리를 차지하고 있다고 볼 수 있다.

중국의 권력서열이나 직급 등은 당 서열을 봐야 정확하게 판단할 수 있다. 그러다 보니 부정에 연루되어 체포되는 정부 관리는 거의 모두 공산당원이고, 그래서 우리에게는 공산당이 부정한 조직으로 인식이 되는 부분도 있다. 여기에서 공산당에 대한 잘못된 인식이 생겨난다.

우리나라에서도 부패한 정치가, 기업가, 법조계 인사, 때로는 교육자 등 사회지도층의 문제가 많다. 해마다 어마어마한 적자를 내고도 매번 상당한 성과급을 받아 가는, 이른바 '신들도 부러워하는 직장'도 있다. 중소기업에 갑질을 일삼는 대기업도 있다. 그때마다 우리는 특정 집단의 비리와 잘못에 대해 지적하고 "원래 그 집단이 그래. 이게 어디 어제오늘 얘긴가!"라며 분을 내기도 한다.

중국의 경우, 이런 거의 모든 지도층이 공산당이라고 보아도 무방하다. 그러니 부정을 저지른 사람은 곧 공산당원이라는 말이 많이 틀린 얘기는 아니지만, 공산당원이 곧 부정과 관련된 인사라거나 공산당은 부패 조직이라는 식의 인식은 옳지 않다. '공산당은 부패 조직이다'라는 명제가 필요조건인 경우는 많지만, 충분조건은 아닌 셈이다.

공산당은 정말 부패의 상징일까

중국 친구들로부터 공산당에 대해 많은 얘기를 듣게 된다. 스캔들과 부정의 규모가 상상을 초월하는 때도 있어서 마치 소설처럼 들리기도 한다. 하지만 부정적인 이야기만 있는 것은 아니다.

중국에는 이런 이야기가 있다. 배가 난파되어 구명보트에 옮겨 타게 되었는데 정원을 초과했다. 구조선이 멀리서 오고 있는데, 안타깝게 구명정은 이미 가라앉고 있다. 구조선이 오기 전에 모두 익사할지도 모른다. 이때 조용히 누군가가 바다에 몸을 던진다. 정원을 초과해 모두 죽게 되었을 때 말없이 자신을 희생하는 그가 공산당원이며 이것이 공산당 정신이라는 것이다.

과거에는 당원들의 직장을 모두 당에서 정해주었다. 누군가는 대도시의 좋은 직장으로 발령받기도 하지만, 어떤 이는 그야말로 산골벽지로 발령받는다. 거기서 그 당원은 농촌지도자이기도 하고, 교사이기도 하고, 군위생병 같은 의사 역할도 담당한다. 당에서 새로 발령을 내주지 않으면 전혀 연고가 없는 그곳에서 평생을 희생하며 살아간다.

내가 알고 있는 한 분은 50여 년 전 남쪽 어느 지방의 소수민족 마을로 보내져서 아직 그곳에서 살고 있다. 보이차가 많이 나는 지역이다 보니, 이제 그의 보이차는 그 동네에서 자란 수백 년 된 보이차 나무에서 딴 잎으로, 손으로 직접 만드는 귀한 차가 되었다.

30여 년 만에 아버지가 살아계시다는 것을 알았다는 얘기도 들었다. 내 중국 동생의 친구 이야기인데, 아마도 이 사람의 아버지는 국가 정보 계통에서 일하면서 해외에 파견되었던 것 같다. 가족들은 이미 사망통지를 받았는데 알고 보니 멀리 이국땅에서 신분을 감추고 이미 다른 가정을 꾸리고 다른 사람으로 살아가고 있었다고 한다. 세상이 바뀌면서 "글쎄, 얼마 전에 연결이 되었다네요"라는 소설 같은 얘기다.

정당 개념을 들이대면 절대 이해할 수 없다

공산당원은 분명 특수계층이다. 중국에서는 예로부터 종적인 신분을 중시했다. 유교 삼강오륜三綱五倫 중에서 붕우유신朋友有信을 제외하고는 모두 상하 간의 지켜야 할 의무를 명시했다. 고든 레딩 교수의 저서『스피릿 오브 차이니즈 캐피털리즘』에는 이런 인식체계를 다음과 같이 설명하고 있다.

"서양이 각종 법률권한의 제도화에 힘을 기울였다면, 중국은 각종 역할의 제도화에 힘을 기울였다. (중략) 전체의 체제는 체제 하에 처해 있는 모든 사람이 그 역할이 자신에게 부과하는 책임에 대해 한치의 의심 없는 믿음을 통해서만 보존될 수 있다. 그래서 권력은 역할의 복종에서 오는 것이지 법률권한에서 오는 것이 아니다. 질서는 영원히 법률보다 높다."

짜이쉬에웨이 교수는 중국의 서양식 자본주의 형성 과정을 소개하면서 역시 중국 사회지도자의 도덕적인 의무를 언급했다.

"권위와 재산이 서로 분리될 때는 어느 종류의 사회이든 간에 제3, 또는 제4의 요소因素를 찾아 사람들 사이의 사회관계 또는 사회조직의 운영을 적응시키거나 또는 유지시킨다는 것을 알 수 있다. (중략) 다른 점은 현대 서양사회는 이와 유사한 현상에 직면했을 때 전문지식이라는 요소를 선택했고, 또 상응하는 관리계층을 형성했다. 그런데 이때의 전통중국 사회는 의義를 선택했고, 상응하는 군자로서의 인격君子人格을 형성했다."

刑不上大夫 육체적 형벌은 사대부에 미치지 않는다. 형벌은 사대부에게 집행하지 않는다는 의미일 수도 있다. 하지만 이것을 단순히 특권층을 보호하는 규정으로 보면 안 된다.

礼主上, 刑主下 예는 위를 주관하고, 형벌은 아래를 주관한다. 대부는 예의에 구속되고 백성은 법률에 구속된다는 뜻이다. 여기에서의 '예'는 서양의 노블레스 오블리주noblesse oblige 정도로 해석할 수 있지 않을까? 즉, 군자 또는 대부는 눈에 보이는 형벌을 기준으로 판단하고 행동하는 게 아니라 '예'라는 더 포괄적이고 양심적인 자신의 기준을 가지고 행동해야 한다는 해석이 더 적절할 것이다.

개인적인 생각으로는 지금의 공산당원은 과거의 군자 또는 사대부의 연장선에 있다. 중국공산당이 공산당원의 모델을 과거의 군자와 사대부에서 따왔다는 뜻은 아니다. 다만 공산당원의 이상적인 모습은 개인적으로 훌륭한 인격으로 무장된 인민의 모범이자 영웅임에는 분명하다.

중국은 서양의 자본주의를 완성된 이상적 제도로 보고 있지 않다. '중국은 인권이 보장되지 않고 공산주의 일당체제'라는 비판을 듣고 중국인 지인이 한 말이 있었다.

"우리는 서양처럼 오랜 시간 동안 민주주의 제도를 시험해 보지 않았다. 늦게 시작한 우리는 서양과 같은 전철을 밟을 시간도 없고 그럴 필요도 없다. 공산당이라는 엘리트 집단이 가장 현명한 판단을 해 인민을 이끌 것이다."

현실에서 어떻게 비치든, 어떻게 운영되고 있든 중국공산당은 중국의 최고 엘리트 조직이며 국민을 위해 기꺼이 희생하는 집단을 지향하고 있다고 볼 수 있을 것이다. 그래서 나는 사석에서 중국공산당에 대해서 이렇게 설명한다.

"공산당을 정치 집단으로 보는 것보다는 오히려 종교 집단으로 보는 게 이해가 빠르다. 우리의 정당 개념으로 이해하려 들면 안 된다. 정당은 정권 창출을 위해 무엇이든 하지만, 중국의 공산당은 중국 인민을 위한 봉사를 최고 가치로 여긴다. 종교인 중에도 부패하고 인면수심인 사람들이 있듯이 공산당원 중에도 일부 그런 사람들이 있다. 나는 공산당원을 스님, 수녀님, 전도사님 등으로 이해하는 게 차라리 맞다고 생각한다."

오래전 생각이 다듬어지기 전에 주위 사람들에게 웃으며 했던 비유다. 공산당이 정치조직인 것은 맞다. 그렇지만 우리식의 고정관념으로 이해하기보다는 오히려 나의 이런 유치한 비유도 내가 생각하기에 수준 낮은 것만은 아닌 것 같다.

재미있는 것은 고위 공산당원이 처벌받는 경우는 별로 없다는 것이다. 그런데도 처벌할 경우 우선 공산당원의 당직·당원 신분을 박탈한 후에야 처벌한다.

우리나라의 경우 국회의원은 불체포특권이 있어 현행범이 아닌 한 회기 중 국회의 동의 없이 체포 또는 구금되지 않는다. 설령 회기 전에 체포 또는 구금된 경우라도 국회의 요구로 석방될 수 있는, 신도 부러워할 특권이 있다.

하지만 중국은 그렇지 않다. 회의 중이나 사무실에서 바로 연행되기도 하고 출장 중에 소환되기도 한다. 당원이면 '双规 ^{직역하자면 '두 개의} ^{정해진 규칙'}의 적용을 받는다. 즉 규정된 시간 내에, 규정된 장소에서, 문제에 대해 소명해야 한다는 의미로 보면 된다. 예외는 없다. 반드시 (아마도 자유롭지 못할) '규정된 장소'에서 (시간을 끌지 못하도록) '규정된 시간' 내에 스스로 소명해야 한다. 물론 인권 문제를 언급할지는 모르지만, '슈퍼 갑'들이 법을 어기고도 버젓이 행세하는 데 매번 속수무책으로 당하기만 소시민들, 혹은 우리나라의 국민 정서로는 이것이 오히려 더 공정한 방법인지도 모르겠다.

북상광, 중국을 대표하는 세 도시 이야기

北
上
广

베이징, 상하이, 광저우

북상광北上广은 베이징, 상하이, 광저우 세 도시의 약칭이다. 이 세 도시가 중국을 대표하기 때문에 만들어진 표현이다. 물론 톈진天津이나 충칭重庆도 행정상 같은 직할시이지만, 보통 종합적인 영향력을 기준으로 하면 북상광이다. 최근에는 선전深圳이 떠오르면서 이 도시를 포함한 북상광심北上广深이란 표현이 쓰이고 있다.

　베이징은 명실상부하게 중국을 대표하는 도시이자 수도이다. 베이징은 역사적으로도 여러 왕조의 수도였다. 수도로서 최초의 기록은 통일왕조는 아니었지만, 춘추전국시대 연燕나라까지 거슬러 올라간다. 우리나라에서도 친숙한 칭다오青岛 지방의 칭다오 맥주와 쌍벽을 이루는 베이징의 맥주 브랜드가 옌징燕京 맥주인 것이 이런 이유다. 사실 지금 베이징의 원형은 원나라의 쿠빌라이가 만들었다고 보는 것이 맞다.

　어쨌든 이후 베이징은 명대와 청대의 수도였다. 한족이 세운 왕조들은 주로 장안이라 불렸던 시안西安, 카이펑开封과 난징南京에 도읍을 정했다. 베이징이 북방민족과 인접한 군사요충지여서 한족의 수도로서는 맞지 않았던 탓이다. 원나라와 청나라가 모두 북방민족임을 떠올려 보면 쉽게 이해가 된다. 북방민족이 중원을 점령한 후, 자신들의 본거지와 중원을 동시에 가장 효과적으로 통치할 수 있는 요충지가 베이징이었던 셈이다.

명나라는 한족이 세운 나라인데, 특이하게 베이징을 수도로 했다. 여기엔 역사적 배경이 있다. 초기 명나라는 난징을 수도로 정했다. 그런데 명을 세운 주원장이 난징에 도읍을 정하고 세상을 떠난 지 4년 되던 해 연왕燕王 주체朱棣, 즉 성조成祖는 수도인 난징을 공략해 조카인 건문제建文帝를 몰아내고 3대 황제 영락제가 된다. 조카를 몰아낸 영락제는 여러 가지 이유로 천도遷都를 결심하게 되는데, 이때 선택한 곳이 북평北平, 바로 지금의 베이징이다.

북평은 원래 영락제가 연왕이던 시절의 봉토였다. 자신의 근거지인 베이징을 도읍으로 정한 것은 민심을 수습하는 한편 수도를 자신의 본거지로 옮김으로써 황권의 안전을 추구하려 했던 것이다. 이후의 청은 북방의 여진족을 배경으로 하는 만주족이었으므로 당연히 베이징에 도읍을 정했다.

잠시 이야기가 곁가지로 빠지지만, 영락제에게 황제 자리를 빼앗긴 건문제의 행방에 대해서는 '자살했다, 출가해서 승려가 되었다, 해외로 도피했다' 등의 설이 있지만, 아직 증명된 정설은 없다. 명대에 정화鄭和가 바닷길을 일곱 차례 항해했던七下西洋 이유도 무역이나 명의 국력을 과시하려는 것이 아니라 해외로 도피한 건문제를 찾기 위해서였다는 설도 있다. 최근에는 건문제가 일본으로 도망가 화가가 되었으며, 영락제 역시 일본으로 도망간 조카 건문제를 일부러 찾지 않았다는 주장도 있다.

어쨌든 정화는 명 초부터 실시했던 해금정책 이후 잠시 해상 비단길을 열었다. 일부 학자는 "중국이 서양에게 뒤처진 것은 청나라가 아니라 사실상 명나라 때 이미 결정된 것이었다. 바닷길을 막았기 때문이다"라고 주장하기도 한다.

서양은 바다를 시작으로 보았고, 명나라는 바다를 끝으로 보았다. 이 관념의 차이는 결국 중국과 서양의 운명을 갈랐다. 서양의 국가들이 대부분 해상도시를 근거로 발달한 반면, 상하이를 비롯한 중국의 항구 도시들은 모두 근래에 이르러서야 대도시로 성장하게 된 데에도 이런 배경이 작동했다. 큰 강을 낀 중국의 도시들은 내륙 운송의 요충지로서 일찍이 발달했지만, 광저우를 제외하면 바다를 배경으로 한 중국 대도시들의 출현은 아편전쟁을 전후로 이루어진 것이라고 보면 될 것이다. 그래서 상하이를 '이민도시'라고 하는 것이다.

외지인이 현지인을 무시하는 곳, 베이징

지금의 중화인민공화국이 왜 수도를 베이징으로 옮겼는지는 정확한 사료가 없다. 설이 몇 가지가 있다.

장제스는 난징에 수도를 정했는데, 난징은 물산이 풍부하고 환경이 좋아서 역사적으로 한족 황제들이 매우 선호했던 곳이다. 중국에는 이런 얘기가 있다.

"마오쩌둥과 장제스는 모두 용이다. 그런데 장제스는 '물의 용'이고, 마오쩌둥은 '뭍의 용'이다. 장강을 배경으로 하는 난징은 물의 기운이 세서 장제스가 선택한 것이다. 같은 이치로 '뭍의 용'인 마오쩌둥은 난징에 갈 수 없다. 베이징을 선택한 것이다."

물론 설에 불과하다. 또 하나의 설은 중국 정부가 아편전쟁 이후 서양의 해군을 두려워해 난징보다는 비교적 멀리 북쪽에 있고 물길과도 닿지 않아 안전한 베이징을 선택했다는 이야기도 있다. 어쨌든 수도를 어디로 정하느냐를 결정한 회의 기록이 없다는 것은 맞는 듯하다.

흔히 베이징과 상하이만 비교하는데, 이 책에서는 베이징과 상하이와 함께 광저우도 간단히 소개하려고 한다. 내가 베이징에 거주하므로 주관이 개입됐다고 한다면 굳이 부정하진 않겠지만, 나름 객관성을 지니려 했다. 역시 어떤 학문적 자료가 아니라 중국 사람에게 들은 이야기를 정리한 것임을 밝혀 둔다.

상하이 또는 상하이 사람이 중국 역사에 본격적으로 등장한 것은 아편전쟁 이후라고 봐야 한다. 물론 원나라의 쿠빌라이가 바닷길을 열면서 상하이를 중간 거점으로 정했다는 설도 있고, 송나라 때도 상하이에 행정구역이 설치되었다고는 하지만, 그때 사람들을 지금의 상하이 사람이라고 부르지는 않는다. 상하이는 아편전쟁 전후로 형성된 이민도시다. 지금의 상하이인들은 이때 이주한 사람들이라 볼 수 있다.

베이징, 상하이와 광저우는 근래 또 다른 외지인들이 대거 유입되었다. 누군가는 베이징, 상하이, 광저우의 차이점에 대해서 이렇게 얘기한다. 베이징은 외지인이 현지인(베이징 사람)을 무시하는 곳이며, 상하이는 현지인(상하이 사람)이 외지인들을 무시하는 곳이며, 광저우는 출신보다는 돈이든 권력이든 실리實利로 존중받는 곳이다. 물론 절대 약자들이나 민공民工, 농촌 등에서 온 노동자들은 어느 곳에서도 다 무시 받는다는 공통점을 고려해야 한다.

대수롭지 않은 이야기일 수 있으나 음미해 보면 나름의 의미가 있다. 이른바 베이징 토박이들은 청나라 때부터 거주한 만주족, 한족, 몽골족이 섞여 있지만, 오랜 수도의 시민이라는 공통된 자부심이 있다. 청나라는 소위 팔기八旗 체제를 운영했는데, 만주족을 위주로 한 만주팔기 외에도 한족팔기 및 몽골팔기가 있었다.

팔기란 여덟 개의 깃발을 의미하는 것으로, 각각의 깃발은 부족을 상징한다. 만주족은 수렵을 위주로 한 유목민족이므로 고향 땅이라 할 만한 것이 없다. 그래서 팔기가 본적 역할을 하는 것이다. 청나라의 만주인들을 '팔기자제八旗子弟'라고 불렀는데, 지금의 베이징 토박이들을 보고 '신新팔기자제'라고 부르기도 한다. 청나라 때부터 수도 베이징에 살던 만주족 외에 한족, 몽골족들도 베이징 사람들, 베이징 토박이라고 부르는데 이들의 별칭도 역시 신팔기新八旗 또는 신팔기자제다.

중국인은 자신의 고향에는 자부심을 갖고 있지만, 타지방에 대해서는 비꼬는 표현들이 적지 않고, 특정 지역에 대해 부정적인 평들도 많다. 지방색이 강한 것이다. 베이징의 신팔기에 대해서도 이런 표현이 있다.

"(수도 시민이라고 해서) 건방지고, (과거 귀족이라는 자부심에) 열심히 일하지 않고, (베이징 시민으로서 정부 보조가 많다 보니, 게으름에도 불구하고) 사는 것은 그다지 문제없지만, (게으르다 보니) 큰 부자는 없다."

베이징에서는 외지인들이 베이징 사람들을 무시한다. 정부 고관들은 물론이고 웬만한 부자들도 설사 본사는 지방에 있다 하더라도 베이징에 거점이나 거처가 있다. 베이징 호적을 갖고 있다고 해도, 아무리 오래 살았다고 해도, 터전을 베이징에 잡았다 해도, 이들은 자기 고향을 중요하게 생각한다. 당연히 베이징 시민이 지녀야 할 자부심보다는 고향에 대한 자부심과 애향심이 강하다. 이들은 기회의 땅인 베이징에서 열심히 살아가며 성공하거나 성공해서 베이징에 왔으므로 '잘나가는 사람들'이 많다. 이런 성공한 외지인들 입장에서 보자면 베이징 토박이들인 신팔기는 그럭저럭 살아가는 중산층들인 셈이다.

중국 속의 이질적 공간, 상하이

반면 상하이 사람들은 외지인들을 상당히 무시한다. 상하이에서 살다 보면, 다른 중국 도시들과 다른 번화함과 함께 상하이인 특유의 영민함이 주는 편리함을 만끽할 수 있다. 하지만 상하이인이 외지인에게 보내는 이런저런 차별은 감수해야 한다. 언젠가 중국인 기업분석가가 사석에서 이런 얘기를 해 주었다.

"외국 기업들이 본사를 상하이에 두는 것은 난센스다. 물론 상하이가 새로운 정책을 시범적으로 채용하는 등 비교적 선진화된 제도와 시스템으로 운영되는 곳이지만, 너도나도 상하이에 본사를 두는 것은 말이 안 된다. 상하이 사람들은 외지인을 무시한다. 당신네 외국 회사가 상하이인을 고용해도 그들은 당신들을 그다지 존중하지 않는다. 그렇다고 해서 외지인을 상하이로 데려와 근무를 시킨다면? 이 사람들은 외국인은 아니지만 역시 외지인들이므로 상하이인에게 철저히 무시당한다. 마찬가지로 상하이인들로 회사를 구성해 다른 지역과 일을 추진하다 보면, 이들이 오만해서 다른 지역을 이해하려는 경향이 적다. 다른 지역 사람들 역시 상하이 사람들을 경계하므로 잘 될 리가 없다."

지방정부 특유의 정책과 환경을 고려해야 하는 사업이 아닌 중국 전체를 담당하는 조직, 즉 대형기업의 중국 본사라면 '결국 답은 베이징'이라는 얘기인데, 물론 이 분의 개인적인 성향일 수도 있지만 어쨌든 나름 재미있는 관점이라고 생각한다.

중국의 일부 학자들은 상하이를 '중국의 섬'이라고 부른다. 상하이는 중국을 뛰어넘는 선진화된 시스템과 경쟁력으로 환영을 받는다. 그런데 '중국을 뛰어넘는다'는 것은 뒤집어보면 '중국답지 않다'고 볼 수 있다.

외국인들이라면 사업이든 공부든 상하이가 최고의 선택이라고 한다. 다시 뒤집어 보면, 상하이는 중국이지만 중국답지 않게 편리하기 때문이다. 그렇다면 만약에 당신이 중국 문화 또는 중국 시장을 제대로 이해해야 하고 평균에 가까운 중국 사람들의 성향을 배우려 한다면, 상하이는 절대 옳은 선택이 아닐 수 있다. 물론 상하이라는 모델이 중국의 모든 도시가 추구하는 유일한 성장 모델이 아니라는 전제에서 하는 말이다. 중국의 다양한 환경과 지역적인 특색과 문화를 고려한다면, 중국은 절대로 상하이라는 유일한 모델을 추구하지는 않을 것이다.

상하이에서 오래 생활했던 선배가 나를 보고 "너는 베이징 전문가이고, 나는 상하이 전문가다"라고 말한다. 이런 얘기를 들을 때마다 나는 아무런 대꾸도 하지 않고 "전문가라니요, 부끄럽습니다" 하고 넘어가곤 했다. 건방지게 들릴지도 모르지만, 사실 내 속마음은 "선배가 상하이에서 오래 살아서 상하이 전문가라고 한다면, 사실 베이징에서 오래 산 우리는 중국 전문가이지요"라고 말하고 싶었다.

이런 말이 있다. 企業再大也是企業, 政府再小也是政府 기업은 아무리 커도 기업이고, 정부는 아무리 작아도 정부다. 베이징은 정치 중심지다. 모든 결정은 베이징에서 이루어진다. 상하이는 아무리 세련되었다 해도 결국 지역구이고, 베이징은 아무리 투박하다 해도 전국구다.

특별한 업종과 목적을 위해서라면 상하이가 적절한 선택일 수도 있지만, 중국 전역을 상대로 한다면 현실적으로 베이징이 정답이다. 예를 들면, 동북 3성의 정부 수장들이 1년에 상하이를 몇 번이나 가겠는가? 남방의 여러 도시와 지방 정부의 고관들은 어떨까? 서쪽의 정부 고관들은 상하이에 몇 번 갈까? 거의 갈 기회가 없다고 보면 된다. 중국의 대기업들이 정부의 정책을 자문하거나 지원받으려 할 때도 상하이에 갈 이유가 없다.

그렇다면 이런 사람들이 1년에 베이징에는 몇 번 올까? 공식이든 비공식이든 무조건 몇 번은 오게 되어 있다. 더구나 수장이나 고관들 또는 대기업의 고위층이 베이징에 올 때는 절대 소수인력이 오지 않는다. 공식 수행인원 외에도 드러나지 않는 사람들이 수없이 따라온다. 고관을 수행하는 수행원, 그 수행원을 수행하는 사람들이 적지 않다는 얘기다. 이들 중에는 기업가 등 다양한 성격의 사람들이 포함된다.

중국 사람들은 공식 업무만 수행하고 바로 돌아가는 경우보다는 온 김에 여러 사람을 만나 꽌시를 다지는 경향이 짙다. 앞에서도 밝혔지만, 베이징에서 생활하다 보면 느닷없는 전화를 받고 호출되는 경우가 많다. "누가 이번에 베이징에 출장 왔는데, 같이 봐야지!" "나야! 이번에 일 보러 베이징 왔는데 한 번 만나야지!"라는 식이다.

베이징에 있으면 전국에 있는 친구들을 만날 수 있다. 상하이에서도 여러 지방에서 온 사람들을 만날 수 있지만, 주로 특정 사업과 관련된 사람들일 것이다. 다양한 신분을 가진 사람들을 가장 편리하게 만날 수 있는 곳은 베이징이 유일하다. 그래서 다른 지역의 전문가는 아무리 해도 지역구의 한계를 벗어나기 어렵지만, 베이징에서 오래 산 사람은 전국구가 될 가능성이 훨씬 많다. 최소한 꽌시 영역에서 베이징은 유일한 전국구다.

실력제일주의, 광저우

나는 광저우에서 반년 정도 회사의 중요한 일을 수행하기 위해 생활한 적이 있다. 표현이 거칠지만, 당시는 특수한 프로젝트 때문에 죽기 살기로 광저우 사람들을 사귀어야 했다. 반년이라는 시간은 짧았지만 특별한 경험이었다.

사무실에서의 업무는 거의 없고, 종일 온갖 부류의 사람을 만나면서 그야말로 안 되는 일만 골라서 해결하는 일을 했다. 소개받아 만나고 사귀고, 또 이렇게 사귄 사람들을 통해 소개받고 사귀는 일이 종일 계속됐고 그 과정에서 여러 가지 일을 처리해야 했다.

일의 성격상 호텔의 하급직원이나 파출소장뿐 아니라 말단 경찰들부터 광둥성 정부의 최고위 관리들까지도 수없이 대면했다. 개인적으로 느낀 점은, 광저우의 정부 문턱은 베이징의 중앙정부보다 훨씬 낮았고 상하이 사람들 이상으로 매우 합리적으로 일을 처리해 주었다. 광저우 음식도 중국에서는 최고다.

광둥 요리라고 한정하기에는 광둥성의 지역마다 음식이 다르다. 일본 사람들이 광저우에 많이 거주하는데, 일본 기업이 광저우에 많이 투자했기 때문이기도 하겠지만 이런 광저우의 복합적인 편리함 때문이기도 할 것이다. 물론 광둥어를 한마디도 못하는 외지인으로서 알게 모르게 겪은 무시도 있었겠지만, 객관적으로 볼 때 '광저우는 출신보다는 돈이든 권력이든 실리實利로 존중받는 곳'이라는 말이 이해가 되었다. 광저우는 광둥성 특유의 언어와 문화가 있어서 여러 소수민족뿐 아니라 같은 한족인데도 다른 지역의 한족과 차별되는 면이 많다.

중화인민공화국 건국 이래 광저우 또는 광둥성은 정치적으로 미묘한 지역이다. 중국 정부는 일부 소수민족 분열주의자들 때문에 골치 아파 하기도 하지만, 사실 한족의 지방주의 때문에도 알게 모르게 고민을 많이 하고 있는데, 가장 대표적인 지역이 광저우, 광둥성이다.

다민족국가인 소련은 소수민족이 40퍼센트 이상이지만, 중국은 90퍼센트 이상이 한족이다. 그래서 소수민족과의 갈등이 중국 전체로 볼 때 정권을 위협할 정도는 안 되지만, 만약 지방주의가 두드러지면 이는 큰 갈등으로 발전될 소지가 있다. 성장을 비롯해 광둥성의 행정을 책임지는 관리들은 광둥성 출신이 많지만, 최고수장인 광둥성 서기는 항상 중앙정부의 최측근이 맡는 것도 이와 무관하지 않을 것이다.

느긋한 실리주의 '만만디'의 두 얼굴

因時制宜

때에 맞게 적절하게 하다

因时制宜, 우리 말로 표현하자면 '그때그때 달라요'라는 뜻이다. 대학생 때만 하더라도 나는 '중국인의 여유'가 부러웠다. 1970년대 빨리빨리 바람이 몰아치던 우리 사회와 달리 중국 고전에 등장하는 인물들은 의리를 위해 속세를 떠나기도 하고, 신선처럼 유유자적하며 살기도 했다. '야, 저렇게 살 수만 있으면 좋겠다'고 생각했다.

그러나 중국 주재원으로 살아가면서 만난 중국의 현실은 유유자적과는 거리가 멀었다. 이제는 현실은 말할 것도 없고, 중국 드라마나 소설에서도 중국 사람들의 어마어마한 권모술수가 눈에 들어온다. 의리가 빛나는 것은 뒤집어 말하면 주위가 더욱 검기 때문일 수도 있겠다.

중국의 태극은 우리의 태극 문양과 형태가 다르다. 검은색 안에 하얀 것이 있고, 하얀색 안에 검은 것이 있다. 가장 하얀 부분은 검은색 안에 있는 하얀 것이고, 가장 검은 부분 역시 하얀색 안에 있는 검은 것이다.

이 태극 문양은 혼자서는 아무것도 아니며, 사물의 존재 또한 주위에 따라 달라지는 상대적인 것이라는 속세의 이치를 담고 있다. 나에게 '판단 기준'이 있으니 다름을 말하게 되고, '옳다' '틀리다'라고 하는 것이다. 그런데 이 기준은 나라마다, 특히 문화마다 다를 수 있다. 마치 중국의 태극 문양처럼 말이다.

중국인들은 왜 느리게 움직일까

흔히들 중국 사람들을 '만만디慢慢地'라고 한다. 만만디는 직역하면 '천천히'란 부사어다. 한마디로 '느릿느릿하다'라는 얘기다. 실제 중국인들과 일하나 보면 정말 느려서 속이 터질 정도다. 중국에서 일하면서 가족이나 친지로부터 "성격이 급해졌다"라는 얘기를 많이 들었다. 느린 중국 사람들하고 일하지만, 결과는 한국 본사의 일정에 맞춰야 하니 나는 오히려 더 바쁘게 일해야 했다.

"아니, 한국에 있을 땐 느긋하더니, 중국에 오더니 완전히 성격이 바뀌었네. 짜증도 늘고, 그러다 큰일 나!"

아내는 늘 걱정이었다. 그런데 한국 본사의 반응은 정반대였다.

"한국에서는 빠릿빠릿하더니, 중국 가서는 완전 중국 사람 된 것 아니야? 왜 일 처리가 늦어!"

도대체 나는 누구인가? 그때 정작 나 자신은 빠르다고 느낀 적도 없었지만 느리다고 생각해 본 적도 없었다. 느리다고, 게을러졌다고 말을 들을 만큼 게으름을 부려 본 적이 없는데도 회사에서 보기엔 게을러 보이고, 가족이 보기엔 무척이나 성격 급한 사람이 되어 있었다.

언젠가부터 나는 중국 기업이나 정부, 사람들에게 요청할 때 두루뭉술하게 이야기하지 않게 됐다. 가능하면 단답형으로 묻는다. 때로는 양식을 그려서 빈칸을 채워 달라고 요청한다. 구체적이고 세밀하게 물어보는 것이다.

혹시 상대방이 자존심을 상할까 봐 "미안하지만, 우리가 쓰는 일반적인 양식은 이렇다. 필요하면 참조해서 해 달라"라고 먼저 양해를 구한 적도 있다. "이렇게 얘기하면 다른 지역에서는 다 아는데, 중국 사람들은 왜 이렇게 성의 없이 답을 주지요?" 또는 "기본적인 자료를 달라고 요청하는데, 왜 이리 시간이 걸리지요?"라는 본사의 짜증을 듣지 않기 위한 나의 요령이었다.

한국 내의 업무 처리나 국제 비즈니스에서 지금까지 우리가 상대해 왔던 이들은 대부분 서양식 업무 방식을 기본으로 여겼다. 중동이나 아프리카 지역은 다를 수 있겠지만, 이 지역과 연결된 무역, 법률, 회계 전문가들 또한 기본적으로 미국식 제도를 잘 이해하는 사람들이다. 최소한 나의 짧은 해외 영업사원 시절의 경험을 더듬어 보면 그랬다. 반면에 최소한 중국에서는 지금까지 당연시되던 상식적인 자료나 요청은 중국식으로 보면 상식적이 아닐 수도 있다는 가능성을 늘 열어 두어야 한다. 상대방을 알아야 한다.

필요 없으면 나서지 않는다

중국에서는 대체로 일 처리가 느리다. 그런데 특수한 경우 '호떡 집에 불 난 것처럼' 빠른 일 처리를 요구해 올 때가 있다. 예를 들어 한 달 뒤 약속대로 분명히 잔금을 지급해 주겠다고 해도 거의 매일 전화가 오는 경우가 있다. "이게 뭐지? 만만디가 아니네?"라는 말이 절로 나온다. 과연 중국 사람은 만만디 성향만 있을까?

정중동靜中動, 무위무불위無爲無不爲. 둘 다 중국인들이 좋아하는 표현이다. 이 말이 교훈이 되는 이유가 있다. 정중동의 '靜' 즉 조용함이나 무위무불위의 '無爲'는 사실 아무것도 안 한다는 뜻이 아니다. 조용함 가운데 움직임動이 있고, 아무것도 안 하는 것처럼 보이지만 실제로는 안 하는 것이 없기無不爲 때문이다.

引而不发 화살을 당기기만 하고, 쏘지는 않는다. 화살을 쏘지 않는 이유는 굳이 쏠 필요가 없기 때문이다. 쏘지 않아도 상대방이 안다. 무슨 뜻일까? 중국 사람은 말을 다 하지 않는다. 할 때도 굳이 자신이 하지 않거나 한 번 박자를 늦춘다. 이것저것 둘러 보고, 결과가 어떨지 한 번 더 따져본다. 좋게 말하면 인내심이 있는 것이고, 좀 더 현실적으로 보면 언제나 이해관계를 냉정히 살피는 것이다.

중국인이 느려 보이는 것은 그들의 속도와 박자가 우리와 다르기 때문이기도 하다. 바로 결과가 나올 일도 한 박자 쉬고 한다거나 심지어는 아예 말을 안 한다. 明知不对, 少说为佳 분명히 틀린 것을 알아도, 말을 적게 하는 것이 좋다. 心照不宣 속으로는 다 알고 있으면서도, 공개적으로는 말하지 않는다. 틀린 것을 알아서 건의하고 바로잡으면 시간을 낭비하는 일이 없을 텐데 말을 아낀다. '왜 알면서도 말을 안 했지?'라며 속이 터지기 일쑤다.

聪明反被聪明误 아무리 똑똑한 이도 오히려 똑똑해서 실수가 있다, 똑똑한 이가 제 꾀에 빠진다. 똑똑한 이도 실수하니 '필요 없으면' 굳이 나서지 않는다. 枪打出头鸟 머리 쳐든 새가 총을 맞는다. 튀면 다친다는 뜻이다. 늘 남보다 두드러지거나 알려지는 걸 조심하는 사람들임을 잊으면 안 된다.

앞에서 '필요 없으면' 나서지 않는다고 했다. 일관성 있게 항상 늦으면, 우리도 그 답을 쉽게 찾을 수 있다. 어떻게 어울려야 할지 알 수 있다. 하지만 그들의 행동과 속도는 우리가 보기에 일관성이 없어 보인다. 매우 느리다가도 어떨 때는 정신없이 빠르다. 필요 없을 때 느리다는 것은, 필요할 때는 빠르다는 의미로 이해하는 것이 좋다.

실리 앞에 만만디는 없다

만만디에는 중국인 특유의 양보 의식이 영향을 미치기도 한다. 어느 문화권에서든 양보는 미덕이다. 비록 공공질서를 잘 지키지는 않지만, 양보가 미덕임을 그들도 잘 알고 있다. 마지못해 나서게 되면 '当仁不让 어진 일에는 양보 안 한다'라며 어쩔 수 없이 나서게 되었다고 양해를 구한다.

이와 관련한 농담이 있다. 레닌을 암살하려는 계획이 있었다. 광장에서 레닌이 연설을 끝내면 저격하려 했는데, 열광하는 대중에게

에워싸여서 저격하기가 어려웠다. 저격수는 기발한 생각을 떠올렸다. "레닌 동지를 먼저 가시게 하라!"라는 구호를 외쳤고, 대중은 레닌을 존중하는 의미로 "레닌 동지를 먼저 가시게 하라!"라고 따라 외쳤다. 길을 터 준 사람들 덕분에 걸어 나갈 수 있게 된 레닌이 결국 저격수의 총탄에 맞았다는 이야기다. 그래서 "야, 그 인간 보고 먼저 해 보라고 해"라는 말을 할 때 "让列宁(同志)先走 레닌 동지를 먼저 가시게 하라"라고 하기도 한다.

중국의 만만디 성향이 단순히 느리거나 게을러서라고 단정짓지는 말자. 주변을 살펴보는 신중한 만만디이며, 달릴 줄 몰라서 그러는 게 아니고, 달릴 필요가 없으니까 천천히 걷는 것이다. 늘 천천히 걷는다고 달리지 못할 거라 생각하면 오산이다. 내가 너무 뛰는 것이 아닌지, 내가 이렇게 하는 것이 미엔쯔꽁청체면 관리을 제대로 하는 것인지를 살펴보느라 늦는 것이다.

또 하나 명심할 것은 이런 모든 것을 고려하는 가장 큰 원칙은 이 일이 '나와 어떤 관계이냐'라는 것이다. 실리를 따지는 것이다. 새로운 제품을 팔려고, 기술을 중국에 이전하려고, 또는 합작을 하려고 중국 사람과 협상해 본 사람들이 대부분 공통으로 하는 하소연이 있다.

"협상을 시작할 때는 당장에라도 사인할 것 같더니 구체적으로 일을 추진하다 보면 시간을 끌어도 너무 끈다."

听了激动, 看了感动, 回来不动 듣고는 격동한다, 보고 나서는 감동한다, 돌아와서는 부동이다. 풀어 보면 우리 제안을 들을 때는 흥분하고, 직접 만나거나 한국의 현장을 볼 때는 감동한다. 그런데 돌아와서는 안 움직인다는 뜻이다. 비단 외국인과 협상을 해서 그런 것이 아니다. 만만디 또는 복지부동에 관해 중국인 스스로 하는 자조 섞인 농담이라고 보면 되겠다.

반면 번갯불에 콩 볶아 먹듯 일을 추진할 때도 있다. '兵贵神速 용병은 신속함이 중요하다'이라며 "빨리빨리"를 외친다. 夜长梦多 밤이 길면, 꿈이 많다. 지금 안 하면 상황이 바뀔 수 있으니까 일단 이것저것 따지지 말고 계약부터 하자고도 한다. 이때는 만만디를 뛰어넘는 실리가 작동했기 때문이다. 평소에는 게으른 듯, 자기 일임에도 관심 없는 듯 '만만디' 한다. 그러다가 실리와 엮이면 전력으로 달려든다. 평소에는 어슬렁거리다가도 먹잇감을 본 순간 전력을 다해 사냥하는 맹수를 연상하면 될 듯싶다. 유유자적한 만만디는 중국 사람들의 반쪽 모습이다. 나머지 반쪽은 실리 앞에서 광속으로 달릴 줄 아는 '선택적 만만디'임을 명심해야 한다.

중국에서 일하려면 중국 방식으로 시간표를 짜자

'兵贵神速 병법에서는 신속함이 중요하다'와 '속전속결速戰速決'도 중국인이 좋아하는 표현이다. 만만디인 중국인들이 가끔 엄청난 속도와 결단력을 보일 때는 대부분 '领导行为 지도자의 행위'일 경우가 많다. 우리 말로 적절하게 옮기기 어렵지만, '영도領導' 즉 리더가 결정한 것은 의견이 수렴되지 않았고 득보다 실이 많아弊多利少 보여도 상상 이상의 빠른 추진력을 보여준다.

이럴 때는 상층부의 집단의사 체제를 통해 결정되어 개개인들의 소소한 이익을 고려하지 않아도 되거나, 최소한 내가 상대방의 체면을 손상하는 것을 책임지지 않아도 되는 상황, 또는 그런 불만쯤은 잠재울 만한 자신감이 있는 경우다. 그런데도 늘 조심한다. "우리나라 사람들도 똑같은데 뭐"라고 하기에는 정도가 심하므로 다시 강조한다.

비즈니스 현실에 비추어 간단히 정리해 보자. 일이 상식적으로 빨리 진행될 줄 알았는데 뜻밖에도 시간이 걸리는 경우가 있다. 반면 이해관계자가 많아 일이 늘어지겠다고 판단했는데, 느닷없이 결정되는 경우도 있다.

두 다른 상황을 맞이하면 우리 같은 외지인들은 당황하기 마련인데, '우리 방식, 우리 상식'으로만 판단했기 때문에 '뜻밖의 일'을 당하는 것이다. 중국 방식으로 생각하고 시간표를 짜서 일한다면, '뜻밖에'라는 한숨은 뜻밖에 쉽게 사라질 것이다. 入乡随俗 그 고장에 가면 그 고장의 풍습을 따라야 한다. 로마에 가면 로마법을 따라야 하지 않겠는가.

중국인의 충성심을 끌어내려면

任　任
人　人
唯　唯
贤　亲

사람을 채용할 때 현명함을 보는가,
친소 관계를 보는가

중국의 유명한 문화인류학자인 페이샤오퉁 교수가 했던 말 중에 지금도 회자되는 말이 있다.

"중국인들은 자신을 위해 집(가족)을 희생할 수 있고, 집을 위해 당을 희생할 수 있고, 당을 위해 국가를 희생할 수 있고, 국가를 위해 천하를 희생할 수 있다中国人为了自己可以牺牲家，为了家可以牺牲党，为了党可以牺牲国家，为了国可以牺牲天下"

흥미로운 것은 『대학』에서 말하는 '수신제가치국평천하修身齊家治國平天下'도 때에 따라 이와 유사하게 해석한다. 우리는 나를 먼저 다스리고, 그 다음 집, 국가, 천하로 확장한다고 해석한다. 하지만 중국은 거꾸로 해석하기도 한다. '다른 것'보다는 '같은 것'을 강조한다. 하나는 내향적이고 다른 하나는 외향적이다. 동전의 앞면과 뒷면이라는 의미다.

어찌 보면 중국인은 진정한 개인주의자라 할 수 있다. 인간관계의 중심에 개인이 있다. 역사적으로 봐도 중국 사람들의 충忠 개념은 개인을 향한 것이지 조직이나 국가에 대한 충성이 아니다. 유교에서 말하는 충의 대표적인 사례인 군신유의君臣有義도 왕과 신하의 개인적인 충성 관계를 강조하고 있다.

중국 현지에서 사업하려면 중국인의 충성 개념을 정확하게 이해해야 한다. 이 글을 읽는 당신이 중국에서 조직 운영에 실패하고 있다면, 내가 이끄는 조직에 중국 현지인들이 있는데 묘하게 단합되지 않는다면, 우리와 중국인들이 같은 단어인 '충성忠誠'을 다르게 이해하고 있는 건 아닌지 살펴볼 필요가 있다.

진정한 개인주의 사회, 중국

오랫동안 같이 일한 직원이 하루아침에 사표를 내고 떠나는 경우가 있다. 심지어 그가 떠나면 그와 함께 사표를 던지는 동료들도 있다. 이런 경우 조직은 적지 않은 타격을 받는다. 또 조직이 신뢰했던 직원이 회사를 그만두면서 조직에 칼을 들이대는 경우도 있다.

한번은 중국 법인의 현지 인사책임자가 회사를 떠났다. 중국에서 회사를 경영하다 보면 때로는 민감한 부분을 '융통성 있게' 처리해야 하는 경우가 있다. 회사에서는 그 책임자가 현지 사정을 잘 알고 있었기에 이런 민감한 일들을 그에게 믿고 맡겼다. 그런데 그가 회사를 나가면서 많은 보상을 요구했다. 알고 보니 회사가 믿었던 이 사람이 '민감한 일'을 '융통성 있게' 처리했던 관련 자료들을 모두 보관하고 있었다고 한다. 이미 오래 전부터 만약을 위해, 회사로부터 극도의 신임을 받고 있었던 때에도 관련 서류를 복사해 보관해 두었던 것이다.

극단적인 사례 같지만, 중국에서는 이런 일이 생각보다 자주 일어난다. 그래서 현지인들이 현지 사정을 잘 안다는 일반적인 추측만으로 민감한 일을 믿고 맡겼다가는 낭패를 당하기 쉽다. 게다가 이런 일들은 현지에서 쉬쉬하고 덮어 버리기 때문에 한국에서는 사건이 발생한 사실조차 모른다.

나도 주재원 생활을 시작한 지 얼마 안 되었을 때 황당한 사건을 목격한 적이 있다. 월급이 지급된 다음 날 중국인 직원 전부가 아무런 설명 없이 출근하지 않은 것이다. 그 회사는 주재원 외에 현지직원이 네 명 정도 있었는데, 중국인 직원 한 명만 조직 생활을 어려워했을 뿐, 다른 이들은 그럭저럭 잘 적응하며 지내는 것처럼 보였다.

사실 나는 이 사건이 일어나기 며칠 전에 우연히 이들 네 명이 한꺼번에 사표를 던질지 모른다는 이야기를 들었다. 커피를 마시러 탕비실에 들렀다가 이들이 "회사 때려치울까" 하는 이야기를 들은 것이다. 하지만 은밀하게 속삭인 것도 아니어서, 그저 우리가 입버릇처럼 말하는 "이놈의 회사 때려치워 버릴까?"라는 투정 정도로만 여겼다. 그런데 월급 받은 다음 날 정말로 이들 모두가 한꺼번에 출근하지 않았다. 미리 사직 의사를 밝히지도, 사표를 내지도 않고 말이다.

혹자는 중국인들이 한국 기업을 깔보아서 그렇게 행동했다고 볼 수도 있다. 그러나 필자가 관찰해온 바로는 중국 회사에서도 중국인들은 '수가 틀리면' 이렇게 행동한다.

조직이 아니라 사람을 향해 충성한다

그렇다면 중국인들에게 충성심을 기대하는 게 불가능할까? 한국 기업에 다니는 중국인들과 한국인들의 애사심에는 차이가 있지만, 어떤 점에서는 중국인들의 충성심이 더 강한 경우도 있다.

한국 회사에서는 충성심이라고 하면 개인보다 조직에 대한 충성을 말하지만, 중국에서는 개인에 대한 충성을 먼저 떠올린다. 중국인들이 중국 기업에는 충성을 다하고 한국 기업에는 덜 충성한다고 섣불리 판단하지는 말기 바란다. 보다 더 깊은 곳을 봐야 한다.

중국인 관리자들은 중국인들의 충성 본질을 잘 알고 있어서, 이에 대한 적절한 대응을 통해 중국인 직원들의 충성심을 끌어낸다. 어느 조직이든 조직원들의 충성이 조직에 대한 것인지, 개인에 대한 것인지 상관없이 이를 잘 알고 대응할 수 있다면 원하는 결과를 얻을 수 있을 것이다.

중국 회사들은 이런 중국인의 특성을 염두에 두고 조직을 운영하는데 우리는 아예 이런 기초적인 특성부터 이해를 못하고 조직을 운영한다. 중국 회사에서는 중국 직원들의 충성 경향을 잘 알고 있으므로 상대적으로 조직에 대한 충성이 강한 한국인 직원들에 대해 오히려 놀라는 한편 매우 부러워한다. 사실을 말하자면, 충성심 많은 한국인을 부러워하는 게 아니라 그런 직원을 고용한 한국 회사를 부러워한다. 그런 충성심 강한 직원들을 바탕으로 튼실하게 버티고 있는 한국 회사들이 중국 직원들에게 똑같은 충성과 조직 몰입을 기대하기는 어렵다.

누군가는 "오늘날의 한국 사회 역시 평생직장이란 개념이 사라진 지 오래되어 충성심이 사라지고 있다"고 말할 것이다. 그런데 한편으로는 한국 기업이 사실 평생직장 제도를 운용한 적이 없었다고 주장하는 학자들도 적지 않다.

그래도 내 주위 동료들은 회사에서 열심히 하기만 하면 아이들이 학교 공부 마칠 때까지 뒷바라지하는 데는 충분할 것이라고 여기는 이들이 많다. 평생 일할 수 있을 거라고 믿었던 이들이 많았는데, 현실은 그렇지 않다. 요즘 들어 '한국에는 평생직장이란 개념이 있어 본 적이 없다'라는 일부 학자들의 말에 공감이 가는 이유다.

친함이 곧 믿음이 된다

중국 현지에서 사람을 채용할 때는 두 가지 기준을 본다고 한다. 사람의 능력을 볼 것인가, 아니면 믿을 만한가? 여기서 '믿을 만한가'의 중국식 표현은 '친한가親'이다.

'任人唯信 사람을 임명할 때, 믿을 만한가를 본다'이 아님을 주목하자. 어디까지나 '친한가'이지 '신뢰信'가 기준이 아니다. 중국에서 개인 간의 믿음은 친소관계가 우선이다. 부서에서 사람을 뽑을 때도 능력보다는 나에게 충성심이 있는가를 먼저 본다.

다만 '개혁이 필요한 조직은 능력을 우선으로 보고任人唯賢, 조직에 안정이 필요할 때는 친소를 따진다(任人唯亲)'는 말처럼, 당연히 때에 따라 다를 수 있다. 그러나 중국인들은 '능력'과 '(개인적인)충성'을 동등하게 보는 것 같지는 않다. 능력은 있으나 나에게 충성하지 않는 자는 멀리한다.

명나라의 유명한 재상이었던 장거정(張居正)은 청백리로 칭송받던 해서(海瑞)를 중용하지 않았다고 한다. 이를 두고 여러 설이 있지만, 장거정이 해서의 능력을 몰라서가 아니라 자신에 대한 충성을 확신하지 못해서라는 설이 유력하다. 당대 최고의 재상이라고 평가받았던 장거정도 능력보다 충성을 중시했다는 사실은 중국 특유의 사고방식을 엿볼 수 있는 예로 삼고 가자.

애사심만 강조하는 한국식 현지 경영의 위험성

가끔 중국 내 외국인 회사들의 외국인 관리자들도 앞에 소개한 것과 유사한 고충을 겪는다는 이야기를 듣는다. 중국인들은 조직을 충성 대상이 아니라 이용하는 대상으로 여기고, 조직을 위해 무엇을 하기보다는 받을 것을 더 기대한다는 것이다.

이름만 들어도 알 만한 세계적 기업의 중국 현지법인에서도 고충이 많다. 중국인들은 이 기업이 다른 나라에서 이미 시행하고 있는 것보다도 더 빠른 승진을 원한다고 한다. 비슷한 문화권으로 생각한 한국이나 일본에서보다 조직원들의 이탈이 더 빈번하다는 것이다.

이런 경험담을 들을 때면 중국인들이 한국 기업에서 그렇게 행동했던 것도 서구 기업보다 한국 기업을 무시해서 그런 건 아니라는 것을 알게 된다. 다른 서구의 회사들도 우리와 같은 문제로 고민하고 있었던 것이다. 다만 문제를 인지하고 있느냐, 그리고 어떤 방식으로 처리하느냐에서 차이가 생길 뿐이다. 자기들이 해왔던 방식으로 처리하느냐, 아니면 중국 사람들의 방식을 이용해 처리하느냐의 차이다.

그런데 한국 회사들은 외국 기업의 성공·실패 사례를 벤치마킹하는 걸 그렇게 좋아하면서도, 이상하게 중국에서 겪는 이런 인사관리 문제에 대해서는 외면하는 경우가 대부분이다. 글로벌 기업들은 이런 문화적 차이를 심각하게 겪으면서 이를 조직에 어떻게 반영할 것인가 고민하고 있는데, 한국 기업들은 손을 놓고 있는 것 같다. 오히려 한국의 경험에 비추어 중국에서 앞으로 일어날 일을 훤히 아는 듯이 이야기하는 관리자가 있을 정도다. 일 인당 GDP가 얼마일 때 어떤 노사문제가 생길 것인지를 예측하는 인사전문가도 보았다. 일 인당 GDP가 갖는 의미는 한국과 중국이 다를 텐데 어찌 그리 자신만만할까 싶다.

이런 자신만만함은 아마도 중국인을 이해하는 데에는 우리가 서양인들보다 더 나을 것이라고 믿기 때문일 것이다. 현지화라고 하면 현지인들의 숫자만 늘리는 것으로 착각하는 모습도 보인다.

무조건 현지인에게 맡기는 것은 현지화가 아니다. 중국에서는 꽌시가 더 이상 필요 없다고 하면서도, 다른 한편으로는 아직도 인맥관리를 중시하는 회사들이 있다. 그런데 이런 회사들을 가만히 들여다보면 인맥관리에 대한 업무까지도 현지화하려고 한다.

일반적으로는 인맥관리와 인사관리를 현지인들이 맡으면 잘할 수 있다. 그러나 민감한 업무일수록 '任人唯亲'이 중요할 것이다. 그러나 '親'은 개인 간의 성실이므로, 사실은 '任人唯信 사람을 뽑을 때 신뢰감을 본다'해야 한다. 즉 조직에 충성스러운 인재여야 한다.

장기적으로 정보와 인맥을 축적하려면 개인에 대한 충성보다 조직에 대한 충성을 중시하는 인재를 찾아야 할 것이다. 해마다, 아니

지금이라도 중국을 공부하라 2

면 길어야 몇 년을 주기로 새로운 조직을 꾸리는 거라면 몰라도, 시간이 갈수록 정보와 인맥을 축적하고 이를 바탕으로 현지에서 조직을 이끌고 가려면 달라져야 한다. 지금까지 중국에서는 보기 힘들었던 조직에 대한 충성을 새롭게 만들어 가거나, 개인에 대한 충성이라는 중국식 특성을 인지하고 그 충성심을 조직문화 안으로 끌어들일 방안을 마련하자.

짝퉁으로 읽는 중국인의 역사의식

同
床
异
梦

같이 잠을 자도 꾸는 꿈은 다르다

중국은 '짝퉁'의 천국이다. 명품 가방 등의 사치품과 핸드폰을 비롯한 고급 전자제품 외에도 다양한 영역에서 짝퉁을 빨리도 대량으로 만들어낸다. 이런 제품을 '샨짜이' 제품이라고 한다. 샨짜이는 산채山寨의 중국식 발음이다. 산채는 산적들이나 의적들이 산세를 이용해서 만든 본거지를 말한다. 샨짜이 제품이란, 쉽게 얘기하면 합법적이지 않은 공장에서 생산한 제품을 말한다.

왜 짝퉁을 '샨짜이' 제품이라고 부르게 되었는가에 대해서는 다른 설도 있다. 본래 샨짜이 제품의 근거지는 선전深圳이다. 아무리 가짜라도 제품 생산지역을 표기해야 하는데, 선전의 로마자 표기인 'Shen Zhen'의 머리글자인 SZ로 표기했다고 한다. 이 SZ를 '선전'으로 읽지 않고 '샨짜이Shan Zhai'로 읽으면서 짝퉁의 대명사가 되었다는 것이다. 역시 설 중의 하나다.

어쨌든 짝퉁이 이미 많지만, 지금도 새로운 짝퉁 회사들이 툭툭 튀어나오고 있을뿐더러 어떤 회사는 짝퉁의 틀을 벗어나 버젓이 산업계의 강자로 떠오르기도 한다. 심지어 어떤 회사는 뻔뻔하다 싶을 정도로 당당하다.

짝퉁이 부도덕한 제품인 것은 맞다. 하지만 중국인은 짝퉁을 무조건 나쁘다고 생각하거나 짝퉁 만드는 행위의 부도덕성을 심각하게 여기지 않는 것처럼 보이기도 한다. 그렇다고 이들이 '돈만 벌면 그만이지'라고 생각하는 부도덕한 인간들이라고 단언하기에도 뭔가 개운치 않다.

어디까지나 추측이지만, 이들은 이른바 일류 제품을 만드는 회사들이 '너무 비싸게 판다'고 생각하는 듯하다. 예전에 중국 친구들에게 이런 말을 들었다.

"한국 핸드폰은 너무 비싸! 우리 집 애가 하도 졸라서 사줬는데, 하루 만에 잃어버렸더라고. 나야 또 사주면 되지만, 보통 집 애들은 비싸서 못 사! 혹시 네가 사업해서 좋은 일을 하고 싶다면, 우선 핸드폰부터 싸게 팔아라."

사실 그 기분을 이해 못하는 바 아니다. 한국 사람인 나도 비싸게 주고 산 핸드폰을 며칠 못 가 잃어버리거나 고장나 버리면 '에이, 짝퉁이나 사 버릴까' 하는 마음이 생기니 말이다.

보수주의자를 넘어선 숭고주의자들

짝퉁에는 일반적으로 두 가지가 있다. 하나는 남의 것을 베끼는 것이다. 자기가 한 것이 아닌데도 자기가 했다고 슬쩍 속인다. 남의 특허를 무단으로 도용한다. 가끔 우리나라에서도 일어나는 표절 시비 같은 것들이다. 또 하나의 짝퉁은 자기가 만들어놓고 남의 것이라고 하는 것이다. 자기가 가짜를 만들어놓고 버젓이 명품 업체가 만들었다며 속여 파는 것이다.

그런데 중국에는 또 다른 형태의 짝퉁이 있다. 자신이 훌륭한 문장이나 시를 써놓고도 다른 대가들(주로 옛날 사람들)의 이름을 빌리는 경우다. 분명 상업적인 목적은 아니다. 그림의 경우라면 화가들이 돈벌이를 위해 그럴 수도 있다고 하겠지만, 시나 문장은 왜 자기가 쓰고서도 다른 사람의 작품이라고 했을까? 중국에는 그 배경이 쉽게 이해가 안 되는 이런 위작僞作이 적지 않다.

정확한 이유는 알 수 없지만, 중국 사람들에게 옛것을 좋아하는 숭고崇古주의가 있음을 부인할 수는 없다. 중국인들은 지금 것보다 과거의 것이 더 좋다고 생각하는 경향이 있다. '더욱 행복한 미래'를 꿈꾸기보다 '좋았던 그 시절'을 그리워하는 경향이다. 공자가 꿈꾸던 나라 역시 새로운 질서를 가진 새 나라가 아니라 과거의 주나라西周로 돌아가자는 것이었듯이 말이다.

예전에 대만에서 공부하고 온 교수님께서 이런 말씀을 한 적이 있다. 대만 사람들이 보수주의자保守主義者를 넘어 정말 숭고주의자崇古主義者들이라는 것이다. 그러면서 이런 이야기를 해주셨다.

"대학원생 시절에 동료들과 토론이 붙었다. 오랜 토론 끝에 내 주장에 대해 반박할 수 없게 되자 한 대만 친구가 이렇게 억지를 부리더라. '만약 네 말이 맞다면, 우리 선인先人들이 그런 말을 안 했을 리가 없다'라고."

물론 특수한 사례일 수 있지만, 중국 사람들이 숭고주의적 경향이 강한 것은 사실이다. 일상 대화에서 그토록 많은 역사적 사실과 고사성어와 문장을 사용하는 것은 바로 의식 맨 아래에 숭고주의가 깔려 있기 때문이라고 생각한다.

본받는 것이 곧 배우는 것이라는 생각

체면을 중시하는 중국인의 형식주의를 두고, 어떤 학자는 그것이 역사주의에서 비롯되었다고도 한다. 누구도 믿을 수 없고 아무 것도 믿을 수 없을 때 결국 믿어야 할 것은 이미 있었던 과거의 사례, 즉 역사이다. 江山易改本性难移 강산을 바꾸기는 쉽지만, 본성은 잘 안 바뀐다. 역사는 반복되는 것이고, 사람의 본성은 안 바뀐다. 고인古人의 가르침은 옳으니, 평생에 걸쳐 '과거의 교훈'을 배우는 데 열중해야 한다는 식의 논리다.

『논어』「학이」편의 첫 문장, '학이시습지 불역열호學而時習之 不亦說乎' 즉 '배우고 때로 익히면 기쁘지 아니한가'다. 유명한 문장이므로 한 번쯤은 들어보았을 것이다. 그런데 이 문장의 뜻을 제대로 아는 사람은 뜻밖에 많지 않다. 나도 처음에는 그냥 '배우고 때로 익히면, 기쁘지 않겠는가'라고 알고 있었고, 그 의미를 더 깊이 생각해본 적이 없었다.

이 문장을 제대로 이해하려면 우선 '때時'에 관해 더 생각해 봐야 한다. 단순히 '때로' 또는 '때때로'라고 해석해 버리면 진짜 의미를 알

      지금이라도 중국을 공부하라 2

기 어렵다. 공자처럼 배우기를 중시하셨던 분이 왜 항상 공부하라고
하지 않고 '때때로' 공부하라고 하셨을까?

여기서 '때로'의 정확한 우리말 해석은 '때에 맞게(상황에 맞게)'라고
해야 오해가 없다. 즉 '배우고 난 후 때에 맞게 쉬지 말고 익히면'이라
고 해야 본의가 제대로 전달된다.

한편 '배우다'라는 의미의 '학學'은 '본받는다'는 말로도 해석된다.
먼저 안 사람이 있어야 배울 수 있으므로 '먼저 배운 사람을 본받는
다'의 의미도 된다. 우리가 쓰는 '공부하다' 또는 '배우다'의 한자어인
'학습學習'은 중국말로 학습学习, 똑같은 글자를 간체자로 쓸 뿐이다.
중국인들에게 학습은 '새로운 것을 배우고學, 그것을 익히는習' 두 가
지 과정의 결합이다.

그래서인지 중국인들의 배우는 과정은 부단한 반복 학습을 거친
다. 예를 들면, 붓글씨를 배울 때는 알아볼 수 있게 쓰는 것으로 끝
나지 않는다. 한 서체 그대로 흉내 내기에 온 힘을 다해 때로는 평생
을 반복한다. 그렇게 그 글자를 완전히 숙달한 후에 자신의 서체를
새롭게 창조해낸다. 창조는 '베낌'에서 시작된다고 믿는 것이다. 평
범한 중국 사람들이 어려운 한시나 성어를 자유롭게 구사할 수 있는
것도 어렸을 때부터 수도 없이 암송했기 때문이다.

중국의 학교에서 그토록 많은 암기와 반복 학습을 시키고, 그러
한 교육 방식이 아직도 유지되고, 학생들과 중국 사회가 그것을 받
아들이는 이유도 '옛것을 있는 그대로 배우는 것'이 필요하다고 인
식하기 때문이 아닐까? 우선 있는 그대로 받아들이고 암송하는 것

이 습관이 된 중국인들에게 기존의 것을 베끼는 시도는 자연스러운 것이 아닐까?

짝퉁을 변호하려는 의도는 없다. 다만 중국 사람들이 생각하는 방식이 우리와 좀 다를 수도 있다는 이야기를 하려는 것이다. 짝퉁의 기준에 대한 엄격함 역시 차이가 날 수 있다는 의견을 조심스럽게 내놓고 싶었다. 이것을 이해한다면 중국 사람과 비슷한 눈높이에서 대화하는 데 큰 도움이 되지 않을까 하는 바람이다.

무형자산을 지키려면 신뢰가 우선이다

로열티 협상을 해본 경험이 있다면, 중국인들이 외국 회사의 무형자산 가치를 제대로 평가하려 들지 않는다는 것에 누구라도 공감할 것이다. 상표권이나 노하우를 중국에 팔려고 해본 이들이라면 "처음에는 바로 될 듯하다가도 뜻밖에 엄청난 난항에 빠지게 되는 경우가 비일비재하다"라고 말한다. '이 정도는 인정받아야지!' 또는 '이것은 당연히 내 권리지!'라고 쉽게 여겼다가 낭패를 당하는 경우가 많다.

설령 계약이 성사되었다 해도 기술에 대한 대가를 제대로 받기란 참으로 어려운 일이다. 새로운 기술을 가지고 중국에 들여오면 중국 회사의 반응은 처음에는 매우 반긴다. 하지만 어느 정도 진척이 된 이후에는 "혹시 중국에서 그 제품이나 기술을 사용해 성공한 사례가 있나요?"라고 물어오는 경우가 많다. 신기술이니 당연히 중국의 사례가 있을 수 없다. 답답하기 그지없는 노릇이다. 바로 성사될 것 같던 기술 계약은 다시 원점으로 돌아가 버린 듯하고 먼 길을 가야 한다.

나도 속이 숯 검댕이 되는 경험을 수도 없이 했다. 이럴 때 앞서 언급한 중국인들의 숭고주의적 성향을 곱씹어보면 도움이 될지 모르겠다. 모방, 짝퉁, 무형자산의 인정과 평가에는 '베끼기'와 '학습'에 대한 관념 차이가 큰 영향을 미칠 것이다.

중국 사람들은 의심이 많고, 그래서 한 번 믿은 사람과의 의리를 중시한다고 한다. 의리, 체면, 신뢰 등의 말이 많이 나온다. '상대방을 믿을 수 있는가? 당신 또는 당신 회사의 기술이나 실력을 믿을 수 있는가?'를 확인하고 또 확인하려 한다. 계약 이전에는 말할 것도 없고 계약 후에도 쉬지 않는다. 신뢰에 대한 이런 관심은 중국인들이 무엇을 주로 보는지를 알려준다. 결국, "나를 믿어도 된다는 확신을 주느냐"다. 신뢰다. 그런데 이 신뢰에 대한 개념이 서양과 다를 수 있다.

서양인들이 불확실성을 극복하기 위해 만든 것이 기술(지식), 제도, 종교라고 한다. 의심 많은 중국인은 그 대신 역사주의 내지는 숭고주의를 만든 것이 아닐까? 이미 발생한 과거의 사실, 즉 역사는 변하지 않는다. 중국 지도자들이 역사를 공부하고 역사로부터 교훈을 찾으려는 이유다.

중국인들은 사례가 없고 과거에 없었다면 쉽게 신뢰하려 하지 않는다. 이미 검증된 것을 바탕으로 응용하는 것을 좋게 생각한다. 그래서 응용의 정도를 보고 판단해야 하는 '베끼기'와 '창조적 개선'의 경계가 입장에 따라 매우 달라진다.

변화를 강요할 수 있을까

한편 중국 사람들은 브랜드라는 무형자산과 관련해 일방적으로 중국을 옹호하지도 않는다. 말하자면 중국의 것이든 외국의 것이든 브랜드 가치를 상당히 쿨하게 받아들인다.

TV에서 중국의 한 어린이가 "종이, 인쇄술, 화약, 나침반이라는 인류의 가장 중요한 4대 발명품은 우리 중국에서 만들었잖아요. 그런데 특허료는 받았나요?"라고 말하는 것을 본 적이 있다. 같은 이야기를 특허를 담당하는 중국 고위층이 농담 삼아 하는 걸 사석에서 직접 들은 적도 있다.

"우리가 발명한 4대 발명품은 서양에서 특허료 한 푼 안 내고 사용하면서 자기들은 별의별 것에 다 특허료를 내라고 한다!"

4대 발명품의 근원에 대해서는 이론도 있지만, 어쨌든 맥락만 놓고 보면 틀린 말은 아니다. 물론 이것이 '당신네가 과거에 돈 한 푼안 내고 가져다 썼으니, 우리도 그렇게 하겠다'라는 노골적인 선언은 아닐 것이다. 다만 구미 특허 강국들의 집요한 특허 공세에 중국으로서는 피곤함을 넘어 어느 정도 불쾌한 심사가 있을지도 모른다.

이처럼 남이 이미 만든 것을 열심히 배우고, 그 배운 것을 모방해 만들어내는 것에 익숙한 중국인들의 성향을 본다면, 짝퉁을 만들어내는 행위를 그다지 잘못된 것이라 인식하지 않는 것도 어느 정도는 이해될 만하다.

반면 짝퉁이나 짝퉁 제조가 그렇게 나쁜 것이 아니라고 생각하는데 자꾸 고치라고 강요하면 예상되는 반응은 두 가지일 것이다. 계속 고치지 않고 고집부리거나 형식적으로 고치는 척하는 것이다. 请人来哭, 没有眼泪 아무 상관없는 사람을 불러서 울게 하면, 형식적으로 울기 때문에 눈물이 안 난다. 중국인과 어울려 살아가려면 이런 사고 방식을 잘 알고 현명하게 대응하는 방법을 찾아야 할 것이다.

이 글은 왜 중국에 짝퉁이 많은지에 대해 어설프고 얕은 지식이나마 소개해 보려고 쓴 글이다. 완성도가 높은 이론이 아니라 나의 개인적인 경험의 조각과 성숙하지 않은 생각임을 미리 밝힌다. 그래도 중국에 대한 단순한 호기심을 넘어 중국에서 일하시는 분들에게는 어느 정도 도움이 되지 않을까 싶다. 짝퉁에 대한 중국인의 시각을 이해한다면, 특허나 상표권 같은 무형자산에 대한 생각 역시 조금은 들여다볼 수 있지 않을까 하는 마음에서다.

특허권 문제, 설명보다 설득이 필요하다

많은 한국 회사가 중국에 진출하면서 특허나 상표권과 관련해 골탕을 먹는다. 나 역시 이쪽 일을 담당한 적이 몇 번 있지만, 특별한 경우를 제외하고는 중국 사람들이 일방적으로 중국 편을 들어서 그런 일이 벌어진다고 보기는 어렵다. 오히려 한국 쪽에서 "우리가 법이나 관례를 잘 압니다. 우리가 절대적으로 유리합니다" 하고 덤볐다가 그야말로 황당하게 미끄러지는 경우가 더 많다.

그 일을 맡았던 법률 전문가들이나 협상 전문가들의 실력이 부족한 것은 절대 아니다. 다만 우리 주장이 옳은데도 충분히 소통하지 못한 경우가 대부분이라고 감히 말하고 싶다.

설명으로는 부족하다. 설득해야 한다. 어쩌면 우리나라 전문가들이 설명은 잘해도 설득을 잘하지 못하는 것인지도 모르겠다. 노파심에서 한 말씀드리면, 충분한 설명이 유효한 설득으로 이어지려면 때로는 인맥, 즉 꽌시가 필요하다. 옳음에도 불구하고 불리한 판정을 받았다면 아마도, 우리의 입장은 충분히 설명했지만 설득을 못했기 때문이거나 상대방이 부도덕한 꽌시를 썼기 때문일 것이다.

우리가 옳다는 것을 상대방에게 설명하고 나아가 설득할 수 있다면 '이럴 수도 있고 저럴 수도 있는' 주관적 판단이 작용하는 영역에서는 당연히 우리가 이길 수 있다. 그러나 설득은 논리적인 것만으로는 부족하므로, 중국 사람들을 충분히 설명하고 설득시키려면 그들이 어떻게 생각하느냐를 알아야 도움이 될 것이다.

짝퉁에 얽힌 중국인들의 사고구조를 설명한 것은 그 때문이다. 생각을 들여다보면 설득하기가 쉬워진다. 중국 전문가는 설명 잘하는 사람을 넘어 중국인을 '설득 잘하는 사람'이어야 하지 않을까? 여기에 더해 때로는 꽌시가 필요하다. 옳은 일을 옳다고 설득하는 데 사용하는 것이 꽌시다. 정당한 꽌시를 할 수 있다면, 억울함을 호소하는 '충분한 설명'을 '유효한 설득'으로 연결할 수 있을 것이다.

56개의 민족, 56개의 문화적 다양성

多
見
少
怪

견문이 많아지면, 이상하게 여겨지는 게 적어진다

중국은 공식적으로 56개의 민족으로 이루어진 다민족국가다. 인구의 90퍼센트 이상을 차지하는 한족과 55개의 소수민족이 있다. 하지만 이는 공식적인 숫자일 뿐이다. 같은 민족 또는 그 민족의 지류나 지파로 분류되고 있지만, 사실상 "우리는 또 하나의 소수민족이다"라고 주장하는 부족들이 있기 때문이다.

　중국에서도 대도시에서 살면 소수민족의 존재를 느끼기 쉽지 않다. 우리와 같은 핏줄인 조선족을 제외하면 소수민족을 마주할 기회가 별로 없다. 나중에 알았지만 지금의 한족 중에도 소수민족이었던 이들도 적지 않다고 한다. 문화대혁명을 겪으면서 박해받은 소수민족이 적지 않았고, 그래서 호적을 숨기고 한족으로 등록해 살아가는 이들이 적지 않다는 것이다. 또는 소수이기는 하지만, 원래 한족 출신인데도 소수민족에게 주어지는 혜택을 누리기 위해 소수민족으로 바꾼 이들도 있다고 한다.

　예전에 중국의 지방에 공장을 세우고 직공 채용 면접을 본 적이 있었는데, 면접 중에 너무도 특이한 인상을 주는 사람들을 보게 되었다. 이력서를 보고 나서야 그들이 그 지방에 많이 거주하는 소수민족임을 알게 되었다. 소수민족을 거의 만나지 못했던 나로서는 그제야 중국이 다민족국가임을 실감하게 되었다.

이때 깨달은 것 하나가 중국에서는 모든 선입관을 버려야 한다는 것이었다. 중국에 살면서 배운 값진 교훈 중 하나는 '다름'을 '틀림'으로 보지 않고, 그저 '다름'으로 이해하는 포용력이다. 사람의 개성을 예전보다 덜 까칠하게 보는 습관이 길러진 것이다. 중국에서의 삶을 감사하게 느끼게 되는 또 하나의 부분이다.

지금은 중국 친구들을 만나면, 지역에 따라 특이한 인상이나 성을 보고 "한족漢族입니까?"라고 물을 정도로 여유가 생겼다. 그러다가 상대방이 책 등을 통해 알고 있었던 소수민족일 때는 반갑다면서 그 민족에 대한 내 지식을 풀기도 한다. 나의 지식을 자랑하기 위해서가 아니라, 그렇게 자기 민족을 인정할 때 서로의 거리가 확 줄어드는 것을 느낄 수 있었기 때문이다.

나와 다름을 포용해야만 하는 사회

중국의 소수민족 분류는 인구조사와 함께 이뤄진다. 최초의 인구조사는 1950~1953년에 있었는데, 당시 스스로 소수민족으로 등록한 집단의 숫자만 400개가 넘었다고 한다. 이중 윈난云南성과 구이저우贵州省성에서 소수민족 신청이 가장 많았는데 각각 260개, 80개였다. 그러나 이를 크게 묶어서 최종적으로는 몽골, 후이족, 장족, 위구르족, 묘족, 조선족, 만주족 등 38개의 소수민족 분류를 확정했다.

두 번째 인구조사는 1954~1964년에 있었다. 이때도 자신들이 소수민족이라고 신고한 숫자가 모두 183개였다. 그중 최종적으로 15개를 추가해 소수민족이 53개로 분류되었다. 1964~1986년에 시행한 인구조사에서는 1965년에 꺼빠^{珞巴}족을, 1979년에는 지누어^{基诺}족을 단독민족으로 확정했다. 그래서 현재 공식적으로 인정된 소수민족은 55개다.

그러나 세 차례에 걸친 소수민족 분류에도 불구하고 공식적으로 인정받지 못한 소수민족으로서의 정체성을 가진 사람들은 500만 명에 이른다고 한다. 특정 소수민족의 지파로 등록이 되어 있지만 스스로 구별된 민족으로서의 정체성을 지녀, 여전히 독립된 소수민족으로서 인정 받기 원하는 이들이 이만큼 많은 것이다.

소수민족이 더 우대받기도 한다

중국은 소수민족 우대정책을 펼치고 있다. '중국에서는 정치적으로 출세하려면 네 가지 조건을 갖추어야 한다'라는 우스갯소리가 돌 정도다. 이 네 가지 조건이란 '무지소녀^{無知少女}'이다. 무^無는 무당파, 즉 공산당보다는 비공산당이나 당적이 없는 이를 말한다. 지^知는 지식분자로서 농민, 노동자보다 유리하다는 얘기다. 세 번째 소^少는 소수민족을 가리키고, 녀^女는 여성을 가리킨다.

이런 명문 규정이나 숨은 규정이 존재하는 건 아니다. 다만 현실적으로 '공산당원이어야 하며, 노동자·농민 계급 출신의 한족 남자'가 중국 정치·사회 분야의 성공 요건일 것이라는 편견을 깨뜨리는 용어일 뿐이다. 과거에 유리천장에 눌려 살아가야 했던 중국의 '무지소녀'는 이제 더는 핸디캡이 아니라 '스펙'으로 인정을 받을 수 있다. 그만큼 중국 사회의 포용성과 유연함을 느끼게 한다.

신분 상승의 사다리가 사라지고 있는, 또는 최소한의 자존을 가지고 살아가기가 점점 더 어려워진 우리 사회와 비교하면 오히려 중국이 훨씬 열린 사회가 아닌가도 싶다. 海纳百川, 有容奶大 ^{바다는 모든 하천을 받아들여서 바다가 되었다}. 포용해야 크게 된다. 중국 사람들이 늘 하는 말이다.

흘족과 모수오족 이야기

중국의 수많은 소수민족의 독특하고 다양한 문화는 중국 문화를 더욱 풍성하게 만든다. 여러 민족 중에 인류학적으로 매우 독특한 민족을 간단히 소개해 보겠다.

대표적인 민족이 흘佐족이다. 이들의 본거지는 구이저우성이다. 공식적으로는 묘苗족의 지파로 분류되지만, 흘족은 자신들이 묘족과 다른 독립된 민족이라고 주장한다. 인구는 10만 명 정도이고, 고유 문자는 없지만 고유 언어는 있다.

흘족의 전설에 의하면, 이들은 원래 활을 잘 쏘는 용사민족으로서 태양을 쏘아 맞혔다는 전사의 후예라고 한다. 독특한 나염으로 유명한 묘족의 복장에는 태양 무늬가 없지만, 흘족의 전통복장에는 태양이 중심에 있다. 2차 조사가 이루어지던 1964년 흘족을 독립된 민족으로 볼 것인가 아닌가 하는 논쟁이 있었지만, 결론 내지 못했다. 1986년 국가민족위원회에서 흘족을 묘족의 지파로 최종 확정했다.

이후 흘족의 신분증으로는 학교나 직업 선택에서 많은 제약을 받게 되었고, 점차 흘족 신분을 포기하는 이들이 늘었다고 한다. 하지만 흘족은 지금도 소수민족으로 인정받고 정식으로 등록될 수 있도록 노력 중이다. 묘족의 한 지파인 '흘가仡家'가 아니라 정식 소수민족인 '흘족'으로 당당하게 인정받을 수 있을지는 미지수다.

모수오摩梭인 또는 모수오족이라고 불리는 민족도 있다. 이들 중 일부는 원래 원나라 때 몽골군이 쓰촨 등지로 원정을 왔다가 남겨졌던 민족으로 몽골족의 혈통이 흐르는데, 지금의 몽골족에 분류되지 않고 나시納西족의 지파로 분류되고 있다. 그런데 몽골족이나 나시족과 구별되는 부분이 많다.

이들은 주로 히말라야 산맥 동쪽에 거주하며 농업에 종사하는데, 아직도 모계를 중심으로 사회가 구성되어 있다. 이들은 부부가 함께 사는 전통적인 '결혼結婚' 방식이 아니라 '주혼走婚' 방식을 택하고 있다. 부부가 합쳐서 사는 것이 아니라, 중국말로 해석하자면 '방문訪問' 혼인이다. 일반적으로 여자가 혼자 있는 방에 여러 남성이 드나들면서, 즉 방문하면서 잠자리를 같이하는 방식으로 혼인을 유지한다. 그래서 태어난 아기의 아빠는 누구인지를 모르고 엄마가 누구인지만 알 뿐이다. 철저한 모계사회다. 이들은 형제자매들끼리 가정을 이루고 살기도 한다. 결혼을 통해 가정을 이룬다는 우리의 상식을 여지없이 깨버린다.

모수오족의 가정은 '무부무부無父無夫' 즉 아버지도 없고 남편도 없는 가정이다. 이들의 전설에 의하면, 여자아이가 태어난 지 5개월이 되면 배태胚胎가 배 속에 자리잡는다. 뼈는 유전적인 특성이며 이는 철저하게 어머니로부터 내려받는다. 天上不下雨, 地上不长草 하늘에 비가 없으면 땅에서 풀이 자랄 수 없다. 원래 어머니로부터 모든 유전적 특성을 물려

받으며, 남자는 단지 관개灌漑의 역할을 한다는 것이 모수오족의 전
설이다.

언어 통역보다 중요한 문화 통역

내가 몸담고 있었던 회사의 최고위 간부들과 중국 모 지방 고위층 사이의 면담이 어렵게 성사된 적이 있었다. 중국 현지에 대규모 투자를 준비 중이어서 매우 중요한 회의였다. 그런데 사고가 생겼다. 중국 지방정부가 회의 하루 전날 일방적으로 면담을 취소한다는 통보를 보낸 것이다. 발등에 불이 떨어졌고 그 불은 멀리 베이징에 있는 나에게까지 튀었다. 면담을 바로잡으라는 본사의 다급한 지시가 떨어졌다.

전화를 받고 나서 곧바로 친분이 있는 관리와 통화를 시도했다. 당연히 전화를 받지 않았다. 한 시간이 지나서야 그 고위관리로부터 전화가 왔다. 마치 별일 아니라는 듯이 손님과 식사 중이라서 전화를 못 받았다고 한다. 회사에서는 10분 간격으로 어떻게 됐느냐고 전화 독촉을 해오는 상황이라, 전후 사정을 파악해서 문제를 해결할 시간이 없었다. 그래서 나는 체면에 호소하려 했다.

"내일 면담이 갑자기 취소되었다고 들었습니다. 어떤 상황이 있었는지는 모르지만, 꼭 계획대로 만나주십시오. 부탁합니다"라고 할

참이었는데, "내일 면담이 갑자기…"라고 말을 꺼내자마자 그는 대뜸 흥분해서 "당신네 회사가 너무 거드름을 피워 누구도 만나고 싶지 않다"라고 했다. 미엔쯔가 상한 것이다. 저쪽이 속에 담아두고 굳이 하지 않은 말은 바로 "만나지 않는다고 해서 내가 아쉬울 일은 없다"였을 것이다.

사정을 파악해보니 이랬다. 우리 회사는 국내에서도 의전 준비에 세심하기로 정평이 난 곳이었다. 면담 날짜가 확정되자 회사 측은 중국에 선발대까지 파견해서 면담의 세부 일정을 꼼꼼히 점검했다. 이를 위해 지방 정부에 많은 자료를 요구했다. 참석하는 사람들의 신상과 좌석 배치는 물론이고 동선까지 꼼꼼히 챙겼다.

우리로서는 당연한 일 처리 방식이다. 그런데 이런 문화에 익숙하지 않은 중국 정부 관계자들은 이를 아주 불쾌하게 받아들인 것이다. 정보 공개에 폐쇄적인 중국으로서는 너무하다 싶었을 것이다.

뭐 그 정도로 이렇게 화를 내나 싶을 수도 있지만, 여기에는 몇 가지 중요한 문화적 차이가 있다. 첫째, 중국 측은 그런 세부 내용을 모를 수 있다. 둘째, 중국 측이 상세한 자료를 준비했어도 이를 통합하는 담당자가 없거나, 있다 하더라도 큰 틀에서 관리할 뿐 우리처럼 세세하게 챙기지는 않는다. 셋째, 설사 그런 자료가 있다 하더라도 중국인들은 이런 정보를 외부에 발설하는 것을 극도로 꺼린다. 하물며 문건으로 정리된 정보를 주는 경우는 거의 없다고 봐도 무방하다. 당연히 준비해야 한다는 우리 쪽 생각과 너무 많은 내부정보를 요구한다는 중국 쪽 생각의 간극이 이토록 큰데, 여기에 대한 이해가 전혀 없었던 것이다.

이뿐만 아니었다. 일부 직원들의 태도도 문제였다. 심하게 말하면, 실무를 담당하는 중국 관료들은 한국 직원들이 뭔가 가르치려드는 듯한 고압적 태도를 느꼈다고 한다.

중국에서 일하다 보면 '갑'과 '을'의 경계가 모호할 때가 있다. 기업이 특정 지역에 대규모로 투자한다면 우리의 정서로는 당연히 투자자가 갑이다. 물론 중국에서도 대부분 상황은 그렇지만, 관점을 바꿔 보면 투자 받는 상대방은 이렇게 생각할 수도 있다.

'당신들에게 투자할 기회를 주니 내가 갑이다.'

누가 갑이고 을이냐를 따지자는 것이 아니라, 상대방의 입장을 한번 더 생각하고 행동하자는 이야기다. 실리만큼 체면을 중시하는 중국에서는 더욱 조심해야 한다. 그런데 '투자의 기회를 준' 지방 정부를 을로 취급한 일부 직원들의 태도가 문제였던 것이다.

한편 한국 직원들은 자신이 을의 처지라고 생각해서 더욱 성실하고 세밀하게 일을 처리하려고 할 수도 있다. 하지만 본의 아니게 중국 사람들에게는 그런 태도가 '갑질'처럼 느껴질 수도 있다. 이번 경우가 그랬다. 회사 차원에서는 그 지방을 매우 중요한 투자지역으로 생각했고, 그래서 면담이 매끄럽게 진행되도록 더욱 정성스럽고 신중하게 준비를 했던 것이다.

우리로서는 중국 관리들이 내색하지 않으니 전혀 이상하다고 생각하지 않았을 것이다. 그들은 상대방의 체면을 생각해 내색하지 않은 채 참고 또 참았다. 그러다가 결국 불만이 폭발했고, 급기야 그 지방 정부의 대부분 부서뿐만 아니라 우리 측이 만나려고 그토록 공을 들였던 해당 정부의 최고책임자까지도 하루 전에 "안 만나겠다"라고 통보하는 지경에 이른 것이다.

"이것저것 달라는 것도 정도가 있지! 이만큼까지 협조해 준 것도 얼마인데 자기들만 대단하다고 여기는 태도가 안하무인입니다. 이런 파트너와 무슨 일을 할 수 있습니까?"

이처럼 위아래를 막론하고, 중국 측 입장은 전혀 고려하지 않고, 자기들 방식으로 요구하고 진행하는 태도는 중국인들의 체면에 심각한 손상을 준다. 일이 제대로 진행될 리 없다. 내 기준으로는 잘했지만, 상대방의 자존심에 상처를 주었고, 그 결과 엄청난 괘씸죄에 걸렸다.

한 언어를 다른 언어로 바꿔 전달하는 것이 통역이다. 세계화가 이뤄지면서 우리도 외국어 통역 수준이 매우 높아졌다. 그러나 언어 통역보다 더 중요한 것이 있다. 바로 문화 통역이다. 문자만 해석할 수 있으면 중국이라는 이(異)문화와 문제없이 소통할 수 있다고 여기는 이들이 아직 많은 것 같다. 그러나 상호 간에 협상과 교류를 원만히 진행하려면 문화 통역은 필수다.

언어를 잘하면 좋지만, 잘 못해도 문화 통역에 큰 문제가 되지는 않는다. 오히려 가장 중요한 것은 언어 실력이 아니라, 문화적 차이가 존재한다는 것을 인식하고 상대의 입장을 존중한다는 태도이다. 이를 위해서는 겸손히 경청하고 이해하려는 노력이 선행되어야 할 것이다.

우여곡절을 겪긴 했지만, 그 고위관리가 나서준 덕분에 다행히 면담은 예정대로 진행됐다. 예상보다 훨씬 길게 면담했고 생산적인 논의가 오고갔다. 그러나 이후의 상황에는 여전히 아쉬움이 남는다.

그날 밤 수백 명이 모인 만찬 장소에서 나와 전화통화를 했던 고위관리는 테이블마다 돌면서 한 잔씩 건배를 유도했다. 그런데 유독 내가 있는 탁자에 들려서는 두세 번씩 건배하면서 내 이름을 거론했다. 구체적으로 "이 사람 덕분이다"라고 말하진 않았지만 내 얼굴(체면)을 세워 주려는 세심한 배려였다. 그런데 본사에서 온 한국 직원들은 물론이고 주재원들조차 그 메시지를 알아듣지 못하는 눈치였다. '이 만찬의 최고책임자이니까 테이블마다 인사를 하는구나' 정도로 이해한 듯했다. 왜 나를 직책으로 호칭하지 않고 이름을 부르는지, 왜 여러 실무진이 있는 자리에서 굳이 한 사람을 지목해 자기 수행원들에게도 "나와 오랜 친구"라고 설명하는지 알지 못했고 관심도 없었다.

인정받지 못해서 아쉽다는 게 아니다. 그런 경험이 한두 번이겠는가. 다만 정말로 안타까웠던 지점은 이렇게 사고가 잘 수습된 후에 한국 직원 중 누구도 이 상황을 진지하게 생각하고 복기하려는 이가 없었기 때문이다. 도대체 왜 이런 일이 발생했는지도 몰랐고, 중국인 고위층의 메시지도 읽어 내지를 못했다. 왜 상대방이 불쾌하게 받아들였는지, 다음에는 어떻게 해야 할지를 고민하기는커녕 단순한 해프닝으로 취급했고, '하여튼 중국은 이상한 곳'이라는 결론으로 끝났다.

항상 정확한 판단만 내릴 수는 없는 노릇이다. 그러나 실수를 그냥 넘기지 않고 복기하고 정리해 나간다면 점차 실수를 줄일 수 있다. 20여 년 전에 있었던 사고가 지금도 똑같이 반복되고 있는 것을 볼 때면 씁쓸하기 그지없다.

이 책을 읽고 어떤 분들은 "중국을 너무 좋게만 본 거 아니야?" 또는 "너무 중국 입장만 대변하는 거 아니야?"라고 말씀하실지 모르겠다. 다른 문화에 대한 접근은 '이해하고 존중하는 것'이 아니라, '존중하고 이해하는 것'이다. 중국인과의 어울림 역시 이해보다 '존중'이 먼저여야 한다고 생각한다. 물론 필자의 해석에 때로 불편함을 느낄지도 모르겠다. 나 역시 감히 내 해석이 옳다고 주장하지 않는다. 다만 중국인들의 눈높이를 나름 객관적으로 풀어 보려고 많이 노력했다는 점은 용기 내어 말씀드리고 싶다.

이런 조언을 들은 적이 있다.

"책을 읽고 나서 저지르는 가장 흔하면서도 치명적인 실수는 책에 쓰인 그대로 실행하는 것이다."

이 책도 마찬가지다. 책은 그저 책일 뿐이고, 중국은 그저 중국일 뿐이다. 중국을 공부하는 데 참고서와 문제집은 있을지 몰라도 교과서는 없다. 교과서가 있다면 중국과 중국인 그 자체일 것이다. 참고서와 문제집으로 연습한 다음 현장이란 교과서를 만나보라. "교과서에 충실하라"는 우등생들의 얄미운 조언은 중국 공부에서도 유효하다.

중국이라는 교과서를 실제로 관찰하고 조사하고 분석해보라. 그리고 이전에 읽은 참고서나 문제집과 얼마나 일치하는지 비교해 보라. 그것이야말로 '책은 책일 뿐'이라고 발뺌하는 무책임한 저자에 대한 통쾌한 응징일 것이다.